教育部高校示范马克思主义学院和优秀教学科研团队建设项目（16JDSZK036）

思想道德修养与法律基础学习指南

喻永均　姚　红　主　编

邓红彬　杨　飏　副主编

重庆大学出版社

图书在版编目（CIP）数据

思想道德修养与法律基础学习指南 / 喻永均, 姚红
主编. -- 重庆：重庆大学出版社, 2017.9
ISBN 978-7-5689-0778-1

Ⅰ. ①思… Ⅱ. ①喻… ②姚… Ⅲ. ①思想修养—高
等职业教育—教材②法律—中国—高等职业教育—教材
Ⅳ. ①G641.6②D920.4

中国版本图书馆CIP数据核字(2017)第201147号

思想道德修养与法律基础学习指南

喻永均　姚　红　主　编
邓红彬　杨　飓　副主编
策划编辑：唐启秀
责任编辑：陈　力　刘　刚　　版式设计：唐启秀
责任校对：刘志刚　　　　　　责任印制：赵　晟

*

重庆大学出版社出版发行
出版人：易树平
社址：重庆市沙坪坝区大学城西路21号
邮编：401331
电话：(023) 88617190　88617185（中小学）
传真：(023) 88617186　88617166
网址：http://www.cqup.com.cn
邮箱：fxk@cqup.com.cn（营销中心）
全国新华书店经销
重庆市正前方彩色印刷有限公司印刷

*

开本：720mm×1020mm　1/16　印张：16　字数：305 千
2017 年 9 月第 1 版　　2017 年 9 月第 1 次印刷
ISBN 978-7-5689-0778-1　定价：34.00元

前言 INTRODUCTION

　　"思想道德修养与法律基础"是高校公共思想政治理论教育的必修课，在培养当代大学生正确的世界观、人生观、价值观、道德观和法治观方面起着重要的作用。为进一步贯彻落实全国高校思想政治工作会议精神和《中共中央、国务院关于加强和改进新形势下高校思想政治工作的意见》（中发〔2016〕31号）、《中央宣传部、教育部关于印发〈普通高校思想政治理论课建设体系创新计划〉的通知》（教社科〔2015〕2号）等文件精神，我们以《思想道德修养与法律基础》（2015年版）为基础，结合当前大学生的思想实际和认知规律，编写了这本《思想道德修养与法律基础学习指南》。

　　本书是重庆城市管理职业学院获批的2016年度教育部高校示范马克思主义学院和优秀教学科研团队建设项目"高职高专思想政治理论课教学方法研究"（16JDSZK036）、重庆市市级精品在线开放课程"思想道德修养与法律基础"的建设成果之一，是将"思想道德修养与法律基础"课程由教材体系转变为教学体系的有益尝试。该书通过丰富、生动的案例，来诠释和点评抽象的理论、观点和知识，使人学生能从鲜活的案例中真正接受思想道德和法律规范知识的内容与方法，以使他们能更好地把握大学阶段的生活，为今后的职业生涯和社会生活奠定坚实基础。鉴于此，本书努力体现以下特点：

　　一、鲜明的思想性。本书坚持四项基本原则，依据党和国家对高校思想政治理论课的要求，以贴近大学生的思想实际、生活实际为着眼点，来选案例、作分析、施点评、提建议。

二、体系的完整性。本书以教材各章为序，均设计有案例文本、案例点评、学习建议、思考练习（思考练习答案请扫描封底二维码）等模块，案例内容涵盖了课程最基本的理论知识和重要原理，能帮助大学生较全面地了解教材内容。

三、内容的丰富性。本书以教育部统编新教材《思想道德修养与法律基础》为依托，既源于教材，又不囿于教材本身，密切结合社会现实，案例生动有趣，信息量大，内容丰富，可读性强，力求让大学生从快乐的阅读中领会深刻的理论。

四、一定的独创性。案例的内容选取和点评分析力求通俗、新颖、独到、贴切，力求符合大学生的思想特点，使广大学生在学习理论知识的同时积极思考现实问题，充分地激发和调动学生的学习兴趣。

人生之旅，流光溢彩；大学时光，千金难买。大学阶段是人生的转折点，是人生观形成的关键期，是人生成长的造型期，是青年学生走向社会的准备期。大学生应学会适应，学会做人，学会做事，学会思考，做到"博学之，审问之，慎思之，明辨之，笃行之"。我们期望，通过本书的阅读，能帮助"95后"大学生更好地了解社会、了解国情、陶冶性情、铸造人格，更好地帮助大学生解决成长成才过程中遇到的思想、学习和生活问题，更好地为实现中国梦贡献力量。

本书既是大学生学习"思想道德修养与法律基础"课程的辅助读物，也可作为其他各类人员学习理解思想道德和法律规范知识的参考读物。愿此书成为大学生们修身养性的良师益友。

编　者

2017 年 7 月于重庆大学城

目录 CONTENTS

第二章　弘扬中国精神　共筑精神家园

第三章　领悟人生真谛　创造人生价值

第四章　注重道德传承　加强道德实践

第七章 树立法治观念 尊重法律权威

第八章 行使法律权利 履行法律义务

0 绪论

珍惜大学生活　开拓新的境界

案例一：大学生儿子寄"大礼包"给妈　打开竟是脏衣服

案例文本

　　生活中，像洗衣服之类的再平常不过的小事，如今却成了大学生们的"负担"。曾经有媒体报道"孩子千里寄脏衣"属个别现象，但目前来看，自己动手洗衣服的大学生的确为数不多。

开学 1 个月儿子给妈寄"大礼包"

　　昨日，家住阜新市雅馨园小区的周女士向北国网、辽沈晚报记者讲起了刚开学一个月的儿子给她寄回一个"大礼包"的事。

　　"我以为儿子上大学了，这后勤保障的任务就完成了，可没想到，他竟然把一大包脏衣服寄回来让我洗，本想好好放松放松，没想到这任务又来了。"周女士说话的声调越来越高。

　　当时，周女士还以为儿子给妈妈买了好东西呢，可打开包裹一看，里面是 9 件儿子的衣服，打电话一问，儿子说："这些都是我穿过的衣服，换季了，你洗洗收起来吧。"

　　周女士说，去年儿子考上了沈阳一所大学。上大学以前，周女士的主要任务就是"后勤保障工作"，负责儿子的衣食住行，本以为儿子上大学了，自己就可以放松了，可是现实并非如此。

　　"儿子从小就在我身边，从来没有离开过，在家里也从来没洗过衣服什么的。刚上大学时，我和他爸不放心，就每隔十天八天去沈阳看他，有脏衣服就给他洗了。"周女士说。

　　亲属和朋友们也经常对周女士说，要放开点，不要经常去看儿子，让儿子自己独立点。

思来想去，春节过后，周女士与丈夫商量不能再这样溺爱儿子了，锻炼儿子要从让他先洗衣服开始，于是以后不去学校看儿子了。

周女士的儿子李伟（化名）是2月中旬开学的，"我和他爸这一个月谁也没有去看他，更别说洗衣服了，没想到他竟然把脏衣服寄回家了。"周女士无奈地说。

寄回家比送洗衣店便宜

随后，记者与李伟电话联系。对于把脏衣服寄回家让妈妈洗这件事，李伟不以为然。他说，这可不是他一个人这样做，有很多同学都将脏衣服寄回家去洗。

李伟说："因为送干洗店，一件衣服要五六元钱，打包寄回家的邮费比干洗店还便宜，也就十几元，而且我寄回去的都是冬衣，妈妈洗完后我也不穿了。"

昨日，记者来到位于阜新的辽宁工程技术大学内的一家快递公司，一名业务员说，邮寄脏衣服回家的同学并不多，一般集中在假期前夕。

这名业务员认为，大学生的快递一般以网购物品为主，平时很少接过寄脏衣服回家的单子。脏衣服寄回家洗挺麻烦的，而且学校里有洗衣机，还有干洗店，学生们洗衣服还是挺方便的。

亲自动手洗衣的在校大学生不多

在辽宁工程技术大学里有不少阜新本地的学生，他们一周回家一次，理所当然地把脏衣服背回家，洗完了再背回来。

家在阜新市海州区的周晓红说："我一周回家一次，我从来不在学校洗衣服，一次从家里多带些衣服，等到没有换的了也到周末了，把脏衣服装到包里背回家去，妈妈给洗好，周日晚上再拿回学校，挺好的。"

"那妈妈不累吗？"记者问。"不累呀，她愿意洗，怕我洗不干净！"周晓红说。

记者调查后发现，家在外地的同学一般都是同寝室的同学将脏衣服攒够一定数量后，集体送洗衣房去洗。大三学生小刘说："我们男生都将衣服穿到没有再穿的了，才送去洗。"

一些女同学认为，女孩子的内衣不应该送洗衣房洗，不干净。

在辽宁工程技术大学的一间学生公寓里，一个寝室的4名女同学每人掏200元钱，集体买了一台洗衣机。王玉说："我们觉得公共的洗衣机大家都在用，对卫生问题有点担心，所以就买了这台洗衣机放在寝室里用。"

王玉说，她们每人出200元，可以用4年，这肯定是比送洗衣店划算，而且毕业以后还可以把洗衣机转让，又能挣回点钱，还是划算的。

（资料来源：严峻. 大学生儿子寄"大礼包"给妈 打开竟是脏衣服 [N]. 辽沈晚报，2014-03-15.）

案例点评

　　"千里寄脏衣现象"凸显了部分大学生独立生活意识和能力的欠缺，利用当前快递业务的便捷，把积攒的脏衣服寄回家让父母洗，再通过快递寄回来。当然，做出这种荒谬的事情，也跟其父母过去视"学习成绩"为唯一标准，忽略了对孩子们生活自理能力的培养有关，有的家长甚至对自己的子女有求必应，过分溺爱。

　　洗衣服事小，提高独立生活能力事大。进入大学，站在人生新的起点，为给自己成就人生夯实基础，就要摆脱依赖、等待，树立自信、自立、自强、自律的精神，勇于面对社会和生活。为此，我们应学会从身边的小事、琐事、平凡事做起，因为只有做好了这些小事、琐事、平凡事，在今后才有可能做好大事。

学习建议

　　1. 学习本案例的目的和用途

　　本案例通过"千里寄脏衣"的个案现象的引入，让我们充分认识到诸如此类缺乏独立生活意识和能力面临的问题，以便正确地认识和适应大学生活。提高自理能力首先要确立独立生活意识，并善于虚心求教，大胆实践，不断积累生活经验。只有这样，才能更好地成就人生。

　　本案例可用于教材绪论第一节适应人生新阶段"认识和适应大学生活"部分内容的辅助学习。

　　2. 学习本案例应注意的问题

　　使用本案例时应该使学生意识到进入大学，就意味着开始了人生新的阶段，今后要独立地走向社会、走向生活，所以要有意识地培养自己的独立精神，寻找机会锻炼自己、磨炼自己。对于家长的过分疼爱，大学生要理智清醒地面对，勇于说"不"，这样更有助于自己的成长，毕竟家长不能跟随自己一辈子。

案例二："校园贷"遭遇尴尬的背后

案例文本

　　河南一名大学生接触了 10 多家互联网大学生借贷平台，利用班级同学的身份证、学生证、个人电话及父母电话、手持身份证拍照等信息借款数十万元，因无力偿还而最终跳楼自杀。

　　作为一名只有一次网络借贷平台使用记录的在校大学生，林霖的生活虽然不至于陷入"绝境",但也有点"凄凄惨惨":这几日,除了上课,林霖几乎天天都把自己"关"在宿舍里,刚开学买的一大盒麦片,已经被她吃得见底——舀上两勺干麦片用开水烫熟囫囵吞下去,就是她的一顿正餐。

这样的生活都是拜她手里那部 iPhone 6s 所赐。林霖去年通过互联网大学生借贷平台买了这部"肾6",每个月只有 1200 元生活费的她,如今还欠着借贷平台 4000 元,于是吃饭都成了问题。

如今,面向大学生群体的网络分期借贷消费产品层出不穷,这种借贷消费模式很快就在被称为"互联网原住民"的"95后"大学生中普及开来,但其弊端和风险也逐渐显现,非理性消费、还款能力跟不上透支速度、以贷还贷等现象时有发生……正如林霖所说:"硬生生让自己欠了一屁股债,以前是月光族,现在变成了吃土一族。"

"签分期合约的时候,有一种在签卖身契的感觉。" 为了买手机,林霖签了"人生中的第一份合约"——"趣分期商城授信合约"。

"想换手机很久了,仅靠生活费根本攒不下钱。"

林霖偶然在支付宝的信用专区里看到一个叫作"趣分期"的购物平台,可提供免息分期购买 iPhone 6s 的服务,分 24 个月还,每月加服务费只需还款 326.98 元。

林霖申请了第三等级的会员,可获得 9000 元的透支额度。"我在网上提交了升级会员的申请,校园代理人当天下午就来我寝室楼下找我签约了。"

手机买到了,林霖的心情却和想象中的大相径庭,生活也额外拮据起来,"钱每个月月中就花光,又不敢告诉爸妈,到了月末连食堂都不敢去了。"

林霖买手机花了 6500 元,还剩 2500 元的可取现额度,她不得不继续往里面借钱打白条。每月除了要还 300 多元的手机分期,还要再还近 600 元的提现借贷。

"感觉自己的手脚都被捆住了,只能通过这种边借边还的方式维持下去。"

张萌的微信昵称有个神奇的功能,每个好友在加她的时候,都会不自觉地把她的微信名念一遍,然后会问她一个一模一样的问题——

"吃土少女萌萌哒""为什么要叫'吃土'少女呀?"

"因为每个月都在还钱借钱,一来二去到了月底吃不起饭只能吃土啦。"张萌总是笑嘻嘻地回答这些提问。

这个刚上大二的 19 岁女孩说,自己每个月在网购上的花销都在 1500 元左右,没有收入来源的她,使用借贷软件提取现金消费,再分期还款。

张萌将自己的生活费分为两份,一份为 300 元,取现作为每月日常支出,一份为 1200 元,用来还各个借贷平台的分期账单。据张萌介绍,她目前一共在三个借贷平台有借款,每个平台的还款时间均相隔 10 天,还款金额为 300～500 元不等,月底,她会再向借贷平台借款 1500 元,填补生活费不够弥补的借贷账单,余下的作为自己下个月的网购基金，直接导入支付宝使用。

张萌说，自己很少去计较借贷平台的利润，也从没算过，如果不借贷的话，她可以省下多少钱，但她乐得当个"吃土少女"。在她看来，借贷消费虽然让自己过上了"欠债"的日子，但却简单便捷。

不过，过来人秦歌想提醒张萌，靠着拆东墙补西墙，总有一天，她会填不上这个窟窿。

在西南某高校读大三的秦歌，每月生活费只有800元，去年却在网购上花了近1.23万元。当他在朋友圈里晒出支付宝账单时，下面的评论排起了整齐的队伍，被很多网友称为"土豪哥"。

"我哪里是土豪，每月10日还得往蚂蚁的窟窿里填土呢。"秦歌回复。

秦歌口中"蚂蚁的窟窿"，指的是由蚂蚁微贷依托支付宝平台提供给消费者的网购服务——蚂蚁花呗，消费者可通过蚂蚁花呗采取"这月买、下月还"的形式进行购物，这种消费方式吸引了一大批没有收入来源的在校大学生。

据秦歌介绍，自从去年3月经室友介绍使用蚂蚁花呗以来，他就陷入分期消费的死循环。"过去买不起的东西现在都可以买了，只要是商家可以提供蚂蚁花呗服务的，我在付款的时候都会不自觉地去点击花呗分期的选项。"

从秦歌的支付宝账单中可以看出，他平均每月在网上购买1000元左右的商品，但真正立即支付的金额只有300元左右，剩余的，他会推到下个月还，或者分为几个月还。

2015年"双11"，秦歌在网上购买了1500元左右的商品，到12月还款时，由于拿不出那么多钱，他又通过借贷的方式，套取现金来还钱。

但窟窿还是越来越大，最终秦歌只好告诉父母自己分期消费欠钱无力偿还的事。

2016年1月底，在乡下务农的父母卖猪卖粮帮秦歌还了在借贷平台欠下的债。秦歌的妈妈告诉笔者："孩子捅出来的娄子，只能我们来补啊。"（应采访对象要求，文中大学生均为化名）

（资料来源：王琳. 大学校园里你不知道的"95后"：部分学生成"吃土"族 [N]. 中国青年报，2016-03-21. 有删减 .）

案例点评

"花明天的钱，圆今天的梦。""校园贷"作为互联网时代的新兴产物，对很多并无资金积累和外力支持的具有创新创业激情的大学生来说，用借贷搭个创业的梯子，不失为一种选择。同样，借贷助学并用自己的努力偿还债务，以便顺利完成大学教育，也能为家庭减轻经济负担。这的确为尚未具备收入自足能力的大学生，打开了一扇"经济解困"的窗。无疑具有其积极意义。

然而，"校园贷"也遭遇着尴尬。校园贷款伴随着高额的贷款利息，高利息也意味着高风险，大学生借贷本是救"急"不救"穷"、救"难"不救"奢"，我们有些大学生却不能理性对待校园借贷，变成"吃土一族"，甚至沾染上一种拜金和过度消费的陋习。年轻意味着激情，但任性的青春也易带来风险。大学生在走向独立的过程中，应注意绷紧安全的弦，提高合理理财的意识和能力。

学习建议

1. 学习本案例的目的和用途

学习本案例，从身边大学生鲜活的事例中了解一些大学生在"校园贷"过程中存在的问题和不足，通过剖析，可以更加客观地认识和对待"校园贷"这个新鲜事物，引导大学生适度消费、健康理财，帮助他们逐步走向独立，提高自立自强、自信自律的生活意识和能力，以更好地适应社会生活的新变化。

本案例可用于教材绪论第一节"适应人生新阶段"部分内容的辅助学习。

2. 学习本案例应注意的问题

学习本案例时应该充分认识到"校园贷"的两面性。既要看到"校园贷"给我们带来的方便，也要正视其高利息背后的高风险，尤其是充满激情与梦想的年轻大学生，理性对待"校园贷"，做到适度消费、健康理财，以规避不必要的风险，顺利完成学业仍是我们的头等大事。

案例三：透视本科"回炉"高职

案例文本

镜头一（本科生为啥到高职"回炉"）

王晶是一位大眼睛美女，性格开朗，长春大学食品科学与工程专业大四的学生。在毕业前半年倒计时之际，她为自己选择了一门新"课程"——啤酒酿造。而这门课程，需要专门到长春职业技术学院去学习。

2013年，全国大学毕业生达到699万，被人们称为"史上最难就业年"；2014年，毕业生人数更是将达到727万人。如何让学生们在就业市场上拥有更多的筹码？吉林省教育厅以长春职业技术学院、吉林铁道职业技术学院、延边大学3所学校为试点，建立省级职业技能培训基地，对高校毕业生展开技能培训。

个案·她为啥"回炉"

——想提高自己的动手能力

从 2014 年 10 月份开始，王晶就陆续光顾各种校园招聘会。"简历投出去 10 多份，但最终没有能'对上眼'的企业。"而应届大学生在动手能力和技能方面多有欠缺，让他们错失了不少的机会。

王晶说，班里有 40 多名同学，有 1/3 准备考研，准备找工作的人中，目前能签合同的为 25% ～ 30%。

从学校得到这个培训的机会后，王晶热情高涨地报了名，12 月 9 日正式参加培训。"我们学习了各种啤酒的酿造过程，还品尝到了自己酿造的啤酒。"王晶说，培训的实验室更像是一个小型的车间，这种学习让王晶很兴奋。

她说，大学里也有实验课，但实践的机会不多。"不过这学期我们学校也有一些机器到位了，下学期我们也可以动手操作了。"

个案·他为啥"回炉"

——想把兴趣变成就业技能

同时参加培训的张乐是一个阳光的大男孩，是长春大学材料物理专业大四学生。

他在大学学习的专业是一个"被动"的选择——他的专业是被调剂的。"这个专业是纯理论性的，除了继续考硕士、博士，想找一份专业对口又很满意的工作太难了。"

不过比起继续深造，张乐更想很快找一份工作。

由于他的爷爷是酿酒的，他从小便有酿酒情结。于是，他有了把自己的兴趣变成就业技能的打算。如今张乐很开心，他希望以后能在这个领域中找到一个适合自己的位置。

"回炉"的好处与难题

培训现状：有报名者动摇了

针对严峻的就业形势，吉林省将长春职业技术学院、吉林铁道职业技术学院、延边大学作为试点，建立省级职业技能培训基地。

其中，长春职业技术学院的 3 个分院，承担着食品与生物技术、计算机（包括 2 个专业）及旅游管理共 4 个专业的培训。目前这些专业中，食品与生物技术和计算机专业的培训已经展开。

据介绍，培训工作从 11 月底就已经开始报名，其中，食品与生物技术专业有 50 人报名，其中长春大学 20 人，长春师范大学 30 人。

最后通过面试，共选定 12 个人。不过到最后关头，有 3 位同学动摇了，最后参加培训的有 9 位。

"我们一是要看专业是否相近，另外就是要求明年毕业的大学生。有许多大二大三的学生也来报名。"长春职业技术学院食品与生物技术分院副书记于长福说。"整体来看，接受起来还需要一个过程。"

好处之一：能掌握相关技术

职业类高等院校一度在考生及家长的心中"身价"较低，但实际上，"逆袭"早在几年前就已经开始了。以长春职业技术学院为例，这几年，学院平均就业率已经达到了 96% 以上。

目前的就业矛盾，最主要的还是结构性矛盾，本科生虽"满腹经纶"，但真正到了企业要拿起真刀真枪时，却往往派不上用场。

参加培训会有什么收获？于长福介绍说，最为直接的好处，就是学生们可以通过一周的强化培训，掌握啤酒酿造的技术。

此外，学生还可以通过培训，考取相关的职业技术资格证。

好处之二：能获得就业推荐

据介绍，除了学生动手能力强的因素，许多高职院校的高就业率还得益于订单式的培养模式。

以长春职业技术学院为例，"我们每年都要到企业去调研，看看他们需要怎么样的人才。"随后，学院会根据就业的需求来设置课程，还请企业的专家、技术负责人及企业的领导来讲课。

此外，学校和一些企业之间的合作会为学生提供很好的机会。"像华润雪花啤酒有限公司，在全国有 70 多家分公司，我们学院跟 20 多家都有合作。学生在校学习两年，第三年就到企业顶岗实习。到最后，90% 的学生都会留到企业。"

于长福介绍，对参加培训的学生来说，最实实在在的好处，就是毕业后，由长春职业技术学院负责向有长期合作的企业推荐。

（资料来源：艾灵 . 本科生为啥到高职"回炉"[N]. 新文化报，2013-12-18.）

镜头二（本科生"回炉"职校何不成时尚）

本科毕业后拼命考研，还不如选择到职业院校再学一张文凭。

一方面企业招不到人；另一方面大学生找不到工作。面对连年扩招的现实，中国就业促进会副会长陈宇表示："我个人不认为中国大学生培养的太多了，现在大学生面临的失业问题属于结构性失业。"

对于结构性失业的提法，麦可思公司总裁王伯庆很赞同，他指出，以我国 GDP 连续每年以 6.5％的增长速度来看，吸纳现有数量的大学毕业生应该不成问题。但问题在于我们这些年的经济增长主要依赖农民工的贡献：一个是房地产、建筑类企业；一个是生产鞋、玩具、半成品加工等外向型企业。

"并不是说我们培养的大学生数量太多了，而是由于我国产业结构的特点，使社会不能完全吸纳现有的大学毕业生。"王伯庆说。

全国政协委员、启明星辰公司总裁严望佳认为，在理论水平上，也许国外理工科的学生与我国学生相比要低一些，但是他们的动手和实践能力特别强。"然而，我们企业需要的人才并不一定要求他在理论或者研究修养上具备很高的水平，主要需要他们有综合能力。"

"其实，企业对人才的需求是一以贯之的，从能力和学历角度来讲，当然是更加重视能力，但我们很多学校培养出来的人跟企业的需求有很大的差距。"严望佳指出，在中关村，很多高科技企业都视人才为本位，一看到真正的人才，眼睛就会"亮"起来。但事实上，中关村有很多大学毕业生，包括硕士博士、毕业生，然而，企业要找到好的人才实在太难。

如何破解这种矛盾，王伯庆建议说，"中国的产业进步和技术进步是一种必然，因此，目前的本科和高职应该在教学过程中进行相应的改革。把产业调整和企业升级过程中带来的新需求，融合到教育教学的内容中来，改进自己的教学方式和课程设置，让学校培养的人才更能够跟产业的需求相结合。不然的话，这对矛盾还是难以解决。"

根据麦可思公司的调查结果，2007 年在大学毕业生离校的时候，高职生加上本科生的就业率是 55.8％，高职生毕业时就业率只有 44％，但是半年以后就业率达到 84％。可见，高职生中有将近一半的人，在毕业半年后才实现真正就业。

王伯庆认为，毕业生的就业率低和职业能力低有关系，他把职业能力分为五大类：管理能力、理解与交流能力、科学思维能力、应用分析能力、动手能力。每个专业和职业对某一项能力的重视程度和水平要求不一样。从全国毕业生的平均水平来看，毕业生的五大类能力，普遍低于工作要求水平。

为了解决 610 万名本科生找工作的难题，日前教育部门出台了多项措施：比如一是让他们读双学位；二是研究生扩招。教育部职业技术教育中心研究所所长助理姜大源认为，这种做法并不能提升毕业生的职业能力，并不能从根本上破解大批高校本科毕业生的就业难题。"如果不跳出教育看教育，不跳出学校看学校，在围城中解决问题，本科生将继续失业。因为学习的内容不变、方式不变，其能力结构还是不适合企业的需要，不适合社会的需要。"

据姜大源介绍，目前全国示范性高职院校就业率都在 95％以上。高职院校，特别是国家示范性高职院校拉动了整个高职教育的发展。为了解决 2000 万名农民工的就业问题，政府鼓励让这些人到中等职业"回炉"，"其实，我们也要考虑发挥高职的作用，可让本科生'回炉'高职，使高职成为我们促进高质量就业和创业的摇篮。"

曾经在德国工作过 12 年的姜大源认为，让本科生到高职"回炉"的做法在德国很普遍。德国有 1/4 的学生在考上大学后选择保留学籍，然后到职业院校"回炉"，考取相应的职业资格证书。如果能实现这个愿望，学生进可升学，退可就业，使得教育渠道非常畅通。

"很多人本科毕业后拼命考研，真不如选择到职业院校再学一张文凭，3 年过后就业竞争力会比研究生更强。"姜大源说，"以前，本科生把到职高'回炉'当成可笑的事情，我希望今后成为一种时尚。"

（资料来源：桂杰. 本科生"回炉"职校何不成时尚 [N]. 中国青年报，2009-03-10.）

镜头三（教育部副部长鲁昕：600 多所本科院校转做职业教育）

中国高等教育将发生革命性调整。2000 年后近 700 所"专升本"的地方本科院校将逐步转型，做现代职业教育，重点培养工程师、高级技工、高素质劳动者等。2 月底，国务院常务会议已就此作出决定，相关政策性文件即将出台。

3 月 22 日上午，2014 年中国发展高层论坛上，教育部副部长鲁昕在演讲中谈到中国教育结构调整和现代职业教育时如此透露。

据鲁昕介绍，中国现有近 2500 所高等院校，改革完成后，将有 1600 ～ 1700 所学校转向以职业技术教育为核心；同时，在培养模式上，这些高校将淡化学科，强化专业，培养技术技能型人才。

调整的重点是 1999 年大学扩招后"专升本"的 600 多所地方本科院校。这些地方高校，将逐步转型做现代职业教育。如此一来，中国高等教育的人才培养结构将发生重大变化，培养技术技能型人才的高校比重将从现有的 55% 提高到 70% ～ 80%。

据鲁昕介绍，2014 年 2 月 26 日，国务院常务会议已通过《关于加快发展现代职业教育的决定》，即将公布。今后，中国将以建设现代职业教育体系为突破口，对教育结构实施战略性调整，而这一调整集中在高中和高等教育阶段。

她指出，中国首先将建设一个以就业为导向的现代职业教育体系。从教育模式、教育机制到人才培养模式，均以就业为导向。简单来说，就是"学中做、做中学"。其次，建立系统化培养技术技能人才的体系，目标是面向生产一线培养以技术为基础的技能型人才。

鲁昕强调，今后将充分发挥市场的作用，用市场的力量来办学。今后，各类职业学校可以实行股份制、混合所有制，让教师和企业管理人才、校长和企业 CEO 可自由转换身份，打造灵活的办学体制。

据她介绍，中国当前的职业教育是个"断头桥"，培养出的技术技能人才，学制短，不能继续攻读更高学位。今后，中国将搭建人才培养的"立交桥"，让学生可以从中等职业一直学到专科教育、到本科教育到专业硕士，甚至专业博士。

以下为演讲实录：

鲁昕：很高兴基金会在这里邀请教育部，尤其是邀请我参加这个论坛的这段的发言。

在中国建设现代职业教育体系，解决就业结构性矛盾的重要举措，其实现在职业教育，在世界、在发达国家，在欧盟国家，已经不是很新鲜的一件事，但是在中国的教育结构当中，恰恰是一个很重要的问题。那么大家知道，李克强总理在今年政府工作报告当中提出了就业的优先战略，并提出今年的就业目标叫一千万，那么我们的失业率控制在4.6%之内，需要教育与增长、与就业之间建立一个积极促进的关系，那么我们事实上怎么样呢，距离这个关系和目标的实现，从教育角度还有一定的差距。

首先从教育角度看，我们每年新增的劳动力供给和需求的形势是这样的，我们大约每年出生1700万人，每年就业市场应该容纳的劳动力、新增的劳动力1700万，1700万当中，受到中等教育和高等教育毕业的孩子在1400万左右。那么，大学生是700万左右，在这些大学生当中和中等职业教育里面，受到职业教育的应该有1100万，那么从需求来看，新增长劳动力的结构性矛盾非常突出，大家都知道。短期来看，突出的一个重要矛盾它的表现就是高校毕业生就业难和市场上所需的技术技能人才供给不足的矛盾，这个矛盾是比较突出的。我们每年毕业很多大学生，我现在只讲大学生，去年毕业了699万，但是我们的就业率才达到77.4%，我们也搞了一个调查，就是说2011届大学生有14%处于低就业状态，月收入占了25%，属于比较低的。企业，尤其产业升级、产业转型，站在第一线的技术技能人才相对短缺，而且短缺的比例是市场需要两个、我们只能提供一个。

其次从中长期来看，产业加速转型和高技术的技术型的人才匮乏的矛盾也非常突出。

大家都知道，我们国家正处于产业转型升级的过程当中。那么转型升级的过程，需要劳动力素质的提高，是什么样素质的提高呢，是站在生产一线，尤其现代企业是哑铃型的职工结构。一面是研发人员，中间是生产一线，后面是销售服务人员，我们的教育和现在这种企业的人力资源结构的需求现在还有一定的差距。那么一线需要的劳动者，最近我在这里引用蔡昉所长曾经作了一个对比，说中国到底缺不缺大学生，我们到底大学生多了还是少了，我们每年接受高等教育的大学生在700万左右，我们接受中等职业教育还有800万，这是1300万，当然接受中等职业教育的学生的就业率很高，达95%。那么其中高等教育就业率达77%，这个数字大家都比较清楚。那么我们大学生到底多还是少了呢，这里面有一个对比。在农业领域，大学毕业生就业的：中国 0.6%、美国 24.6%；制造业：中国 10.3%、美国 30.6%；交通业：中国 10.8%、美国 27.1%；商贸业：中国 11%、美国 28.6%，表明我们高等教育的人数没有多、没有过剩。现在的问题是结构性的问题，我们培养什么类型的人，办什么类型的大学非常重要。核心就是就业问题，2008 年金融危机以来，一些发达国家，尤其是在金融危机当中没有倒下的国家，一个重要的经验就是它们的教育结构非常符合它们的产业的结构，和产业结构对接得很紧密。我们看了一组数据：失业率比较高的国家，特别是教育结构出了问题，和产业结构产生了差距、不对接；失业率低的国家，如德国、瑞士、荷兰、奥地利、美国等，它们都用学院的方式来进行职业教育人才的培训和培养。因此，我们认为这组矛盾主要还是教育结构的问题，它的现象是教育结构，其实是高等教育和教育类型的一个问题。那么，职业教育在很多市场经济成熟的国家，尤其是实体经济比较强大的国家，产业升级很快的国家，我们称之为核心竞争力在全世界前 10 位的国家，一个非常突出的特点，就是它的职业教育作为一个教育类型，它占的比重很大。在人力资源结构当中，德国的职业教育占了 78%，学术型教育占了 22%；瑞士的职业教育占了 82%，学术型教育占了 18%。正是这样一种人力资源结构支撑了它的经济结构，促进了实体经济稳步向前发展。

那么解决这个矛盾的核心是什么？中国解决就业结构型矛盾的核心是教育改革。教育改革的突破口是什么呢？我们认为是现代职业教育，所以我们在职业教育前面加"现代"两个字，叫"现代职业教育体系"，这是一句完整的话。为什么叫体系？现代职业教育不是传统职业教育，现代职业教育培养的人才类型属于技术技能型。我们原来讲职业教育，只讲技术、技能。根据我们信息技术的发展和产业升级这个现状来看，技能是以技术为基础的。技术技能型人才可分为三种：第一类是工程师；第二类是高级技工；第三类是高素质劳动者。在上个月 26 号，国务院已经通过了一个决定，叫《加快发展现代职业教育的决定》，这个决定事实上明确了教育改革以职业教育体系建设为突破口，实行中国教育结构的战略性调整。那么这个结构在哪一个层次调整呢？在高中阶段和高等教育阶段，大学阶段进行战略性调整。战略性调整主要包括以下五个方面。

第一，建立一个以就业为导向的现代职业教育体系。

这个体系的教育模式、教育机制、人才培养模式，要以就业为导向。用中国人的话叫"学中做、做中学"，这个经验、这个模式、这个机制，我们当然也借鉴了德国、瑞士，以及奥地利、荷兰、美国的经验，搭起了中国的一个新的类型教育体系，叫作现代职业教育。这个教育的体系目标很明确，以就业为导向，因此整个人才的培养模式全部要变。

第二，建立系统化培养，技术技能人才的体系。

由于产业升级，我们需要大量的站在生产一线的数以亿计的工程师、高级技工，还有劳动者，所以职业教育的定位就是为生产一线培养以技术为基础的技能型人才。

第三，产教融合，校企合作贯穿体系建设全过程。

我们有 2500 所高等职业教育院校，其中有 1600 ～ 1700 所学校采用以职业技术教育为特色的教育模式和教育类型。具体来讲，一是所有的高职的定位不要错位，不要淡化学科、强化专业。二是从普通高等教育来看，随着扩招的持续，有 700 多所本科院校需要转型为技术技能型学校。那么，这 700 多所加上 1000 多所，大概有 1700 所高等教育院校要做这个类型的教育。这就使得我们的人才培养结构发生重大的变化：在普通本科教育中，技术技能型教育的比例将提高到 70% ～ 80%。

这个调整要和企业合作办学，向德国学习、瑞士学习。当然，美国有很多高等院校做得也很好（如美国设计学院）。我们强调的是向企业的生产一线学习，把研发中心放到学校，把学校的人才培养放到企业。

第四，构建开放内外衔接的人才成长立交桥。

大家知道，中国传统的教育和现代教育现状是：职业教育是一座断头桥，没有立交桥。因此，很多人说培养出的技术技能人才学制短、没有就业前景。我们搭建的这座立交桥，包含了从中等职业教育到专科教育到本科教育到专业硕士教育，以至于专业博士教育。那么计算起来，如果说我们像德国和瑞士一样，从学生 16 岁开始因材施教的话，到 21 岁，他们可以有 7 年的时间学技术技能教育，这样培养出的人才就相当符合生产需要。事实上，中国这些年综合现代交通业的发展、现代服务业的发展、旅游业的发展、物流业的发展，还有信息服务业的发展，都是职业教育贡献的人才。这些年，从 2010 年开始我们贡献了 5000 万人才，如果没有职业教育，我们这些产业难以发展，职业院校的 5000 万毕业生也无法就业。

第五，我们充分发挥市场的作用，用市场的力量来办学。

我们提出，可以实行股份制、混合所有制，教师和企业、校长和 CEO 之间可以相互交流，相互认知，这是一个非常灵活的办学体制。我们对这类学校进行产权制度改革，产权结构和分配机制都发生变化。我们的院系主任可以做教师，可以做教授，也可以到企业做人力资源部的部长；我们的校长可以做校长，同时也可以到企业做 CEO，这就是我们设计的体系。这个体系已经国务院常务会议审议通过了，我们最近就要公开。

接下来，我们重点推进教育领域的四个方面的改革。

第一，高考制度的改革。关于高考我们即将出台一个方案，即两类人才、两种模式高考。

第一种模式是技术技能型人才的高考，技能加文化知识。在高中阶段，学生16岁时就可以选择自己未来的发展模式。当然不管学生选择的是什么模式，他都可以实现自己的人生目标。

第二种高考就是现在的高考，即学术型人才的高考，技能型人才的高考和学术型人才的高考要分开。

我们2013年用了六种渠道解决高考的起步问题。在第一种高考模式下，我们有140万孩子进入了技术技能型教育院校。这140万的孩子，还有三年毕业，我相信他们一定会找到相当好的工作。

第二，我们要把现有职业院校的水平提高，要解决中职、高职衔接的问题。

我们希望3+3六年学制，我们也希望从16岁开始进行五年制培养，我们还希望5+2等多种模式，主要是解决职业教育学制太短，不能够系统地学习知识，不能够系统地掌握技能的问题。

第三，我们要推动600多所地方本科高校向应用技术型转，向职业教育类型转。

最近，我们已经成立了联盟，各大院校联盟报名极其踊跃，现在已有150多所地方院校报名参加教育部的转型改革。

如果一所学校的就业率永远在60%左右徘徊不前，那么这个学校就会倒闭；如果一所学校的定位不准，那么这所学校就会倒闭。我们希望用市场的力量决定一所学校倒不倒闭。现在，很多地方院校看到了自己未来的方向，所以也赢得了地方政府的高度赞赏。这个转型，我们现在已经推出了，有600多所院校响应。什么概念呢？我们国家的普通高等院校是1200所，600多所正好占它的50%，那么这50%的院校就变了，它们淡化学科、强化专业，按照企业的需要、按照岗位来对接。

第四，坚持职业教育面向大众，要增强职业教育的包容性和开放性。我们职业教育不仅要进行学历教育，更主要的是进行培训，职业教育不分年龄段、不分时间、不分学习时间、不分学习模式、不分学习的机制，什么样的人都可以学。我们将大学生、退役转业军人，还有农民工，全部纳入这个职业教育体系，进行不同年限、不同职业组合的培训，有的可能是三个月，有的可能是择业培训，有的可能是技能培训等。

总之，我们想通过现代职业教育体系建设来解决中国教育结构调整和改革问题。

那么，调整教育结构的目的是什么呢？是解决就业结构性矛盾。因为每年有1700万学生，不管学什么专业都要就业。怎么解决增量劳动力进入劳动力市场之后可以找到工作这个问题呢？教育部通过具体的四项改革，最终使我们的教育人才培养模式符合市场需求的结构，我们的课堂、我们的教材、我们的教法、我们的老师，所有的观念都要紧紧围绕市场，从而解决就业增长与就业的包容性的问题。也希望各位关注中国的职业教育发展，我相信这个文件出台之后，再过三年看中国的高等教育，它的结构就会更加合理，那么，就业的结构性矛盾就会得到很大的缓解。

谢谢各位。

（资料来源：马晓倩．教育部副部长鲁昕：600多所本科院校转做职业教育［EB/OL］．搜狐教育，2014-03-22.）

案例点评

近年来，随着经济社会的快速发展，高校招生规模也呈现出不断扩大的趋势。除了本科扩招外，高职招生也出现了迅猛的发展。迄今为止，高职教育已经占据了我国高等教育的"半壁江山"。普通本科教育和高职教育作为两个不同类型的教育，其培养的目标迥异，高职教育属于岗位和技能知识教育，而普通高等教育是学科教育。案例中本科"回炉"高职，表明当前一些大学教育与经济社会发展的实际需求衔接不够好，有的学校注重了大学生们的理论学习，忽略了实践动手操作能力的培养，进而造成大学生就业方面出现了一定的困难。本科院校转做职业教育，淡化学科，强化专业，培养技术技能型人才，使教育人才培养模式要符合市场需求的结构，让我们的课堂、我们的教材，我们的教法，我们的老师，所有的观念都要紧紧围绕市场，从而更好地解决就业增长与就业的包容性的问题。

围绕经济社会发展的需要，新一轮教育综合改革正在启动，作为刚进大学的我们，应审时度势，摒弃过去那种"来大学就是玩""大学就是学习阶段的结束"的心态，积极树立自主学习、全面学习、创新学习、终身学习的理念。只有这样，才能使自己的人生走得更远。

学习建议

1.学习本案例的目的和用途

学习本案例，可以帮助我们更好地认识大学及大学教育，一方面，让我们明确本科与高职不是层次上的区别，而是办学类型上的差异；另一方面，本科"回炉"高职，让我们看到高职生也有自己的优势，增强自信，进而紧跟时代要求，更新学习理念。

本案例可用于教材绪论第一节适应人生新阶段"更新学习理念"部分内容的辅助学习。

2.学习本案例应注意的问题

使用本案例时应该全面客观地认识本科院校和高职院校的差异，充分认识两类不同院校各自的优劣之处，防止思想认识上陷入其中一个极端。普通本科院校是学科教育，更注重理论的学习。但现代社会，就算是硕士、博士毕业后，在参加工作之前，都要进行职业再教育，取得一定的资格证之后，才能上岗。作为高职学生，应紧跟现代职业发展的要求，提高自己的实践操作能力，这有可能是很多本科生无法企及的优势。

案例四：名校学子沉溺网游被开除

案例文本

曾经的小虎（化名）是父亲老春（化名）的骄傲，高考考了 636 分，数学满分，考上北京名校……但从去年接到辅导员的电话开始，一切都变了，小虎沉溺网游，长期旷课，甚至拒绝考试，学校建议休学一年。从北京回到重庆，眼前的儿子变得让老春不知所措。

老春很迷茫，他不知道如何让儿子重回正途；小虎也很迷茫，他说自己看不到未来的路。

休学

小虎沉溺网游，长期旷课，甚至连考试都拒绝参加，面临被开除的危险。

"娃儿很聪明，就是有点孤僻。"昨日下午 2 点过，北碚通往青木关镇路边的一个洗车场里，老春坐在长条凳子上，等着生意上门。

老春去年才从区县搬到这里，一为照顾小孙子；二来顺便帮大儿子打理一下洗车场生意。而小虎是家里的老三。

"他高考的时候数学是满分哟，在我们老家，满分没得几个人！"提起曾经的儿子，老春脸上洋溢着自豪。

2012 年，小虎以 636 分（理科）被北京一所名校的信息与通信工程专业录取。

大一下学期，在小虎的要求下，老春给儿子买了一台笔记本电脑。"我不记得是哪个牌子了，但买的是最好的哟。"

没过多久，大二上学期，老春接到了学校辅导员的电话。辅导员告诉他，小虎沉溺网游，长期旷课，甚至连考试都拒绝参加，面临被开除的危险。

老春很气愤，让小虎的二姐赶到北京，把笔记本电脑放到辅导员那里，不让儿子接触。在这期间，老春还得知，小虎在网上交了一个女朋友，老春通过小虎电脑上的 QQ 找到了这名女孩，通过各种方式劝说两人分手。

所有的努力没能让小虎回心转意，辅导员建议老春先把小虎接回家休学一年。就这样，小虎回到了老春眼皮底下。

矛盾

小虎个性孤僻，没有什么朋友，心事重重，有什么想法也不愿和父母、哥哥姐姐交流。

小虎回到重庆，老春就把笔记本电脑收起来了。刚开始，小虎被哥哥安排到隔壁一个厂里打工，每月有两三千元。可仅过了两三个月，小虎就被老板辞退了，老春只好让小虎在自家的洗车场洗车。

回家没多久，小虎和老春的矛盾愈演愈烈。小虎除了吃饭睡觉洗车，几乎都拿着手机，老春提出送他回北京上学，被拒绝了。

"他每天起码耍八小时以上的手机，耍的都是些棋牌游戏，我不晓得那个有啥子耍事。"客人上门的时候，招呼小虎洗车，得到的回应往往是"这盘耍完了来"。

还有不少客户向老春抱怨小虎洗车太马虎，老春因为这些说他几句，小虎就独自跑到网吧去玩游戏。

"反正我们说的话，他都不听。喊他折哈铺盖，他也不折，喊他洗哈衣服也不洗。"老春说，他清楚小虎的脾气，个性孤僻，没有什么朋友，心事重重，有什么想法也不愿和父母、哥哥姐姐交流。

父子俩的矛盾越来越多，小虎常常闹着要断绝父子关系，要独立，不要老春管他。

未来

小虎已经作出决定，不再回北京上大学，他觉得那样没有任何意义。

去年春节的时候，老春估算，小虎身上应该有上万元存款。大年初四的时候，老春想把小虎送到外地独自打工，锻炼一下，也许会有一些效果。可小虎说，身上的钱已经花光了，老春问钱花哪了，小虎不耐烦地回答"你不要管"。

"我本来安排好了，让一个亲戚的娃儿带他到浙江那边打工，我还偷偷给了1000元钱给他，让他不要让小虎晓得，在小虎最需要钱的时候再给他。"小虎去了浙江，最后是靠老春提前给亲戚的1000元，才得以回到重庆。

昨日下午3点过，小虎被家人从网吧叫了回来。小虎今年已经22岁了，戴着眼镜，默然地走进店里坐下，不愿和老春多说半句话。

面对重庆晨报记者，小虎说出了自己的一些想法，他说自己有时候的确控制不住情绪。

"你喊我不耍我也可以不耍，完全控制得住，但是不耍游戏，又做些啥子嘛，好无聊哟。"小虎看着地上，小声说道。现在，他已经作了决定，不再回北京念大学，他觉得那样没有任何意义。

"我只想按照我自己的想法，去追求自己想要的生活。"小虎思考了许久，说出了这句话。然而，他想要的生活究竟是什么？这个问题，连他自己也无法回答。

晨报记者离开的时候，小虎责怪老春，为什么要把这么丢脸的事情说出去。老春没有理儿子，他想的是，怎样才能把儿子带回正途，积极面对生活。

（资料来源：陈易，张祎. 小伙高考数学满分考入北京名校 却沉溺网游或被开除 [EB/OL]. 华龙网，2015-07-23.）

案例点评

大学，人生一个新的阶段。与中学相比，大学学习生活发生了显著的变化。自由支配的时间增多，学习的自主性非常明显。而案例中的小虎中学阶段在老师、家长的管教下以优秀的成绩考入北京名校。来到大学，由于对学习的认知不足，缺乏起码的纪律意识和必要的自制力，长期沉溺于网游，荒废学业而面临被开除的境地，实在令人痛心。

作为大学新生，我们应从中吸取深刻的教训，虽然大学阶段学习、生活、社会活动方面发生了显著的变化，但我们依然不能忘记"主业"，立足于本职——学习，积极认识大学学习生活的新特点，主动适应新环境，尽早完成从中学生到大学生角色的转变。树立新的学习理念，努力培养自己勤奋、严谨、求实、创新的优良学风，做一个德智体美全面发展的大学生，积极践行社会主义核心价值观。这既是祖国和人民的殷切希望，也是大学生需要确立的成才目标。

学习建议

1. 学习本案例的目的和用途

现在，随着网络技术的发展，各种游戏也频频出现在大学校园中，备受一些大学生的青睐。有些大学生由于对学习的动力或认识上的不足，往往借助于网游消磨时光，甚至玩物丧志。本案例引入沉溺网游的小虎荒废学业面临被开除的事件，引导大学生正确认识大学学习生活，做到文明科学上网，合理安排作息时间，避免沉溺于网络，自觉遵守大学生日常行为规范和学校规章制度。

本案例可用于教材绪论第一节"适应人生新阶段"和第二节"提高思想道德素质和法律素质"内容的辅助学习。

2. 学习本案例应注意的问题

学习本案例时应该正确认识和处理好自由和纪律，学习与娱乐、休息的关系。大学虽然崇尚自由精神，但任何自由都不是无限制的，总是在一定纪律约束下的自由。大学生虽然学习内容非常宽泛，但主要任务还是要学好与本专业相关的课程。游戏并不是不可以玩，但一定要分清场合，注意处理好学习与娱乐、休息的关系，绝不能沉溺于网络，在虚拟世界中度过每一天。

案例五：1 > 20，大学生自身修养更重要

案例文本

　　2003 年 7 月，重庆理念科技产业有限公司招聘了 21 名大学生。让人始料未及的是，在随后不到 4 个月的时间里，该公司陆续开除了其中的 20 名本科生，仅仅留下了一名大专生。据该公司反映，这些大学生被开除的主要原因是他们的自身素质和道德修养不能满足公司的人才需求。

　　第一批被公司除名的是两名来自某重点大学的计算机系高才生。他们在第一次与客户谈完生意后，将价值 3 万多元的设备遗忘在出租车上。面对经理的批评，两人却振振有词地说："对不起，我们是刚毕业的学生。学生犯错是常事，你就多包涵吧。"两人终因修养不够、"言多语失"而被开除。

　　据记者了解，像这两名本科生一样，其余十几名本科生被开除的主要原因也是与个人修养存在缺失有关。

　　第三个被公司"扫地出门"的是一名本科毕业的女学生，喜欢睡懒觉，上班经常迟到，还在工作时间上网聊天，经多次警告仍置若罔闻，最终被公司"开回家"。

　　另有 3 名大学生因"张狂"而被"卷了铺盖"。他们在与客户吃工作餐时，夸夸其谈，大声喧闹，弄得客户和公司领导连交谈的时间都没有。席间，更有一名男生张嘴吐痰，一口痰刚好落在了客户的脚边，惊得客户一下子从凳子上跳了起来。该男生却像什么事都没有发生一样继续吃饭。结果可想而知。

　　最让人难以接受的是，有一次，公司老总带领公司员工到外地搞促销，在海边租了一套别墅，有 20 多间客房，但员工有 100 多人，很多老员工甚至老总都只能睡在过道上。而有些新来的大学生却迅速给自己选定好房间，然后锁上房门独自看电视。这些学生好几次走出房门看见长辈睡在地上，竟都视而不见，不吭一声。此事又让几名大学生丢了饭碗。

　　最后被开除的是一名男生，他没与对方谈妥业务就飞到南京，让公司白白花了几千元的飞机票。当领导问及此事，他却大言不惭："我没错，是他们变卦，你是领导我也不怕！"

　　就这样，3 个多月下来，20 名本科生全都离开了公司。

　　有专业人士指出，大学生在求职时，要得到用人单位的认可，修养和学识缺一不可。做任何事情的前提都应该是首先学会做人。

　　"有些大学生在刚跨入社会时，其角色转化、人际关系、思想认识等都可能存在一些问题。"该公司老总李玉华就此事评论说，这件事可以给大学生们提个醒，从进

入大学的第一天到面对自己的第一份工作，大学生在注重调整自己知识结构的同时，也应该注重自己的道德修养，把握好处事分寸，从各方面提高自己的综合素质。

（资料来源：田文生，熊黎．1＞20，大学生自身修养更重要 [N]．中国青年报，2004-11-14．）

案例点评

当今社会，需要的是德智体美全面发展的大学生，不仅要求大学生具有健康的体魄、较高的科学文化素养，而且应具备较高的思想道德素质和法律素质。案例中 21 名被招聘到公司的员工，不到 4 个月的时间里，20 名本科生被开除，仅留下 1 名专科生。究其原因，主要是他们的自身素质和道德修养不能胜任公司的人才需求。作为刚进大学的我们，切不能妄自菲薄，应对大学未来三年作出合理的规划设计，脚踏实地，在注重调整自己知识结构的同时，也应该注重自己的道德修养，把握好处事分寸，从各方面提高自己的综合素质。

学习建议

1. 学习本案例的目的和用途

本案例介绍了受聘于重庆理念科技产业有限公司的 21 名员工，不到 4 个月，20 名本科生被开除了，其中不乏重点大学的高才生，仅仅留下了 1 名大专生。强调加强自身修养的重要性，为大学生成才指明了方向。

本案例可用于教材绪论第一节"适应人生新阶段"和第二节"提高思想道德素质和法律素质"的部分内容的辅助学习。

2. 学习本案例应注意的问题

学习本案例时应该正确认识和处理好提升科学文化素质与思想道德素质和法律素质的关系。学习科学文化固然重要，但同时也应该注重提升自己的思想道德修养和法律基础，把握好处事分寸，从各方面提高自己的综合素质。

案例六：保定学院西部支教毕业生书写别样人生

案例文本

2014 年 1 月 3 日，河北保定学院学生餐厅内人头攒动，热闹非凡，"保定学院 2014 届毕业生双向选择洽谈会"正在举行。大屏幕上，当年豪迈地喊出"到西部教书去"的师兄师姐通过视频发出邀请："同学们，选择西部、选择基层，就是选择了拼搏的人生、别样的青春。欢迎到新疆、欢迎来西藏，我们在这里等着你们！"

2000 年开始，保定学院已经连续多届近百名毕业生选择了赴新疆、西藏、四川等地任教。他们都是品学兼优的学子，听到国家西部大开发的召唤，他们毅然放弃了继续深造的机会，谢绝了多家用人单位的盛情邀请，坚定地选择了万里之遥的祖国边疆。他们像戈壁红柳、似沙漠胡杨、如高山雪莲，10 多年来全部扎根西部大地，使青春焕发出别样精彩。

人生的选择

即使在新疆，且末也是最遥远的地方。且末地处塔克拉玛干沙漠的最南端。十几年前的且末每年春夏秋三季频频遭遇"黄风啸啸石乱走"的恶劣天气，从乌鲁木齐到且末，坐汽车最少要 6 天。

保定学院的一群毕业生把且末作为自己安放青春和梦想的地方。

保定学院 2000 届政教专业毕业生，现在在且末县委党校任教师的苏普坦言，当时家里并不支持自己去且末。他 4 月签约，临行前十几天母亲突然去世，作为家里最小的儿子，看着心力交瘁的父亲，有一刻也曾动摇，但最终还是登上了西去的列车。"13 年来自己的工作和心态一直很稳定。如果说刚开始的选择有些单纯和激情，现在则是一份责任。今后的 23 年、33 年，我们会一直做下去，请学校领导放心，我们会为母校争光，为且末的教育事业作贡献。"苏普在信中写道。

保定学院 2003 届英语专业毕业生荀轶娜，在入学教育时看了反映师兄师姐到且末任教的专题片《到西部教书去》，她用"震撼"形容当时的感受。3 年后，她也站到了且末县中学的讲台上。

岁月的坚守

西藏南木林县的名字"南木林"三个字，藏语意为"胜利"，地处日喀则地区东北部，平均海拔 4400 米。2002 年，保定学院 10 名毕业生来到西藏南木林县时，整个县城也就百十来户。没有宿舍，他们就住在学校河对岸一个废弃的车队院里，两个人挤在五六平方米的狭小空间内。

2002 届毕业生、南木林县一中数学教师徐建旺见证并参与了县一中和整个南木林县的发展。他回忆说，当时人家一起去河里打水做饭，一起走过有 500 年历史的铁索桥去学校上课，一起去藏族老师家做客；没有电视，每天晚上就聚在一起听收音机，交流新学会的藏语，买到一本好书大家轮流看一遍。至今，在日喀则地区任教的保定学院毕业生达 12 人。

"在且末，别说是工作，就是生活下去也是一种奉献！"这是新疆维吾尔自治区人民政府原主席阿布来提·阿布都热西提对且末人民的评价。在岁月的坚守中，来自保定学院的毕业生们，遥想着父母一天天变老，自己却在万里之外无法尽孝。每个人谈起心中的痛楚，都是对亲人的牵挂、亏欠和内疚。

2013 年，保定学院 2000 届毕业生，现任且末中学教师侯朝茹的父亲被诊断为双侧缺血性股骨头坏死，最好的办法是做人工骨关节置换手术，但父亲以手术风险大为由断然拒绝，侯朝茹知道，父亲是不愿让 20 万元手术费用拖累子女。"拿着手机我就一个人默默流泪，多想每天帮父亲煎煎药，帮母亲做顿饭。"在给同学的通信中侯朝茹如此袒露心声。

在奉献和坚守中，他们也收获了自己的爱情。荀轶娜来到且末，不习惯吃米饭，作为学长的朱英豪非常照顾她。一次聚会，看着皱眉吃饭的荀轶娜，朱英豪跑了好几条街为她买来两个馒头。荀轶娜说，那两个馒头她是"含着泪吃的"，离家万里的女孩，感到了亲情的温暖。"从那以后，我们成为彼此的支撑。昆仑山守候着我们的爱情，车尔臣河默默为我们祝福。"中文专业的朱英豪用诗一般的语言描绘着他们的幸福生活。

新疆巴州教育局前副局长克尤木·买买提曾这样表达对保定学院的敬意："从 2000 年到 2013 年，保定学院陆续为巴州输送了 65 名毕业生，他们不是普通的志愿者、援疆人员，而是全部在这里扎了根。这些老师不仅带来了先进的教育理念，更带来了一种无私奉献的高尚境界，为巴州的教育事业作出了很大贡献。"

师者的力量

保定学院毕业生们的爱心同样温暖着藏族学生。在西藏南木林县一中任教的岳刚对藏族学生格桑央吉格外关心。初三那年刚开学，格桑央吉没有来上课。岳刚通过家访了解到，家长看到格桑的成绩一般，不想供她上高中了。看着孩子渴望求学的眼神，岳刚苦口婆心做通了家长的工作。接下来的大半年，岳刚在自己宿舍里设了一张课桌，每天晚自习后为格桑和另一名同学补课 1 小时。2005 年 7 月，格桑以优异的成绩考取日喀则第一高级中学。

司会平 2003 年到日喀则第一高级中学教书，至今已带了 3 届毕业生，2010 年和 2013 年高考升学率分别达到了 98%、100%，获得了日喀则地区"教学能手""汉语教学带头人""国家级骨干教师"等荣誉。她用学校给的奖励设立了"格桑花助学金"，资助班里家境困难、学习努力的孩子。她说："希望自己种下的格桑花种子，在青藏高原开出更多娇艳的花朵，这就是我的中国梦。"

隆冬的保定学院，修剪整齐的冬青依旧葱茏，清冽的空气中，一群群背着书包的青年学生步履匆匆。

打开学院的贴吧，在校生们纷纷留言表达敬意和志向："当年的条件那么艰苦，师哥师姐们都没有退缩的念头！""趁青春，去拼搏。""我们也想去西部！""学长，我们崇拜你们！"

"师兄师姐，我们与你相约昆仑山！相约雅鲁藏布江！"

（资料来源：耿建扩，马丽娟．安放西部的青春与梦想——保定学院近百名毕业生扎根边疆教书育人［N］．光明日报，2014-01-15．）

案例点评

保定学院西部支教毕业生群体用实际行动为社会主义核心价值观作了生动、感人的注解。他们是知识分子的楷模，是青年学生的榜样，是我们这个时代的英雄。怀着执着的理想，奔赴条件艰苦的西部和边疆地区，扎根基层教书育人，十几年如一日，写下了充满激情和奋斗的人生历程。他们的坚守、他们的事迹，令人感动。同人民一道拼搏、同祖国一道前进，服务人民、奉献祖国，是当代中国青年的正确方向。好儿女志在四方，有志者奋斗无悔。作为当代大学生，应以保定学院西部支教毕业生为榜样，到基层和人民中去建功立业，让青春之花绽放在祖国最需要的地方，在实现中国梦的伟大实践中书写别样精彩的人生。

学习建议

1. 学习本案例的目的和用途

学习本案例，使我们认识到保定学院西部支教毕业生胸怀远大志向，以实际行动践行着社会主义核心价值观。这将鼓舞着我们一批又一批的青年学子到基层和人民中去建功立业，让青春之花绽放在祖国最需要的地方，在实现中国梦的伟大实践中书写别样精彩的人生。

本案例可用于教材绪论第三节"培育和践行社会主义核心价值观"部分内容的辅助学习。

2. 学习本案例应注意的问题

社会主义核心价值观的内涵包括国家、社会、个人三个层面，并且这三个层面不是彼此割裂的，而是有机统一的整体。作为当代大学生，应心系祖国和人民，响应国家的号召，根据社会需要不断调整和树立自己的人生目标。只有这样，才无愧于自己的人生。

思考练习

一、单项选择题

1. 大学生需要确立的成才目标是（　　）。

A. 成为智商非常高的人

B. 成为拥有健康体魄的人

C. 成为德、智、体、美全面发展的社会主义事业的合格建设者和可靠接班人

D. 成为专家

2. 创新学习是一种以（　　）为基础，采取创造性方法，积极追求创造性成果的学习。

A. 封闭蛮干

B. 瞬间顿悟

C. 奇思妙想

D. 求真务实

3. 党的十八大报告提出了社会主义核心价值观。就国家层面来说，应倡导（　　）的价值观。

A. 富强、民主、文明、和谐

B. 自由、平等、公正、法治

C. 爱国、敬业、诚信、友善

D. 平等、团结、互助、合作

4. 党的十八大报告提出了社会主义核心价值观。就社会层面来说，应倡导（　　）的价值观。

A. 富强、民主、文明、和谐

B. 自由、平等、公正、法治

C. 爱国、敬业、诚信、友善

D. 平等、团结、互助、合作

5. 党的十八大报告提出了社会主义核心价值观。就个人层面来说，应倡导（　　）的价值观。

A. 富强、民主、文明、和谐

B. 自由、平等、公正、法治

C. 爱国、敬业、诚信、友善

D. 平等、团结、互助、合作

6. "少而好学，如日出之阳；壮而好学，如日中之光；老而好学，如秉烛之明。"意思是要求我们树立（　　）的理念。

A. 全面学习

B. 自主学习

C. 终身学习

D. 创新学习

7. 十八大报告（　　）把"三个倡导"写入党的报告之中，即"倡导富强、民主、文明、和谐，倡导自由、平等、公正、法治，倡导爱国、敬业、诚信、友善，积极培育和践行社会主义核心价值观"。

A. 第一次

B. 再次

C. 又一次

D. 第三次

8. （　　）是调节人们思想行为、协调人际关系、维护社会秩序的基本手段。

A. 哲学

B. 宗教

C. 艺术

D. 思想道德与法律

9. 发挥德在青年成长成才过程中的作用，同学们应当学习和践行社会主义核心价值体系，以（　　）为重点。

A. 理想信念

B. 爱国主义

C. 遵纪守法

D. 公民基本道德规范

10. 社会主义核心价值体系是（　　），决定着中国特色社会主义发展方向。

A. 时代精神

B. 兴国之魂

C. 共同理想

D. 民族精神

二、多项选择题

1. 与中学相比，大学学习要求的变化主要有（　　）。

A. 知识的广度和深度大大增加

B. 学习的自主性大大增强

C. 学习知识面更加狭窄

D. 自由支配的时间更加有限

2. 下列是大学生活的特点的是（　　）。

A. 大学是知识的海洋

B. 大学是放松的摇篮

C. 大学有浓厚的学习研究和成才氛围

D. 大学是知识传播和运用的基地

3. 进入大学，为尽快适应人生新阶段，我们需要（　　）。

A. 认识大学生活的特点，提高独立生活的能力

B. 树立新的学习理念，培养优良学风

C. 确立成才目标，塑造崭新形象

D. 加入一切社团，培养各种能力

4. 大学生应当提高明辨是非的能力，包括（　　）。

A. 政治上的大是大非

B. 学会阿谀奉承、趋炎附势

C. 为人处世的基本原则

D. 日常学习生活中的细节

5. 社会主义核心价值体系的基本内容包括（　　）。

A. 马克思主义指导思想

B. 中国特色社会主义共同理想

C. 以爱国主义为核心的民族精神和以改革创新为核心的时代精神

D. 社会主义荣辱观

6. 社会主义思想道德所体现的价值标准和价值观念为社会主义法律提供了（　　）。

A. 价值准则

B. 制度保障

C. 道义基础

D. 政治保证

7. 党的十八大明确提出了培育和践行社会主义核心价值观的根本任务。第一次把"三个倡导"写入党的报告之中。"三个倡导"是指（　　）。

A. 倡导富强、民主、文明、和谐

B. 倡导自由、平等、公正、法治

C. 倡导平等、团结、互助、合作

D. 倡导爱国、敬业、诚信、友善

8. 树立自信、自律、自立、自强的生活意识，大学生应（　　）。

A. 摆脱依赖、等待和犹豫

B. 在家完全靠父母

C. 在外完全靠朋友

D. 学会独立

9. 学习"思想道德修养与法律基础"课的意义在于（　　）。

A. 有助于大学生认识立志、树德和做人的道理，选择正确的成才之路

B. 为大学生寻找到了"包治百病"的"良药"

C. 有助于大学生掌握丰富的思想道德和法律知识，为提高思想道德和法律素养打下知识基础

D. 有助于大学生摆正"德"与"才"的位置，做到德才兼备、全面发展

10. 进入大学，学习要求出现了新的变化，主要表现在（　　）。

A. 不仅学好公共课，还要学好学科基础课和专业课等必修课

B. 不仅要学好必修课，而且还要学好选修课

C. 不仅学习书本知识，还要向实践学习

D. 对一切书本知识都要不加选择地学习

三、判断题

1. 有人说大学生主要是讲学习、长才干，品德修养在工作后再学习、实践也不迟。
（　　）

2. "生活是最好的老师"意思是说只有在生活的实践中不断磨砺，才能提高独立生活的勇气和能力。
（　　）

3. 在大学生树立的学习理念中，大学毕业，意味着学习的结束。（　　）

4. 为了培养社会主义现代化建设需要的建设者和接班人，我们应该"重智轻德"。
（　　）

5. 当今时代对大学生成长成才提供了广阔的舞台，也对当代大学生的能力和素质提出了更高的要求。
（　　）

6. 培育和践行社会主义核心价值观，是引领大学生成长成才的基本途径，为大学生加强自身修养、锤炼优良品德指明了努力方向。
（　　）

7. 《礼记·中庸》认为，道德修养应该"慎独"。"慎独"实际上是要求我们在学习"思想道德修养与法律基础"课时坚持知与行相统一　。
（　　）

8. 大学生做学问，应该"知之为知之，不知为不知"。
（　　）

9. 大学生应该视野开阔、胸怀宽广。要把个人的"小我"融入国家和集体的"大我"之中，在维护和实现国家与人民利益的过程中创造个人的辉煌人生。
（　　）

10. 衡量大学生全面发展的唯一标准是掌握一定的专业技能。
（　　）

四、材料分析题

南京大学逸夫馆楼公告栏，张贴着署名为"一位心酸的父亲"给大学儿子的信，引发了大学师生的热烈讨论。请结合信函内容，谈谈你对此的看法，作为初入大学的我们，应该怎样做？

附件（信函内容如下）：

亲爱的儿子：

尽管你伤透了我的心，但你终究是我的儿子。虽然，自从你考上大学，成为我们家几代里出的唯一一个大学生之后，心里已分不清咱俩谁是谁的儿子了。从扛着行李陪你去大学报到，到挂蚊帐、缝被子、买饭菜票甚至教你挤牙膏，这一切，在你看来是天经地义的，你甚至感觉这个不争气的老爸给你这位争气的大学生儿子服务，是一件特沾光、特荣耀的事。

的确，你考上大学，爸妈确实为你骄傲。虽然现今的大学生也不一定能找到工作，但这毕竟是你爸妈几十年的梦想。我们那阵，上大学不是凭本事考的，要看手上的茧巴和出身成分，有些人还要用贞操和人格去换。这也就是我们以你为荣的原因。然而，你的骄傲却是不可理喻的。在你读大学的第一学期，我们收到过你的3封信，加起来比一份电报长不了多少，言简意赅，主题鲜明，通篇字迹潦草，只一个"钱"字特别工整而且清晰。你说你学习很忙，没时间写信，但同院里你高中时代的女同学，却能收到你洋洋洒洒几十页的信，而且每周一封。每次从收发室门口过，我和你妈看着你熟悉的字，却不能认领。那种痛苦是咋样的，你知道吗？

后来，随着你读大学二年级，这种痛苦煎熬逐渐少了，据你那位高中同学说，是因为你谈恋爱了。其实，她不说我们也知道，从你一封接一封的催款信上我们能感受到，言辞之急迫、语调之恳切，让人感觉你今后毕业大可以去当个优秀的讨债人。

当时，正值你妈下岗，而你爸微薄的工资显然不够支撑你出入卡拉OK、酒吧、餐厅的开销。在这种状况下，你不仅没有半句安慰，居然破天荒来了一封长信，大谈别人的老爸老妈如何大方。你给我和你妈心上戳了重重一刀，还撒了一把盐。最令我伤心的是，今年暑假，你居然偷改入学收费通知，虚报学费。这之前，我在报纸上已看到这种事情。没想到你也同时看到这则新闻，一时间相见恨晚，及时娴熟地运用这一招，来对付生你、养你、爱你、疼你的父亲母亲。虽然，得知真相后我并没发作，但从开学到今天，两个月里，我一想到这事就痛苦，就失眠。这已经成为一种心病，病根就是你——我亲手抚养大却又倍感陌生的大学生儿子。不知在大学里，你除了增加文化知识和社交阅历之外，还能否长一丁点善良的心？

一位心酸的父亲

（资料来源：中国网，2008-06-25.）

1 第一章

追求远大理想　坚定崇高信念

案例一：新生活是从选定方向开始的

案例文本

比塞尔是西撒哈拉沙漠中的一个小村庄，它靠在一块 1.5 平方千米的绿洲旁。从这儿走出沙漠，一般需要三昼夜的时间，可是在肯·莱文 1926 年发现它之前，这儿的人没有一个走出过大沙漠。据说不是他们不愿意离开这块贫瘠的地方，而是尝试过很多次都没有走出去。

肯·莱文作为英国皇家学院的院士，当然不相信这种说法。他用手语向这儿的人问其原因，结果每个人的回答都是一样的：从这儿无论向哪个方向走，最后都还要转回到这个地方来。为了证实这种说法的真伪，他做了一次试验，从比塞尔村向北走，结果三天半就走了出来。

比塞尔人为什么走不出来呢？肯·莱文非常纳闷。于是，他雇了一个比塞尔人，让他带路，看看到底是怎么回事。他们准备了能用半个月的水，牵上两匹骆驼，肯·莱文收起指南针等设备，只拄一根木棍跟在后面。

10 天过去了，他们走了大约 800 英里的路程。第 11 天的早晨，一块绿洲出现在眼前，他们果然又回到了比塞尔。这一次，肯·莱文终于明白了：比塞尔人之所以走不出大漠，是因为他们根本就不认识北极星。

在一望无际的沙漠里，一个人如果凭着感觉往前走，他会走出许许多多、大小不一的圆圈，最后的足迹十有八九是一把卷尺的形状。比塞尔村处在浩瀚的沙漠中间，方圆上千公里，没有指南针，想走出沙漠，确实是不可能的。

肯·莱文在离开比塞尔时，带了一个叫阿古特尔的青年，这个青年就是上次和他合作的人。他告诉这个汉子，只要你白天休息，夜晚朝着北面那颗最亮的星星走，就能走出沙漠。阿古特尔照着去做，三天之后，果然来到了沙漠的边缘。

现在，比塞尔已是西撒哈拉沙漠中的一颗明珠，每年有数以万计的旅游者来到这儿。阿古特尔因此成为比塞尔的开拓者，他的铜像竖在小城的中央。铜像的底座上刻着一行字：新生活是从选定方向开始的。

（资料来源：彭晓玲．思想道德修养与法律基础教学体系构建研究 [M]．南京：南京大学出版社，2010.）

案例点评

肯·莱文带阿古特尔走出沙漠的故事告诉我们，一个人有什么样的目标就会有什么样的选择，有什么样的选择就会有什么样的人生。新生活是从选定方向开始的，一个人无论他现在多大年龄，他真正的人生之旅，是从设定目标的那一天才开始的，以前的日子，只不过是在绕圈子而已。所以，与其一味追求好的结果，还不如尽早省察自己的内心，确定好人生方向，让自己的人生有一个好的开始。

学习建议

1. 学习本案例的目的和用途

本案例说明目标对于人们的生活来讲是十分重要的。每个人都渴望自己成功，也都羡慕别人的成功。但绝大多数人只能看到别人成功时的辉煌，而不能发现其成功背后所付出的艰辛和努力，因而始终把握不住自己成功的方向。所以在我们的生活中，总是少数人成功而更多的人失败，几乎每时每刻都在上演着成功与失败的人间悲喜剧。许多失败的人，他们不缺乏工作的热情，也拥有丰富的知识，他们刻苦工作、积极进取，却总是与成功失之交臂。在经历一次失败后，他们急于证明自己不是失败者，于是在没有看清方向的情况下，又急匆匆地上路了，结果是一次又一次地走错，一次比一次绝望，生命的激情就在这种恶性的循环中一点一点耗尽。尽管他们付出了一生全部的努力，却仍然默默无闻，一无所有。失败的原因也许有很多，但最根本的一点是没有把握好正确的人生方向。

本案例可用于教材第一章第一节"理想信念与大学生成长成才"部分内容的辅助学习。

2. 学习本案例应注意的问题

作为当代大学生，要清楚我们都应该是有理想的。理想首先是一种奋斗目标。目标是希望达到的地方或标准，是人们根据一定的主客观条件所确立的对未来的一种期望。理想指向目标，目标多于理想。理想所确定的目标一般不是很具体，而是比较高远的、通过奋斗可以实现的。理想需要信念支撑。往往年纪越小，理想越大；年纪越大，理想越小。现实中，存在着有目标没有理想的现象。

案例二：霍懋征——把爱献给教育事业

案例文本

她是北京师范大学数学系的高才生，却在小学的讲台上一站就是 60 年。她曾先后提出设立教师节、制定义务教育法等若干重大建议。周恩来总理曾称她为"国宝老师"，温家宝总理曾夸奖她为"把爱献给教育的人"。她就是被列入中国现代百名教育家之一的霍懋征。

2010 年 2 月 11 日，这位令人敬仰的著名教育家因病与世长辞，享年 88 岁。

一生不离小学课堂　"因为我喜欢小孩子"

霍懋征出生在一个教师家庭，她的母亲是一位深受学生敬爱的中学老师。母亲与学生之间那种深厚的师生情谊，令霍懋征自幼就对将来成为一位好教师充满了向往。

1943 年，霍懋征从北京师范大学数理系毕业，作为多次获得奖学金的品学兼优的好学生，本来可以留校工作，但她选择了到北京师范大学第二附属小学（现北京第二实验小学）当一名小学老师。

半个多世纪以来，她经历了共和国教育改革的全过程，在小学的校园里和课堂上为教育教学改革创造了新经验，作出了巨大贡献。1956 年，她被评为我国首批特级教师，周总理握着她的手，称她为"国宝"。后来，教育部要调她去工作，她答应只能"借调"；人民教育出版社请她当编辑，她不去，只承担了教材的编审工作；全国妇联、北京妇联等单位都邀请她任职，但她最终都没有离开孩子和小学课堂。

霍懋征一生扑在基础教育事业上，经历几番打击都未放弃。1962 年 6 月，霍老师正在给学生上课时，二女儿病逝；1966 年 6 月，她被打成"资产阶级反动学术权威"，不能回家，孩子们丢在家里无人照管，13 岁的儿子被人扎死，15 岁的小女儿吓傻了；在"牛棚"生活一年零九个月后，她没有屈服，依然坚持着基础教育事业。

霍懋征认为，小学教育是启蒙教育，是一个人一生中最重要的教育；基础打好了，才能盖起高楼大厦。有人曾问起霍懋征做了一辈子小学老师，放弃了那么多"高升"的机会，后悔不后悔时，霍懋征坚定地说："不后悔，因为我喜欢小孩子。"

爱心加真心　"不让一个学生掉队"

"没有教不好的学生，只有不会教的老师。"这是霍懋征的座右铭。

60 年的小学教师生涯，写满了霍懋征的真情付出。既然为了爱孩子而选择，在从事教育事业的漫长过程中，霍老师用自己全部的爱去干，对教育、教学艺术孜孜以求，将爱付诸实践。

北京第二实验小学是一所高干子女和普通市民的孩子兼收的学校。霍懋征一视同仁，而且把爱更多地倾注在那些基础较差的淘气的学生身上，以及那些贫困的需要更多帮助的学生身上。学生病了，她带着去看病求医，为学生买药、送饭；学生家庭有困难，她就自己掏钱为学生买午餐；学生踢足球，没有鞋穿，她在比赛前夕为同学送去短裤、球鞋；学生的父母因公调外地工作，她就把孩子接到自己家食宿……

一个名叫小永的男孩，是全校有名的淘气鬼。只要他在班上，老师就无法上课；只要外宾来校参观，就得派专人看管，学校决定送他去工读学校。霍懋征对校长说："把他交给我。孩子虽然学习不好，但他还要一辈子做人呢！"把小永领回班后，她仔细分析这个孩子的长处，帮助他树立自信心。在霍懋征的关心和感召下，小永课上不随便说话了，课下也不胡闹了。

"文革"开始后，"红五类"出身的小永当上了红卫兵，而霍懋征却被打成了"反动学术权威"，被看押了起来。但几乎每次批斗会只要小永在场，他就会暗中保护他的霍老师。更令霍老师感动的是10年之后的唐山大地震时，震后的第二天上午，霍懋征正在屋里收拾东西，突然耳边传来小永的声音："霍老师，我叫了两个朋友给您搭防震棚来了！"后来，霍懋征接到了小永的电话，多年没联系的他头句话便是："娘啊，娘啊，我可找到您了。您是我的亲娘，没有您就没有我的今天。"

这就是老师的爱播下的种子、开出的花啊！霍懋征常常说："我们的教育不可能使每个学生都成为专家学者、部长司长，可我们应该把学生都培养成对社会有用的好工人、好农民、好公民。"

爱心加真心，使霍懋征一直慈母般地呵护着每一个孩子的成长。60年中，她带的学生没有一个掉队。

学习不该是苦恼事 "把课外时间还给孩子"

多年前，霍懋征就给自己定下了一个16字的教育改革方针："数量要多，速度要快，质量要高，负担要轻"。

她不主张留课外作业，而是靠课上精讲多练，合理组织教学，向课堂要质量。语文教材上一个学期是24篇课文，她教学生95篇。自己选了很多课外材料。比如书上讲一篇寓言，她就另外准备几篇寓言，教一篇带多篇。讲一篇故事，她就选一组故事。

许多人都记得霍懋征的一个口号："把课外时间还给孩子"，这也是她最大的教学特点。她从不占用学生的自习课时间，低年级不留作业，高年级作业一般也不超过半小时。别人用四五个课时教一课书，她用两三个课时完成，剩下的时间让学生大量阅读，做自己感兴趣的事情。

对于现在许多地方加重学生负担的做法，霍懋征很不以为然。"我去外地考察时，一位家长说，孩子把逗号点错了，老师罚他写一千遍逗号。这位家长心疼孩子，说我帮你点得了。其实逗号是在句子当中使用的，单独把它拿出来，点一千遍又有什么用？这样加重学生负担毫无意义。"

"她的班不留或少留作业，学生课外活动非常丰富，可以参加各式各样的活动。"北京第二实验小学校长李烈回忆说，从三年级开始霍老师带的班级就有了图书箱，老师学生都从家里带书来，互相借阅。班上成立了各种兴趣小组，如写作组、故事组、阅读组、板报组，象棋组、美工组、小足球队等，还有饲养组养小鸡、小兔，学生喜欢哪项活动就参加哪个组。

"其实学习不是那么苦恼的事，把课外时间还给孩子，反过来学习质量倒提高了。"这是霍懋征执教 60 年的经验。

一生桃李满天下　"她的思想、精神不会死去"

1998 年，霍懋征从教育教学第一线退了下来，但是她始终关注着教育事业的发展。年过八旬的她还先后到新疆、甘肃、贵州、广西、内蒙古作教育考察，向西部地区的教育工作者介绍先进的教育思想和教育手段，传递最新的教改信息，交流教育教学的管理经验，宣传良好的师德典范，把多年积累的教育教学的宝贵经验毫无保留地奉献给西部的教育。

如今，她的徒弟遍布全国各地，大家共同丰富着霍老师的教育思想和实践。"当老师是最辛苦的，但也是最光荣的、最幸福的。当你的学生一批又一批地成为国家栋梁之才的时候，你获得的欣慰是任何人也理解不了的。"霍懋征对自己从事基础教育60 年感到无限愉悦。

最让霍老师高兴的，是她付出真爱教育成才的学生们。一次过生日的情景在霍懋征头脑里一直保持着清晰的印象：三十几个 50 多岁的学生和老师聚在一块儿，拿童年的趣事说笑。一个学生上前说："霍老师，我小时候咬过您的手，您现在还疼吗？今天，我向您认错来了。"说着，便双膝跪地给霍老师磕了三个头。

霍老师连忙扶起他说："你看你，都当国家干部了，还是个小淘气！"这时，老班长，已经退休的一位银行女干部拿着儿时的声调"命令"大家掏出手绢儿，伸出双手，让老师检查卫生。那情景让霍老师沉醉了：岁月虽然使当年的孩子们双手变大变粗了，但他们每人的指甲却仍像儿时一样，铰得秃秃的，小手绢儿依然按照老师当年的教导洗得干干净净。"少成若天性，习惯如自然"，孩子们就这样带着童年的印记长大了。

霍懋征给这些学生带去了自己 78 岁时在海拔 4000 米的九寨沟长河边骑着牦牛挥手扬鞭的照片。学生们像小时那样排成两队，伸出两只大手恭恭敬敬地来接老师的照片。霍懋征激动地说："45 年前，你们每个人每天伸着两只小手让我检查卫生。转眼间，今天你们每人伸着两只大手，来接我的照片。你们用这两只大手，在各自的工作岗位上为党为人民作出了贡献。作为你们的小学老师，我感到我是世界上最幸福的人。"

霍懋征去世后三天，正逢春节，许多学生从四面八方赶来悼念她。一位学生写下留言："霍老师离开我们了。但她的思想、精神不会死去，因为早已融入我们的血液，融入中国教育的长河。"

（资料来源：王思海．霍懋征 —— 把爱献给教育事业 [EB/OL]．新华网，2010-02-18．）

案例点评

霍懋征是我国当代著名教育家，全国首批特级教师之一，我国高学历人才从事小学教育的先行者、成功者。她一生倡导和实践"爱的教育"，用"爱"诠释了教书育人的真谛，并将"爱"融入中国教育的长河。周恩来称她为"国宝"，胡锦涛称赞她"把自己一生献给了教育事业"，温家宝赞誉她是"把爱献给教育的人"，刘延东称道她是"德高望重的教育大家"。其六十年如一日献身教育的一生告诉我们，一个人只有树立社会需要的职业理想并通过持续不断地努力，才能实现职业理想到理想职业的转变。

学习建议

1. 学习本案例的目的和用途

本案例旨在说明职业理想是人们以社会需要为导向，以个人条件为基础，对自己将要从事职业的设计和追求。在职业日益分化，就业岗位日益多样化和变动不定的现代社会中，重要的不在于一生中只选取某一种最理想的工作，而在于不论从事什么样的工作，都要将其当作一种理想来追求，并努力争取达到理想的境界。职业理想在社会实践中，既表现为对职业种类的选择，又表现为对职业最高成就的追求。比如当教师，当一个模范教师；当科学家，当一个对国家有突出贡献的科学家；当工人，当一个技师型的劳动模范等，都是职业理想高层次的生动体现。

本案例可用于教材第一章第一节"理想信念与大学生成长成才"部分内容的辅助学习。

2. 学习本案例应注意的问题

在学习本案例时，有两点需要明确：一是要明白实现社会需要和个人条件的有机结合是职业理想成功的要素；二是要认识到理想职业不等于职业理想，防止只讲理想职业、不讲社会需要。

案例三：王淦昌——我愿以身许国

案例文本

1961 年 4 月 1 日，从苏联回国不久的王淦昌精神抖擞地来到主管原子能工业的第二机械工业部办公大楼，副部长刘杰向他转达了党中央的决定，请他参加领导研制原子弹的工作。王淦昌没有犹豫，当即回答："我愿以身许国！"这句脱口而出的话是从他心里迸发出来的，他从此隐姓埋名，"失踪"了 17 年。后来他被国家授予"两弹一星功勋奖章"。

在实验物理学领域翱翔

1907 年 5 月 28 日，王淦昌出生在江苏常熟县枫塘湾，父母都在他未成年时过世。1920 年他到上海浦东中学读书，1925 年考进清华大学，在物理系学习。清华良好的氛围和两位中国近代物理学先驱叶企孙、吴有训的引导，使他走上了实验物理研究的道路。

王淦昌在清华学习期间，亲历了西方列强对中国的凌辱和当时政府的软弱无能，这逐渐使这位热血青年成熟起来。1926 年 3 月 18 日，北平多所高校学生和群众为抗议日本侵略罪行一起上街游行，却遭到了反动政府的大屠杀，这就是震惊中外的"三·一八"惨案。王淦昌也在游行的队伍中，他目睹了身边同学惨遭杀戮，义愤的心情久久难以平复。

他向老师叶企孙倾诉，叶先生告诉他："归根结底是因为我们国家太落后了，如果我们像历史上汉朝、唐朝那样先进，那样强大，谁敢欺侮我们呢？要想我们的国家强盛，必须发展科技教育，我们重任在肩啊！"这句话有如醍醐灌顶，让他牢记在心间。

他努力学习，不再是为了报效父母养育之恩，而是为了拯救中华民族。他才思敏捷，对物理学概念有着深刻的理解和把握，对未知世界有执着的探索精神。吴有训十分喜爱这个天资聪颖、后天勤奋的学生，让他毕业后留校当了助手，并指导他撰写出论文《北平上空大气层的放射性》。

1930 年王淦昌考取了德国柏林大学，继续研究生学习，师从著名核物理学家莱斯·梅特纳，他是这位女科学家唯一的中国学生。1934 年春，在苦学 4 年取得博士学位后，他毅然决定回国。有的教授想挽留他："中国那么落后，你回去是没有前途的。……要知道科学是没有国界的。"他坚定地说："科学虽然没有国界，但科学家是有祖国的！我出来留学的目的就是为了更好地报效我的祖国，中国目前是落后，但她会强盛起来的。"

回国后，王淦昌先后任教山东大学和浙江大学，在战乱中的浙大教书14年。1950年后，他调到中国科学院近代物理研究所。1959年他在苏联杜布纳联合原子核研究所的研究中，从4万对底片中找到了一个产生反西格马负超子的事例，发现了超子的反粒子，在国际学术界引起轰动。

为祖国核事业舍生忘死

1959年，苏联背信弃义，撕毁了援助中国建设原子能工业的协定，企图把我国原子能事业扼杀在摇篮里。党中央决定自力更生建设核事业，1961年4月王淦昌受命秘密参加到原子弹的研制工作中，负责物理实验方面的工作。当时还没有实验场地，借用的是部队的靶场。他和郭永怀走遍了靶场的每一个角落，和科技人员一起搅拌炸药，指导设计实验元件和指挥安装，直到最后完成实验；到1962年底，基本上掌握了原子弹内爆的手段和实验技术。

1963年春天，王淦昌告别自己的亲人，开创西北核武器研制基地。刚刚开始建设的基地条件极为艰苦，3 200米的海拔让很多人高原反应不断。但他坚持深入车间、实验室和试验场地，去了解情况和指导工作，兴致勃勃地和大家讨论问题，常常一起工作到深夜。对每个技术、数据和实验的准备工作，他都一丝不苟严格把关，保证了一次次实验获得成功。

1964年10月16日下午3时，茫茫戈壁滩上，升起了一个巨大的火球，原子弹成功爆炸了！在观察所里的人们叫着、跳着互相祝贺，王淦昌流下了激动的热泪。1967年6月17日，我国第一颗氢弹爆炸成功，这里面也有他的心血。1969年他被任命为核武器研究院副院长，之后又领导了我国前三次地下核试验并取得成功。人们称王淦昌为"核弹先驱"，他却说："这是成千上万科技人员、工人、干部共同努力的结果，我只是其中的一员。"

为高科技事业呕心沥血

1978年，科学的春天来到了，王淦昌被任命为第二机械化副部长、原子能研究所所长。他积极推进了中国核科学的发展，在他的倡导下我国相继建设了秦山核电站和大亚湾核电站。

为了我国的科学技术，特别是高科技事业的发展，他与王大珩、陈芳允、杨嘉墀于1986年3月2日联名向中央提出了《关于跟踪研究外国战略性高技术发展的建议》。3天后，邓小平在上面批示："这个建议十分重要。"国务院在听取专家意见的基础上，制订了我国高技术发展的"863计划"，为我国高技术发展开创了新局面。

1998年6月，王淦昌被授予中国科学院首批"资深院士"称号；1998年12月10日他在北京逝世。他以自己的一生诠释了"科学家是有祖国的""我愿以身许国"。

（资料来源：周襄楠. 王淦昌——我愿以身许国 [N/OL]. 清华大学新闻网，2008-09-05.）

案例点评

邓小平曾说："为什么我们过去能在非常困难的情况下奋斗出来，战胜千难万险使革命胜利呢？就是因为我们有理想，有马克思主义信念，有共产主义信念。""在我们最困难的时期，共产主义的理想是我们的精神支柱，多少人牺牲就是为了这个理想"。王淦昌以自己的一生诠释了"科学家是有祖国的""我愿以身许国"，王淦昌坚定的、崇高的理想信念对其个人的成长，对国家的贡献起到了至关重要的作用。

学习建议

1. 学习本案例的目的和用途

本案例旨在说明理想信念的具体作用。一是指引人生的奋斗目标。人生是一个在实践中奋斗的过程。要使生命富有意义，就必须在有意义的奋斗目标的指引下，沿着正确的人生道路前进。理想信念对人生历程起着导向作用，是人的思想和行为的定向器。理想是一个人的灵魂，是人生大厦的支柱。科学崇高的理想，在人生成长成才过程中起着重要作用。二是提供人生的前进动力。一个人有了坚定正确的理想信念，就会以惊人的毅力和不懈的努力，成就事业、创造奇迹。古今中外无数英雄豪杰之所以能在充满困难的条件下最终成就伟业，一个重要的原因就在于他们胸怀崇高的理想信念，有锲而不舍、披荆斩棘的动力。三是提高人生的精神境界。人生是物质生活与精神生活相辅相成的统一过程。理想信念作为人的精神生活的核心内容，一方面能使人的精神生活的各个方面统一起来，使人的内心世界成为一个健康有序的系统，保持心灵的充实和安宁，避免内心世界的空虚和迷茫；另一方面又引导着人们不断地追求更高的人生目标，提升精神境界，塑造高尚人格。

本案例可用于教材第一章第一节"理想信念与大学生成长成才"部分内容的辅助学习。

2. 学习本案例应注意的问题

在学习本案例时，应该清楚理想信念对于大学生而言有四个方面的作用。一是引导大学生做什么人。在有理想、有道德、有文化、有纪律的"四有新人"的目标中，有理想放在突出的位置，"做什么人"是我们在学习生活中面对的人生课题，只有树立崇高的理想和信念，才能解答好这　重要的人生课题。二是指引大学生走什么路。大学时期，我们普遍面临一系列的人生课题，这些问题的解决，需要一个总的原则和目标，这就需要确立科学崇高的理想和信念。三是激励大学生为什么学。对当代大学生而言，"为什么学习"的问题是与走什么路、做什么人的问题紧密联系在一起的。我们要把个人的奋斗志向同祖国和民族的命运相联系，使理想信念之花结出丰硕的成才之果。四是坚定大学生的意志品质。一个人在成长成才的道路上，并非只有成功与鲜花，也可能遇到挫折和失败。我们一定要对此有充分的思想准备。是在逆境中奋起，还是在逆境中消沉，常常成为一个人能否成功的关键。理想信念是激励人们迎接挑战、克服困难的精神支撑和强大力量，理想信念越坚定，克服困难的勇气和意志就越坚定。

案例四：马克思——"千年第一思想家"

案例文本

人类在过去的一千年中取得了辉煌的成就，谁在过去的一千年中对人类文明的贡献最大？谁最能名垂青史、受到万人敬仰？在新千年来临之际，在资本主义的故乡，接连爆出了四条震惊世界的"千年第一思想家"的新闻：1999 年，由英国剑桥大学文理学院的教授们发起，评选"千年第一思想家"，结果是马克思位居第一，而被习惯公认第一的爱因斯坦却屈居第二。紧随其后，也就是 1999 年 9 月，英国广播公司（BBC），又以同一命题评选"千年第一思想家"，在全球互联网上公开征询投票一个月。汇集全球投票的结果，仍然是马克思位居第一，爱因斯坦第二。2002 年，英国路透社邀请政界、商界、艺术和学术领域的名人评选"千年伟人"，结果是马克思以一分之差略逊于爱因斯坦。2005 年 7 月，英国广播公司又以古今最伟大的哲学家为题，调查了 3 万名听众，结果是马克思得票率第一、休谟第二（马克思以 27.93% 的得票率荣登榜首，居于第二位的苏格兰哲学家休谟得票率仅为 12.6%，远远落在其后）。西方其他著名思想家柏拉图、康德、苏格拉底、亚里士多德等更是望尘莫及，黑格尔甚至没有进入前 20 名。

原因在什么地方？马克思主义是科学的，又是崇高的。从 1995 年到 1998 年，一千人以上的马克思主义国际学术研讨会开过 4 次，它们是：1995 年为纪念恩格斯逝世 100 周年在巴黎举行的、有 1500 多位学者参加的"世界第一届马克思大会"，1996 年在美国纽约召开的、有 1500 多位学者参加的"世界社会主义者大会"，接着在伦敦召开的、有 6000 多人参加、盛况空前的"伦敦马克思大会"，以及 1998 年为纪念《共产党宣言》发表 150 周年在巴黎召开的、有 1500 多人参加的马克思主义国际学术讨论会。此外，莫斯科每年举行国际社会主义研讨会。1998 年在巴黎召开了有 500 人参加的"第二届国际马克思大会"，法国《人道报》在报道此次大会时有下面一段生动的文字：今年（1998 年），从纽约到东京，从圣保罗到耶路撒冷，从新德里到伦敦，到处都奏起了《共产党宣言》的乐章，而这次会议将"再次让历史沸腾起来"。《宣言》对 21 世纪仍将发生重要影响，"马克思主义没有死，马克思仍然活着"。这些撼动人心的话语，道出了世界进步人士的心声。

当前，世界范围内的马克思主义研究热潮一浪高过一浪。东欧剧变后，在国外、特别是在欧美国家，马克思主义研讨活动十分频繁、活跃。可以说，十多年来形成了三个热点：一是以法国"马克思园地"为中心，每年都要召开一次"马克思大会"，规模在五六百人，与会学者主要讨论马克思主义的一些基本理论问题和当代的重大现实问题。此外，还有纪念性的规模更大的理论讨论会，如恩格斯逝世一百周年、马克思逝世一百二十周年，以及《共产党宣言》发表一百五十周年等，都要举行规模很大的（一般为1000人）理论讨论会。这些讨论会理论层次高，气势恢宏，气氛热烈，感染力强。而且有时能够集中地研讨某一个重大理论问题。如2002年巴黎"马克思大会"，五六百名学者利用三天时间，集中地讨论了当代资本主义变化和当前所处的发展阶段。大部分学者主张当代资本主义已经发展到金融垄断资本主义阶段，认为这个概念能更好地反映当代资本主义的本质特征和发展规律。这样的见解无疑对我们研究这个问题具有启发意义。二是在纽约，每年四月初都要召开"世界社会主义学者大会"。每次会期两天半，与会者多达2000人。讨论问题十分广泛，但也有重点，比如，有一年比较集中地讨论了全球化和反全球化问题。在当代最大资本主义国家的金融贸易中心讨论马克思主义和社会主义问题，意义是很深远的。三是在拉丁美洲，以"圣保罗论坛"为中心，众多学者，特别是发展中国家的学者讨论他们所关心的政治、经济、社会和文化问题，尤其是研讨全球化与反全球化、批判"新自由主义"和美国的扩张政策。此外，还有在莫斯科每年都要召开的世界社会主义理论讨论会，等等。这些会议的一个中心思想是："马克思还活着""当今世界仍然需要马克思主义"。这些活动充分地表明，为了认识和解决当今世界诸多社会问题和社会矛盾，人们又到马克思主义学说中去寻找思想武器，说明马克思主义真理的光辉依然在照耀着人类社会的前程。我们生活在社会主义国家的人们，更应该珍惜马克思为我们提供的这些极其宝贵的精神财富，把马克思开创的伟大事业继续向前推进。

（资料来源：靳辉明．千年伟人马克思［N］．参考消息，2008-04-30．有删改．）

案例点评

马克思为何能成为"千年第一思想家"？马克思为何在西方资本主义社会受到如此青睐？我们认为，最根本的原因在于马克思主义的真理魅力。挪威的投票者科里森说："马克思启蒙了数以千计争取自由正义的斗争，他是现代政治思想之父。"西方媒体认为，马克思主义"对过去一个多世纪全球的政治和经济思想产生了深刻的影响"。在苏联解体、东欧剧变，世界社会主义处于低谷、出现严重挫折的情况下，这个评选结果无疑表明：马克思主义具有令人信服的科学性与价值力量。在人类思想史上，至今还没有哪一种理论，能够像马克思主义那样，对人类的思想、文化、社会发展产生如此深远的影响。这一点是人们不得不承认的。不管你是赞同马克思主义还是反对马克思主义，都会承认这一点。

西方人士评选马克思为"千年第一思想家"，是因为马克思主义深刻揭示了人类历史的发展规律，反映了无产阶级的革命本质和博大胸怀，以解放全人类为己任，为人类的进步和解放指明了正确方向，为人们认识和改造世界提供了科学的立场、观点与方法。马克思主义是指导工人阶级和广大劳动人民群众实现自身解放的强大思想武器。历史上，从来没有一种理论像马克思主义那样，与工人阶级和劳动人民的命运如此紧密地联系在一起。过去曾有种种同情人民群众的思潮或学说，但只有马克思主义才真正反映和代表人民群众的根本利益和要求，并用科学理论揭示了工人阶级获得自身解放乃至解放全人类的现实道路。马克思主义是科学性、革命性和崇高性相统一的思想体系，是工人阶级和人民群众争取自身解放的理论指南。马克思主义具有与时俱进的理论品格和持久的生命力，其发展史就是一部不断发展、完善和创新的历史。马克思主义是认识世界、改造世界的科学理论，其关于人类社会必然走向共产主义的基本原理，是建立在对人类社会发展规律正确认识的基础上的科学预见。

正如邓小平曾强调："只有社会主义才能救中国，只有社会主义才能发展中国。"1992年，邓小平视察南方的重要谈话中，用朴素的语言讲了一个朴素的道理："我们讲了一辈子马克思主义，其实马克思主义并不玄奥。马克思主义是很朴实的东西，很朴实的道理。"

学习建议

1. 学习本案例的目的和用途

本案例旨在让大学生认识到马克思以及马克思主义在当今的世界仍然具有强大的影响力和生命力，使大学生坚定对马克思主义的信仰，自觉学习和运用马克思主义，树立科学的世界观、人生观、价值观。学习本案例有利于增强马克思以及马克思主义对大学生的吸引力和凝聚力，引导学生自觉地学习马克思主义，正确理解和掌握马克思主义的基本立场、观点和方法，促进对中国特色社会主义道路、中国特色社会主义理论、中国特色社会主义制度的认识。

本案例可用于教材第一章第二节"树立科学的理想信念"部分内容的辅助学习。

2. 学习本案例应注意的问题

在学习本案例时，要认识到马克思以及马克思主义对整个世界的巨大影响和蓬勃的生命力。作为社会主义大国的中国，在新的历史发展阶段更应该坚持马克思主义，发展马克思主义，理直气壮地宣传马克思主义，而不应该怀疑马克思主义，同时要体现好马克思主义与时俱进的理论品质，紧跟时代的进步、实践的发展不断发展和完善自己，使之更好地指导中国特色社会主义事业不断前进。

案例五：从丁晓兵喜爱的格言看他的人生追求

案例文本

丁晓兵当过侦察兵，有着过硬的军事素质，但他绝非一介武夫，身为团政委的他最大爱好就是读书，且擅长书法。在他的书法、画幅以及文章、讲话中，不乏精彩的格言警句。

警句一："荣誉不关系未来，居功无异于自毁。"

这句经他修改过的格言，来自著名科学家居里夫人。也正是这句话，使丁晓兵在20年前成为一名英雄之后，以超乎常人的非凡勇气，一次又一次超越自我。

1985年，丁晓兵面临人生的一次转折。此前，他把一只胳膊留在了祖国南疆，参军仅一年多的他瞬间成为共和国的英雄。一时间，鲜花、掌声和各种荣誉包围了他。在北京，他受到党和国家领导人的接见；在安徽老家，一场又一场的报告等待着他……

丁晓兵没有陶醉，他开始思索人生漫长的道路。失去一只胳膊，留在军营似乎不太可能，而一些负伤的战友也开始考虑转业安置问题。安徽省有关部门已决定让他担任省残疾人福利基金会副理事长……可是，丁晓兵舍不得离开军营。他太热爱部队了！

此间，他读了《居里夫人传》。书中记载，居里夫人获诺贝尔奖后把自己的奖牌拿给女儿当玩具，并讲了那句令丁晓兵怦然心动的话——"荣誉不关系未来"。丁晓兵如沐春风，眼前一片通透！

从鲜花、掌声中走出来，丁晓兵去了安徽一家干休所，去看望住在那里的老红军、老八路。"他们个个都是满身的伤疤，一大堆的军功章。"丁晓兵回来说，"跟他们比，我有什么好炫耀的？"

荣誉不关系未来，居功无异于自毁；只有忘掉过去，才有勇气面对未来。丁晓兵急切地回到了部队，向领导提出两点请求："一要学习；二要工作！"他摘掉了自己头顶上的英雄光环，放弃了鲜花铺就的坦途，给自己选择了一条与正常人一样而又不同于常人的拼搏之路。他决心从零开始，在军营干一番事业，用残缺的躯体去书写完美人生！

警句二："苟利国家生死以，岂因祸福避趋之。"

这是民族英雄林则徐的心声，也是丁晓兵非常喜欢的诗句。当丁晓兵面临一次艰巨的考验之时，就是怀揣着这句名言出征的。

2001年，上级赋予丁晓兵所在团一项特殊的任务——赴东南沿海协助海关"把守国门"。上级下达任务时，特别指出某一地区打击走私形势严峻，要求特别加强领导力量。时任团党委常委、政治处主任的丁晓兵主动请缨，要求到这一地区率部执行任务。

当时，丁晓兵已任职4年，到了快"动一动"的节骨眼上。有人劝他，还是别冒这个险，万一有点闪失，提升的机会可能就没有了。"苟利国家生死以，岂因祸福避趋之"，此时的丁晓兵想起了林则徐的这句话。一事当前，首先想到的应该是国家的利益，而不是个人的得失。前人尚能为国挺身而出，担当风险，更何况我是一名共产党员！

在长达一年的执行任务期间，丁晓兵心中紧绷的弦一天也没有放松。他率领两个连的兵力分布在各个执勤点上，他撤掉了自己的指挥部，住在班排，每天一个点一个点地指导。过度的劳累，使他时常咳血，几次病倒在执勤点上。由于治疗不及时，导致他患胸膜炎，胸腔大量积水……

丁晓兵率领官兵拒贿34人次，查获走私案件121起，总案值达2900余万元。他所带领的两个连队一个荣立集体三等功，一个受到海关总署和武警总部通报表彰。

警句三："俯仰无愧天地，褒贬自有春秋。"

这是最能表明丁晓兵心志的一副对联，挂在他家客厅的正面墙上。

在丁晓兵担任团政治处主任时，有一年年底，一名机关干部经团党委研究被确定转业。这名干部不想走，并由此对主管干部工作的丁晓兵产生了怨恨。有一天，这名干部来到丁晓兵家，当时丁晓兵正在团里开会，他妻子就让这名干部改时间再来。不料，这名干部竟借题发挥，出言不逊："一只手有什么了不起，老子好赖也是两只胳膊的好汉！"

丁晓兵的妻子气不过，和这名干部争吵起来。直到丁晓兵回家，妻子还在伤心地抹眼泪。丁晓兵闻知，也憋着一肚子火。他最忍受不了的就是别人拿他的身体残疾说事，他真想找到这名干部把他揍扁了。可他还是劝妻子不要计较。因为他想到自己是一名共产党员，是一名领导干部，应该有宽广的胸怀。再说，这名干部不想转业，说明他对部队还是有感情的。

后来，这名干部到南京联系工作未果，被连人带档案退回部队驻地。最后，组织上为他联系了驻地某市级机关。一天晚上，这个单位一名熟悉丁晓兵的领导同志给丁晓兵打来电话，询问这名干部的情况。丁晓兵不计前嫌，实事求是地讲了这名干部的优点，直接促成了这名干部的顺利安置。时隔多年，这名领导得知事情的缘由后，感慨道："晓兵啊，当时只要你一句话，这个干部我们是不会要的！"

这件事带给丁晓兵诸多思考，他展纸泼墨，在宣纸上写下了一句话"俯仰无愧天地，褒贬自有春秋。"丁晓兵解释说，所谓的"天地"即指党的事业。

警句四："丁氏《陋室铭》"。

"位不在高，为公则名；权不在大，爱兵则灵。吾是公仆，执政为兵。胸怀大目标，宗旨律己行；躬身干事业，弘扬求实风。心中有群众，廉明公；无虚谎之乱身，无取宠之劣行。军中诸模范，余辈之先锋。领袖云：'立党为公'。"

丁晓兵对唐代诗人刘禹锡的《陋室铭》珍爱有加，可刘禹锡的文字毕竟时过境迁，思想内涵也与今日的要求相去甚远。于是丁晓兵深思熟虑，仿其文体，写就了"丁氏《陋室铭》"作为自己从军为官的准则，以自律、自省、自警。文采如何尚且不论，但丁晓兵作为一名共产党人立党为公、爱兵躬行的博大心胸和高尚的人生追求已跃然纸上。

注：丁晓兵，男，汉族，1965年9月出生，1983年10月入伍，1984年10月在执行军事任务中英勇负伤，失去右臂。丁晓兵同志入伍20多年来，牢记使命，献身国防，以伤残之躯续写人生辉煌篇章，先后被人事部和中国残联授予"全国自强模范"称号，被武警部队评为第八届"中国武警十大忠诚卫士"，被中组部授予"全国优秀共产党员"荣誉称号，荣立一等功1次、三等功2次。现任中国人民武装警察部队广西总队政委。2015年1月晋升为中国人民武装警察部队少将警衔。

（资料来源：冯春梅，张东波，朱玉．从丁晓兵喜爱的格言看他的人生追求 [EB/OL].人民网，2006-01-07.）

案例点评

本案例说明丁晓兵作为中国共产党党员，其人生追求是全心全意为人民服务；以丁晓兵为代表的中国共产党人告诉我们应该坚定对中国共产党的信任。中国共产党是中国工人阶级的先锋队，同时是中国人民和中华民族的先锋队，是中国特色社会主义事业的领导核心。中国共产党的领导地位是历史形成的，是中国人民在长期的艰苦斗争中的选择。中国共产党建党90多年来，紧紧依靠人民完成了新民主主义革命，实现了民族独立、人民解放；紧紧依靠人民完成了社会主义革命，确立了社会主义基本制度；紧紧依靠人民进行了改革开放新的伟大革命，开创、坚持、发展了中国特色社会主义。实践证明，没有共产党就没有新中国，就没有中国特色社会主义。办好中国的事情，关键在党。坚持中国特色社会主义道路，推进社会主义现代化，实现中华民族伟大复兴，必须毫不动摇地坚持中国共产党的领导。在当今中国，只有中国共产党，才能领导中国人民建设和发展中国特色社会主义，才能担当起带领中国人民创造幸福生活、实现中华民族伟大复兴的中国梦的历史使命。一切有理想、有抱负的中国青年和大学生，只有在中国共产党的领导下，同人民紧密结合，为祖国奉献青春，才能大有作为。

学习建议

1. 学习本案例的目的和用途

本案例旨在说明以丁晓兵为代表的广大中国共产党党员，始终履行着全心全意为人民服务的根本宗旨，我们要坚定对中国共产党的信任，树立中国特色社会主义的共同理想。要坚持中国特色社会主义的共同理想，就是在中国共产党领导下，走中国特色社会主义道路，实现中华民族的伟大复兴。这个共同理想体现了我国广大人民群众的利益和愿望，是保证全体人民团结奋斗、克服困难、争取胜利的强大精神武器。

本案例可用于教材第一章第二节"树立科学的理想信念"部分内容的辅助学习。

2. 学习本案例应注意的问题

在学习本案例时，要清楚树立中国特色社会主义的共同理想有三个方面的基本要求：一是坚定对中国共产党的信任；二是坚定中国特色社会主义信念；三是坚定实现中华民族伟大复兴的信心。三者缺一不可，不可偏废。

案例六：杨善洲——共产党员身份永不退休

案例文本

"是什么支撑着杨善洲以毕生精力坚守共产党员的精神家园？"云南省原保山地委书记杨善洲的感人事迹在大江南北传颂的同时，人们禁不住要问。

再次探访杨善洲生前的亲朋好友，听他们细数老人生前的一个个故事，不难发现：杨善洲有着坚定的共产主义信仰，坚持共产主义人生观，一直以共产党员的标准严格要求自己，从未改变。

共产党员说话算数，不能糊弄群众

时隔60年之后，施甸县的许多群众依然对当年杨善洲"重病赴会不失约"的故事津津乐道。

1951年9月，杨善洲在原保山县西南乡搞土改。一次，他与篱笆寨、甘蔗地的群众约定开会，可到了约定时间，天却下起了大雨，杨善洲又感染了疟疾，高烧不退。同事们劝他让其他同志代为开会。但杨善洲不同意："我和当地群众已经约好了，不能失信于民！"他叫同事们扶他走了6千米泥泞湿滑的崎岖山路，来到篱笆寨、甘蔗地。

"老书记经常说，共产党人说话算数，不能糊弄群众。他这辈子，向来是说到做到！"曾与杨善洲共事多年的施甸县原县委书记杨嘉宾感慨地说。

把信守承诺作为共产党员的一个起码标准来要求自己，是杨善洲的人生信条。退休后上大亮山种树，也一样是为了履行诺言。杨善洲曾这么解释自己种树的原因："在党政机关工作多年，因工作关系没有时间去照顾家乡父老，他们找过多次我也没给他们办一件事。但我答应退休后帮乡亲们办一两件有益的事，许下的承诺就要兑现。至于具体做什么，考察来考察去还是为后代人造林，绿化荒山比较现实。"

为了这句承诺，杨善洲把自己退休后的22个春秋献给了大亮山，每天起早贪黑，把荒山建成了苍翠的绿洲，不求一分钱的回报。他无怨无悔，因为他早就把"说话算数"四个字深深地刻进了自己的心里，并心甘情愿一辈子奉献不止。

共产党员不要躲在机关里做盆景，要到人民群众中去当雪松

杨善洲有句口头禅："共产党员不要躲在机关里做盆景，要到人民群众中去当雪松。"给杨善洲当过11年秘书的祝正光印象最深的，就是杨善洲时常和农民群众一起下地干活，"每次下乡，他都把锄头带在身边。那时他有一半的时间都在基层，他常说，与农民群众一起劳动是了解基层、了解农民疾苦很重要的方式，和农民在一起了解到的情况最真实。"

施甸县委宣传部退休干部孙中惠给记者讲了当地流传很广的"县委书记被当成老农"的故事。1965年的一个早晨，天麻麻亮，一个头戴竹叶帽、脚穿草鞋的矮个子出现在施甸县某人民公社："请问你们公社的领导在哪里？"

见来人一身农民装扮，接待员答："领导不在！"来人听了没作声，转身下了村子。过了约好的时间，公社领导仍然没见到县委书记。一打听，原来接待员把县委书记当成老农给打发走了！

这位县委书记就是杨善洲。因为一直保持着淳朴的农民本色，杨善洲被百姓亲切地唤作"草鞋书记"。保山当时下辖5个县，每个乡、村都留下杨善洲的足迹。

作为共产党员，不能光想自己，要时刻牢记使命

在许多人看来，杨善洲似乎不爱钱——

从1951年工作到去世前，杨善洲攒下的钱还不足1万元；他拒绝了绿化大亮山应得的高额提成和奖励，还把市里给他的20万元奖金捐出了16万元，仅留下4万元给老伴养老；一直到2006年，杨善洲才在老家新盖了一栋砖瓦房。

作为一个共产党员，杨善洲认为自己的使命首先是为人民群众服务，其次才是自己。于是，他在退休后毅然拒绝了搬至昆明安享晚年的邀请，执意回到家乡义务植树

造林，每月仅领取 70 元的生活补助。20 多年之后，大亮山 80 个大山头、180 个小山头全部被郁郁葱葱的森林覆盖；大亮山周边共有 4 个行政村解决了人畜饮水问题，6 个行政村解决了公路交通问题，8 个行政村解决了生产生活用电问题。在杨善洲的不懈努力下，大亮山的群众终于过上了致富的好日子！

到生命的最后一刻，杨善洲依然对自己的使命念念不忘："我只是在尽一名党员的职责，只要活着，我就有义务和责任帮群众办实事，共产党员的身份永远不退休。"

（资料来源：姜洁. 共产党员身份永不退休——探寻杨善洲的人生观 [N]. 人民日报，2011-03-01.）

案例点评

本案例说明人的生命是有限的，为人民服务却是无限的。杨善洲曾说道："共产党的根本宗旨是全心全意为人民服务，远大目标是使整个中华民族富裕起来，这正是我一直想做的事情。入党后，我很快找到了人生方向和奋斗目标。"作为一名普通的党员，他始终把党和群众的利益放在个人利益前面，淡泊名利，无私奉献。杨善洲退休后，本可在省城颐养天年。但是，他毅然放弃了省城安逸的享受，解甲归田，走进了大亮山，植树造林，造福百姓，成了"一个永不退休的共产党员"。创业之初，条件十分艰苦，但杨善洲"咬定青山不放松"，一干就是 22 年，建成面积 5.6 万亩、价值 3 亿元的林场。正因为他坚定共产主义理想信念、坚守共产党人的精神家园，他才做出了不平凡的举动，创造了不平凡的业绩，才赢得了人民群众的敬仰和缅怀。

当代大学生是祖国未来的建设者，肩负社会主义现代化建设和中华民族伟大复兴中国梦实现的重任。没有科学理想信念的支撑，必将失去前进的方向和动力。当努力奋斗的步伐停下，人生也将会变得一事无成。杨善洲同志是当代共产党人的先进代表，当代大学生应该向他学习，学习他的"坚定理想信念和坚守精神家园"的高贵品质以及几十年如一日将信念付诸行动的实践精神。大学生应树立在中国共产党领导下走中国特色社会主义道路、为实现中华民族伟大复兴而奋斗的共同理想。同时，大学生中的共产党员和先进分子，还应追求更高的目标，树立共产主义的远大理想。

学习建议

1. 学习本案例的目的和用途

本案例通过原云南省保山地委书记杨善洲的故事，鲜活地展现了当代共产党人的高贵品质和光辉形象，说明当代大学生应确立马克思主义的科学信仰、树立中国特色社会主义的共同理想。其主要目的在于引导当代大学生思考应树立什么样的科学理想信念。

本案例可用于教材第一章第二节"树立科学的理想信念"部分内容的辅助学习。

2.学习本案例应注意的问题

在学习本案例时，可以结合电影《杨善洲》一同展示，教师结合教学内容组织一次课堂大讨论。或组织学生搜集习近平总书记点赞的县委书记廖俊波同志的先锋模范事迹，使学生体会到科学理想信念是真实的、可为的，不是假、大、空的口号。

案例七：俞敏洪——像树一样地成长

案例文本

2008 年 2 月，在《赢在中国》节目中，评委俞敏洪对一位参赛选手进行点评，当时他也许还并没有想到，不久之后，他现场即兴点评中的这段"论草与树的人生"将会激起多少人内心的狂澜：

人的生活方式有两种：第一种方式是像草一样活着，你尽管活着，每年还在成长，但是你毕竟是一棵草，你吸收雨露阳光，但是长不大。人们可以踩过你，但是人们不会因为你的痛苦而产生痛苦，人们不会因为你被踩了而来怜悯你，因为人们本身就没有看到你。第二种方式是像树一样地成长，即使我们现在什么都不是，但是只要你有树的种子，即使你被踩到泥土中间，你依然能够吸收泥土的养分，自己成长起来。当你长成参天大树以后，遥远的地方，人们都能看到你，走近你，你能给人一片绿色。活着是美丽的风景，死了依然是栋梁之材，活着、死了都有用。

片刻的寂静后，响起近乎狂热的掌声。俞敏洪的"树草理论"得到了《赢在中国》主持人王利芬的赞同。她说："一直以来没有为'赢在中国'的创业者找到形象代表，听了俞老师的说法之后，觉得把'树'当作'赢在中国'的形象代表很贴切。"

俞敏洪表示自己也曾是一棵无人知道的小草。学生时代，俞敏洪在北大，什么也不是，不会吹拉弹唱，不会说普通话，进入北大之初，老师和同学经常给俞敏洪的待遇就是"白眼"。

俞敏洪在大学期间是个边缘人物，非常自卑，不愿意跟大家交流。当时的俞敏洪由于得了一场肺炎，留级到了下一届，虽然俞敏洪跟了两届，但两届都不认为俞敏洪是他们的同学。

记得我是从北大的 1980 级转到 1981 级的，因为我在大学三年级时肺结核病休学一年，结果 1980 级和 1981 级的同学几乎全部把我忘了。当时我的同学从国外回来，1980 级的拜访 1980 级的同学，1981 级的拜访 1981 级的同学，但是没有人来看我，因为两届同学都认为我不是他们的同学。我感到非常痛苦、非常悲愤、非常心酸，甚至自己在房间里咬牙切齿，恨不得把两批同学统统杀光。

如今，俞敏洪明白了当时这种心态是错的。俞敏洪说：当你是地平线上的一棵小草的时候，你有什么理由要求别人在遥远的地方就看见你？即使走近你了，别人也可能会不看你，甚至会无意中一脚把你这棵草踩在脚底下。

当你想要别人注意的时候，你就必须变成地平线上的一棵大树。人是可以由草变成树的，因为人的心灵就是种子。你的心灵如果是草的种子，你就永远是一棵被人践踏的小草；如果你的心灵是一棵树的种子，你早晚有一天会长成参天大树。不管你是白杨树还是松树，人们在遥远的地方都能看见在地平线上成长的你。当人们从你身边经过的时候，你能送他们一片绿色、一片阴凉，他们能在树下休息。因此，做人的要求是你自己首先要成为地平线上的一棵大树。当你是草的时候，你没有理由让别人注意到你。

俞敏洪说："你种了一棵树，不能每天都说它长了多少，但是只要你种了，它就会生长。人若总想依靠大树成长，就永远只是一根藤；一旦下决心不依靠大树时，也会长成大树。后来等新东方成立之后，两届同学都追认我为最荣誉的同学了，后来想其实你没理由让别人想起你，如果你是小草，人们没有必要在遥远的地方看到你，除非你是一棵树，这样人们才能在遥远的地方看到你。北大的陈文生校长在与我谈话的时候说，'过去你以北大为荣，现在北大以你为荣'，所以我很感激北大。"

《时代周刊》称赞俞敏洪说："这个一手打造了新东方品牌的中国人被称为'偶像'，就像小熊维尼或米奇之于迪士尼。"《亚洲周刊》评选俞敏洪为"21世纪影响中国社会的10位人物"之一。

（资料来源：杨晨烁.俞敏洪谈创业[M].深圳：海天出版社，2008.）

案例点评

本案例以俞敏洪创办新东方的历程说明，绝望中寻找希望，人生终将辉煌。俞敏洪认为，新东方的整个创办过程就是从一点点的希望做起，最后不断扩大希望的过程。请记住：绝望是大山，希望是石头，但是你只要砍出一块希望的石头，你就有了希望。因此，我们要正确对待人生道路上的挫折和困难。要实现人生理想，就会不可避免地遇到挫折和困难，由于客观环境的复杂多变以及人们认识能力、实践能力的有限，人生道路绝非平坦、笔直，而是顺境和逆境交替、前进与曲折统一。当厄运和不幸降临时，是悲观失望、沉沦颓废，还是勇敢面对、经过努力、走出困境，这是能否实现自己理想的关键。

学习建议

1. 学习本案例的目的和用途

本案例旨在说明我们要正确对待人生成长路上的顺境和逆境，要在挫折和逆境中成才。纵观历史，古今中外一些伟人、名人，他们的成功都有一个特点，即他们都曾身处逆境厄运中，但经过他们的顽强拼搏，凭着超人的努力，最终都走出了逆境，创造了辉煌。俞敏洪也是在逆境中发奋成功的。为什么逆境厄运对成才有这么大的作用呢？这是因为，人有其自然性、惰性的一面，一旦饱食暖衣、一帆风顺，就会怡然自得，安于现状，不思进取。相反，当人处于逆境厄运，面临生存威胁时，人的生存欲望就会激发他的全部潜能去拼搏进取，从而走出逆境，创造辉煌。

从俞敏洪创业成功的案例中，我们还要清楚在确定"我将来要成为怎样的人"这个人生的终极目标的时候必须冷静而理智，要洞悉自己心灵深处的所欲所求，审视自己的人生信条：自己到底要什么？什么才是自己生命中最重要的？自己生活的重心是什么？只有确立了符合自己价值观的人生目标，才能凝聚意志力，全力以赴，持之以恒地付诸实践，才能在内心深处产生满足感与成就感。只有在此前提下，才能对人生成长的顺境和逆境有清晰地认识。

本案例可用于教材第一章第三节"在实践中化理想为现实"部分内容的辅助学习。

2. 学习本案例应注意的问题

在学习本案例时，要认识到逆境和顺境是相互依存、相互包含、相互转化的辩证关系。所谓相互依存，是指逆境和顺境、厄运和幸运，都是相对而言，相比较而存在的。没有逆境就谈不上顺境，没有顺境也就没有逆境。做同样的工作，有的人成功了，有的人失败了；即使是同一个人，也会此时成功，彼时失败。可见逆境和顺境是相对而言，相比较而存在的。

所谓相互包含，是指顺境中有逆境，逆境中也有顺境。纯粹的顺境或纯粹的逆境都是不存在的。当我们说一个人人生顺利时，是说他的人生总体上是顺利的，而不是说他没有经历过任何困难和挫折。同样，当我们说一个人人生不顺利时，是就他的人生总体而言，而不是说他的人生中就没有任何顺利的因素。

所谓相互转化，是指顺境和逆境在一定条件下可以相互转化。顺境可以转化为逆境，逆境也可以转化为顺境。顺境和逆境的存在都是有条件的，条件改变了，顺境或逆境就会改变。我们的任务就是要防止顺境向逆境转化，并努力创造条件促使逆境向顺境转化。

案例八：扎根基层的大学生村官朱明磊

案例文本

朱明磊，男，内蒙古赤峰市人，2014年6月毕业，是重庆市石柱县2014年选聘的大学生村官，一直以来都担任石柱县龙潭乡万宝村村主任助理一职。在重庆的四年大学生活，让他深深地爱上了这片土地和这里的人。中国人讲求安土重迁，但是这里的一切让他下定决心扎根基层，服务群众，实现自我人生价值。

上任近两年来，他一心扑在村里面的工作上，一心一意谋发展，真心实意为万宝村村民服务。在本职岗位上认真践行为民服务的理念，以踏实苦干的敬业精神，无私奉献的公仆情怀，赢得了干部群众的认可，彰显了当代大学生的青春风采。

2016年7月19日石柱县境内大部分乡镇遭遇强降雨，其中龙潭乡局部地区洪涝灾害尤为严重。暴雨当天，天空中乌云密布，结合县上天气预报情况，他总感觉惴惴不安，于是他马上联系村支部书记，迅速召集村"两委"成员、村民组长及党员干部冒雨集合，经过简短的分析、研究和商定，一场抗洪抢险攻坚战迅速打响。面对困难不退缩，面对压力不妥协，朱明磊同志身先士卒，冒着大雨，奔波于四个村组之间。随着雨量增大，有些街上农户的家中已经开始进水，朱明磊意识到，如果再不转移群众和财产，后果将不堪设想。经过短暂分工，村干部分头开始组织农户转移。在他们的努力下，最大限度地减轻了群众的损失。

在抗洪抢险的两天里，他基本没合眼，连续24小时没来得及吃上一口饭。他始终保持高度的责任心，全身心投入抗洪抢险工作，使受灾损失降到最低。当地群众一提到他，无不竖起大拇指，说："这样的干部真够格。"

万宝村位于重庆市石柱县龙潭乡西南部，海拔1500米左右，是石柱县最偏远的村之一。共有人口280户766人，其中贫困户就有28户99人，占比达10%。

全村28户贫困户，用重庆话讲"他全部走高的"，每走一户都会将自己的电话号码写在小纸条上，并告诉他们有困难随时可以来找他。

从新一轮扶贫工作开始，由于他还承担其他业务工作，为了不输在起跑线上，每天只能利用休息时间恶补扶贫政策与业务知识，很快便能独立自主开展相关工作。

作为万宝村的大学生村官，做好万宝村的扶贫工作义不容辞，目前全村28户贫困户仅有4户脱贫，后面的扶贫任务还很重。核桃组赵某，虽然不是他帮扶的户，但却是他联系最频繁的户，该户因病致贫，所居住的房屋摇摇欲坠，随时都有可能发生危险，老两口一辈子都想住在自己新修的房屋上，赵某的一句话始终萦绕在他的脑海——"老伴跟了我一辈子了，都没让她住上过新房子，我欠她的。"因为生活，赵某把钱都花在了医药费上，根本无力修建住房，当县上关于农村D级危房整治文件一下来，朱明磊欣喜之余马上就联系他，积极为他争取。赵某笑了并连声感谢，朱明磊也跟着高兴，这或许是赵某"最高兴的一件事吧"。

在频繁的下乡走访了解情况之后，回到办公室，他周末在家里都时时刻刻在思考老乡们的问题，该怎么解决好他们的问题，切实实现脱贫才是关键。朱明磊说："为群众服务没有完成时，只有进行时，只有时时刻刻把贫困户放在心上，才能如期顺利地打赢这场精准扶贫精准脱贫攻坚战。"

（资料来源：重庆大学生村官朱明磊同志个人事迹简介 [EB/OL]. 中国青年网，2016-08-24.）

案例点评

本案例以"朱明磊当村官"为切入点，可以从以下几方面来认识。

一是承认理想信念的多样性，就必须尊重广大青年学生对于自己理想信念所作出的正确选择，只要他们的选择不违背社会的道德法律要求，有利于社会的发展进步，有利于社会的稳定，能够为广大人民的利益服务，无论是低层次的还是高层次的理想信念，我们都应当给予支持和肯定，并尽可能为他们创造条件。

二是理想信念源于现实生活和实践，它并不是凭空想出来的，它本身包含着现实的要素，尤其是反映着现实发展的客观规律和趋势，具有现实可能性。同时又具有超越性，是对现实生活的超越。在现实和理想信念之间总是存在一定的差距，理想信念的实现是需要付出自己的努力的。

三是作为当代大学生，在确立理想信念时必须注意从实际出发，要以现存的生产力水平和社会条件为基础，以自身条件为参照，在多样化的理想信念面前，正确辨析，选择适合自己、符合国家与社会需要的理想，在实践中将理想信念转变为现实。只要是努力用自己所学的科学知识为社会服务、为人民服务的选择，就应该为社会所提倡和肯定。

四是在实现中国梦的伟大征程中，大学生作出类似"朱明磊当村官"的理想选择，我们看到的是祖国的未来和民族的希望。

学习建议

1. 学习本案例的目的和用途

本案例旨在说明一个人只有在实践中才能把理想变为现实。一是实践是实现理想的根本途径。我们的个人理想只有经过脚踏实地地埋头苦干才能达到，如果不努力工作、努力奋斗，再美好的理想也难以实现。二是把理想变为现实必须从今天做起。要处理好"过去""现在"和"未来"三者之间的关系，认识到"现在"是时间链条上连接过去，通向未来的关节点，是成就事业、实现理想的立足点。因此，我们在为社会理想和个人理想奋斗时，必须从今天做起，做好当前的工作。否则，理想就会变成"水中月、镜中花"，可望而不可即。三是把理想变为现实必须从小事做起。崇高寓于平凡，伟大出自平凡。平凡细小的工作，就是通向理想的阶梯。将伟大的理想落实到每一件平凡小事，这是大学生应有的品格。有的人看不起平凡的小事，总想干一番惊天动地的事业，一飞冲天，一鸣惊人，这种想法是不切实际的。许多人之所以不成功，一个重要原因就是他们的眼睛老爱盯着所谓大的方面，而忽视了小的地方。所以，我们每个人都要胸怀远大目标，立足本职岗位，从点滴做起，兢兢业业地去实现自己的理想。

本案例可用于教材第一章第三节"在实践中化理想为现实"部分内容的辅助学习。

2. 学习本案例应注意的问题

在学习本案例时，要明确理想和信念具有多样性，不同的人由于成长环境和性格等方面的差异而形成不同的理想信念。一方面，要承认这是正常的现象，不强求理想信念一律相同；另一方面，又要看到，在一定的社会中，人们各自的理想信念有相同之处，从而形成共同理想信念。但是，理想信念都是在实践中才能变为现实的。

思考练习

一、单项选择题

1. 理想，是人们在实践中形成的，具有（　　）。对美好未来的追求和向往，是人们的政治立场和世界观在人生奋斗目标上的体现。

A. 实现必然性　　　B. 不可实现性　　C. 超越客观性　　D. 实现可能性

2. 在理想的内容体系中，（　　）是其中的核心。

A. 职业理想　　　　B. 社会理想　　　C. 生活理想　　　D. 道德理想

3. 《白毛女》中的黄世仁和杨白劳的理想不同，这表明理想具有（　　）。

A. 实践性　　　　　B. 超前性　　　　C. 时代性　　　　D. 阶级性

4. 现阶段，我国各族人民的共同理想是（　　）。

A. 建立共产主义社会

B. 反对霸权主义，维护世界和平

C. 民族独立，当家做主求解放

D. 坚持和发展中国特色社会主义，实现中华民族伟大复兴

5. 人生信念多种多样，按其性质可分为科学信念与非科学信念。下列选项中属于科学信念的是（　　）。

A. 金钱是伟大的，人是渺小的

B. 人生充满苦难和罪恶，尘世很难有幸福，幸福只能在天国

C. 人类社会最终必然实现共产主义

D. 个人本身就是目的，具有最高价值，社会只是个人达到目的的一种手段

6. 信念是（　　）。

A. 认识、情感和意志的融合和统一　　B. 一种单纯的知识或想法

C. 强调的是认识的正确性　　　　　　D. 唯一的，不是多种多样的

7. 马克思主义具有（　　）的理论品格和持久的生命力。

A. 与时俱进　　　B. 解放思想　　　C. 善于求真　　　D. 抽象思辨

8. 司马迁惨遭宫刑之祸，却能成就不朽历史巨著《史记》。这说明（　　）。

A. 逆境更能实现人生目标

B. 逆境比顺境好

C. 逆境也能实现人生目标，需要付出更大的努力和艰辛

D. 逆境一定能成就人生目标

9. 理想和现实的矛盾，属于（　　）。

A. "应然"和"实然"的矛盾　　　　　B. 水火不相容的矛盾

C. 完全对立的矛盾　　　　　　　　　D. 不可调和的矛盾

10. 马克思主义迄今尚未过时。是因为它的（　　）没有过时。

A. 具体结论　　B. 立场、观点和方法　　C. 所有理论　　D. 社会主义理论

二、多项选择题

1. 邓小平说："美好的前景如果没有切实的措施和工作去实现它，就有成为空话的危险。"这说明（　　）。

A. 社会实践是科学知识产生的源泉

B. 社会实践是联系理想和现实的桥梁

C. 把理想转变为现实要付出辛勤的劳动，要靠实实在在的实践

D. 有了理想并不意味着成功，更不意味着已经成功

2. 对于理想和现实的关系，正确的理解有（　　）。

A. 理想不等同于现实，不是立即可以实现的

B. 现实是理想的基础，理想是由对现实的认识发展而来的

C. 现实是不完善和有缺陷的，理想的生命力表现为对现实的否定

D. 理想可以转化为现实，但这个转化是有条件的，是个艰苦奋斗的过程

3. 无产阶级革命家、共产主义战士陈毅元帅曾经说："我们是世界上最大的理想主义者。我们是世界上最大的行动主义者。我们是世界上最大的理想与行动的综合者。"

这句话包含着陈毅元帅对共产主义的理解有（　　）。

A. 共产主义既是一种社会理想，也是一种社会的现实运动

B. 既要树立共产主义的远大理想，又要在实践中为实现这个远大理想而不懈奋斗

C. 在共产主义社会制度完全实现之前，不可能存在共产主义理想和共产主义实践

D. 共产党人选择的共产主义理想，是人类历史上最远大、最进步、最美好的理想

4. 理想的作用有（　　）。

A. 指引人生的奋斗目标　　　　　　　　B. 预见社会发展前景

C. 提高人生的精神境界　　　　　　　　D. 提供人生的前进动力

5. 理想具有的特征是（　　）。

A. 超前性　　　B. 阶级性　　　C. 科学性　　　D. 时代性

6. 理想是否合理、进步与科学的判断标准是（　　）。

A. 是否正确反映了客观事物的发展规律　　B. 是否合乎历史的发展方向

C. 是否有益于社会的发展与进步　　　　　D. 是否为社会的大多数谋利益

7. 实现理想要有艰苦奋斗的精神。在社会主义条件下，艰苦奋斗的精神表现在（　　）。

A. 鄙视物欲，禁绝享受，倡导苦行僧式的生活

B. 自力更生，奋发图强，不怕困难，不避艰险地去完成各项任务

C. 艰苦朴素，勤劳节俭，抵制和反对剥削阶级腐朽生活作风的侵蚀

D. 刻苦钻研，勇于探索，孜孜不倦地学习马克思主义理论和专业知识

8. 理想信念对于大学生的成长有重要意义，以下表述正确的是（　　）。

A. 能引导大学生做什么人　　　　　　　B. 能指引大学生走什么路

C. 能激励大学生为什么学　　　　　　　D. 能让大学生人生一帆风顺

9. 现阶段，我们之所以要坚定马克思主义的信念，是因为（　　）。

A. 马克思主义是万能的精神良药　　　　B. 马克思主义是科学的又是崇高的

C. 马克思主义具有持久的生命力　　　　D. 马克思主义以改造世界为己任

10. 社会主义运动的历史进程，充分印证了社会理想实现的道路是（　　）。

A. 长期的　　　B. 艰巨的　　　C. 一帆风顺的　　　D. 曲折的

三、判断题

1. 理想作为一种精神现象，是人类社会想象的产物。（　　）

2. 在阶级社会里，理想必然带有特定阶级的烙印。（　　）

3. 实践产生理想，理想指引实践，理想与实践相互作用、不断循环上升的过程，推动人们立足现实、着眼未来，在奋斗中追求，在追求中奋斗。（　　）

4. 共同理想是一切时代都共同具有的理想。（　　）

5. 追求共产主义远大理想与坚定中国特色社会主义共同理想是统一的。（　　）

6. 社会理想的实现归根结底要靠社会成员的共同努力，并体现在实现个人理想的具体实践中。　　　　　　　　　　　　　　　　　　　　　　　　　（　）

7. 共产主义是一种理想、一种学说、一种制度，更是一种实践，需要千百万人一代又一代不懈地努力。　　　　　　　　　　　　　　　　　　　　　（　）

8. 中国特色社会主义共同理想是社会主义核心价值体系的主题。　　　（　）

9. 如果说现实是此岸，理想是彼岸，那么，唯有实践才是通往理想彼岸的桥梁。

　　　　　　　　　　　　　　　　　　　　　　　　　　　　　　　（　）

10. 树立中国特色社会主义共同理想，需要坚定对中国共产党的信任。现在，我们比历史上任何时期都更接近实现中华民族伟大复兴的目标。　　　　　　（　）

四、材料分析题

李书福——"吉利"轿车的创始人，我国第一个民间汽车制造商。他小时候就喜欢汽车，用泥巴做汽车，而且常用绳子牵着满地跑。也就是从那个时候起，李书福开始做起了他的汽车梦。李书福是个有理想的人，从制造摩托车到制造汽车，他用了近十年的时间来编织这个梦，为此尝尽了人间的种种悲喜，受尽了各种冷嘲热讽，被人称为"汽车疯子"。李书福认为自己做的事情符合产业发展的规律，符合全球产业结构调整。这些年，他不断地做着"疯狂"的事情。从造摩托车到造轿车，从办浙江经济管理学院到吉利大学，每件事情都是民营企业不被允许干的，但是，李书福却做了，而且还做得不错。他始终坚信：人活着就是要持续不断地把自己的理想变成现实。

根据上述材料，谈谈李书福的故事带给你的启发。

2 第二章

弘扬中国精神　共筑精神家园

案例一：《老子》蕴含的中国精神

案例文本

鲁迅先生在《学界的三魂》中指出："惟有民魂是值得宝贵的，惟有它发扬起来了，中国才有真进步。"民魂就是中国精神！

什么是中国精神？

中国当代历史学家、西北大学中国思想文化研究所所长张岂之先生用十二个词语来概括中国优秀传统文化中所蕴含的中国精神：

自强不息、道法自然、天人和谐、居安思危、诚实守信、厚德载物、

以民为本、仁者爱人、尊师重道、和而不同、日新月异、天下大同。

儒道思想是中国传统文化的重要组成部分

张岂之先生所列出的十二个理念，基本包含了中国传统儒家、道家文化中的思想精华。中国古代思想文化并非一家独大，而是儒、释、道三足鼎立。春秋战国百家争鸣，形成了儒、墨、道、法等九流十家相互争鸣的繁荣景象，然秦始皇"焚书坑儒"之后，中国思想界进入了沉寂阶段。汉刘邦立国，有鉴于秦法严苛以致灭亡，且长期战争使得社会民生凋敝、百废待兴，遂采用了道家"无为而治"的思想治理国家，给老百姓时间自由进行休养生息。经过三代经营，社会得到了恢复，百姓安居乐业，经济繁荣。汉武帝雄才大略，不满足于汉初保守的治国方针，遂放弃了道家的治国理念，采用董仲舒"罢黜百家，独尊儒术"的建议，将儒学立为官学。从此之后的两千年专制统治，儒学作为官方意识形态，一直是思想界的主流。而道家虽然不再作为主要的治国思想，

但并没有完全被统治者放弃，而是朝着两个方向转化：一是从"黄老学"变为"黄老道"，由治国思想向养生思想转化，最终在东汉末形成了道教；一是作为儒学的补充，成为中国政治思想的暗流。当国家兴盛时，统治者多采取儒学治国；当新中国建立之初，社会亟须恢复时，则采用道家的思想。因此虽然儒学长期居于官方正统意识形态的地位，但是道家作为中国思想的暗流，也一直传承不息。儒道思想共同成为中国传统文化的重要组成部分。

吸收道家优秀思想

道家文化的创始人老子活动于春秋末期，代表作为《道德经》，亦名《老子》；《老子》一书只有区区五千字，却蕴含了哲学、政治、军事、管理、经济、人生等多方面的丰富内容，影响深远。据联合国教科文组织统计，被译成外国文字发行量最多的世界文化名著，除了《圣经》以外就是《道德经》，它被称为"东方圣经"。

《老子》思想作为中国优秀传统文化的代表流传至今，我们必然要端正态度，取其精华为我所用，对于其中的不合理或不合时宜的部分要予以改正或抛弃，发扬其中的优秀思想，为建设社会主义和谐社会、共筑中国梦服务。《老子》思想对于建设和谐社会的意义，概而言之，有以下几点：

1. 无为而治的思想

无为而治是道家的标志性思想，《老子》书中对无为而治的理论与实践、作用都有论述。《老子》曰："人法地，地法天，天法道，道法自然。"人要效法大地，地要效法天，天要效法大道，也就是说道是天、地、人的最高准则，那么道的本性是什么呢？"道法自然"，就是说道本身就是自然而然的，道以自然为其本性。《老子》此处是告诫统治者要效法自然之道，不要过多地干预人民，如果过多干预，只会收到相反的效果。老子说上位者忌讳越多，老百姓越穷困；民间利器越多，国家就越混乱；人们发明的奇巧之物越多，邪恶的事情就越多；法令越严密，盗贼就越多。因此，统治者自然要采取无为而治的思想。上无为则百姓自然化育，上好静则人民自然走上正道，上不扰民则民自然富足，上无欲则民自然朴实。

2. 天人和谐的可持续发展观

《老子》中蕴含着丰富的生态思想，为人类社会的可持续发展提供了有益的借鉴，具有重要的现实意义。《老子》中以"道"作为万事万物共有的属性、天地万物的根源："道生一，一生二，二生三，三生万物。""道"是独一无二的，由"道"产生阴阳二气，阴阳二气相互作用产生千差万别的天地万物。在这个由"道"产生的宇宙系统中，"道大，天大，地大，人亦大。域中有四大，而人居其一焉"，即天、地、人同是这个宇宙系统的一个子系统，同为四大之一，它们是平等的。欲要共存在这一宇宙体系中，当应相互扶持，和谐共处。如果我们违反了万物生长的规律，妄作主张就会招致祸殃，这就是老子所言："不知常，妄作凶。"老子说，如果不遵守规律，天不能保持清明，恐怕会崩裂；大地不得安宁，恐怕会震溃；人不能保持灵性，恐怕会消失；河谷不能保持充盈，恐怕会枯竭；万物不能生长，恐怕会灭绝；侯王不能保持清净，恐怕会颠覆。若不能遵守自然规律，即老子所言之道，天、地、人恐怕都会招致祸殃。

3. 以民为本的仁民爱物思想

老子生活在战火纷飞的春秋战国时代，统治者穷兵黩武，各逞私欲，老百姓流离失所，朝不保夕。老子有鉴于此，对战争和统治者的各种作为进行了批判。老子说武器是不祥之物，有道君子不应该使用它，即使不得已用了，战胜了敌人，也不应该存在高兴的情绪，因为胜利是以生命为代价的，因此打了胜仗要用丧礼的仪式去纪念。对于统治者的残暴和穷奢极欲，老子一针见血地揭露说夺民之财、争民之利是有违天道的，统治者应该爱护百姓，让利于民，而不是抢劫老百姓本就不多的财物来满足自己不必要的私欲。《老子》中的仁民爱物思想和我们政府提倡的以人为本思想不谋而合。

总之，《老子》中有很丰富的修身理国思想，我们要珍惜中国优秀的传统文化，认真、客观地对待，去粗取精，汲取其中合理的部分，使其为社会主义和谐社会建设服务，汲取中华优秀传统文化的思想精华和道德精髓，大力弘扬以爱国主义为核心的民族精神和以改革创新为核心的时代精神。

（资料来源：涂立贤.《老子》中蕴含的中国精神 [EB/OL].腾讯网，2015-11-02）

案例点评

《老子》作为中国优秀传统文化的代表，蕴含着丰富的治国思想精华，我们一定要取其精华，去其糟粕，为我所用。习总书记多次在重要场合的讲话中引用老子的治国思想，例如："为之于未有，治之于未乱""上善若水""圣人无常心，以百姓之心为心""治大国如烹小鲜"等名句，来指导建设社会主义和谐社会。《老子》中的仁民爱物思想和我们政府提倡的以人为本思想也不谋而合；《老子》中的"无为"思想，要求统治者不扰民，不过多地干预社会的自然发展，这和今天政府职能转变，正确处理政府和市场的关系时采取的"有所为，有所不为"的思想相通；《老子》中的"上善若水"，讲的是最高的善就像水一样，要人们把眼睛向低层去看，向民间去看，"以百姓之心为心"。"上善若水"还指心要像水那样清澈，交朋友要像水那样相亲，语言要像水那样真诚，办事要像水那样清晰，正因为像水那样，所以它能够成功。总之，《老子》中蕴含了深厚的治国思想和中国精神，我们要深入挖掘中华优秀传统文化中讲仁爱、重民本、守诚信、崇正义、尚和合、求大同的传统精神财富，并与时代价值结合，使中华优秀传统文化成为涵养社会主义核心价值观的重要源泉。

学习建议

1. 学习本案例的目的和用途

本案例选择"《老子》中蕴含的中国精神"的目的和用途是增强大学生传承弘扬中华优秀传统文化的责任感和使命感，要让大学生多读一些关于中华优秀传统文化的经典名著，从中吸收精神营养，提高自身素质，加深对社会主义核心价值观来源于对优秀传统文化的理解，了解实现中华民族伟大复兴的中国梦离不开中华优秀传统文化的滋养和教育。

本案例可用于教材第二章第一节"中国精神的传承与价值"部分内容的辅助学习。

2. 学习本案例应注意的问题

本案例旨在让大学生明白，实现"中国梦"离不开中华传统文化的滋养，抛弃优秀传统文化，就等于斩断了自己的精神命脉。博大精深的中华优秀传统文化是我们今天在世界文化激荡中站住脚跟的根基。我们能在世界文化激荡里站稳脚跟，离不开中华优秀传统文化这个根本。

案例二：《七子之歌》的爱国情怀

案例文本

《七子之歌》是闻一多1925年在美国纽约留学期间创作的一组组诗。诗人以拟人的手法将这七处"失地"比作远离母亲怀抱的七个孩子，用小孩子的口吻哭诉他们被迫离开母亲的襁褓，受尽异族欺凌，渴望重回母亲怀抱的强烈情感。

写作这组诗篇的时候，正值闻一多在美国纽约艺术学院留学期间。在美国已经生活了将近三年的他，多次亲身体会到种族歧视的屈辱，他所看到和听到的一切都激发起他强烈的民族自尊心。加上三年背井离乡的经历，使他更对祖国和家乡产生了深深的眷恋，也使他加深了对民族传统文化的理解和热爱。因此，在这段时间里，他创作了大量的爱国主义诗篇，一方面怀念和赞美祖国，一方面表达对帝国主义列强的诅咒。这组《七子之歌》就在这种背景下诞生了。

1925年5月，闻一多踏上了归国的旅程，当他乘坐的轮船停靠在上海码头，踏上祖国的土地的时候，令他万万没有想到的是，两天前这里刚刚发生了震惊中外的"五卅惨案"，上海的马路上仍然血迹斑斑。一个满怀热情回国实现理想的青年就这样被巨大的失望乃至绝望所笼罩。不久，《现代评论》杂志上发表了闻一多回国后的第一组爱国诗作，其中，就有这组《七子之歌》。全文如下：

邶有七子之母不安其室。七子自怨自艾，冀以回其母心。诗人作《凯风》以愍之。吾国自《尼布楚条约》迄旅大之租让，先后丧失之土地，失养于祖国，受虐于异类，臆其悲哀之情，盖有甚于《凯风》之七子，因择其与中华关系最亲切者七地，为作歌各一章，以抒其孤苦亡告，眷怀祖国之哀忱，亦以励国人之奋兴云尔。国疆崩丧，积日既久，国人视之漠然。不见夫法兰西之 Alsace-Lorraine 耶？"精诚所至，金石能开"。诚如斯，中华"七子"之归来其在旦夕乎？

《七子之歌》之一
澳门

你可知"Macaco"不是我的真名姓？……

我离开你的襁褓太久了，母亲！

但是他们掳去的是我的肉体，

你依然保管着我内心的灵魂。

三百年来梦寐不忘的生母啊！

请叫儿的乳名，叫我一声"澳门"！

母亲！我要回来，母亲！……

当此诗一发表，激荡在诗行间的热爱祖国、热盼统一的浓烈情感立即在读者中引起了强烈反响。一位姓吴的青年在给编辑部的信中写道："余读《七子之歌》，信口悲鸣一阕复一阕，不知清泪之盈眶。读《出师表》《陈情表》时，故未有如是之感动也。"

从《七子之歌》上，我们看到了中国人强烈的爱国情怀。这种爱国情怀是如何产生的？这就得从中华民族根深蒂固的大一统观念和近代中国屈辱史说起。

天下大一统的观念是由于中国的地域广大，统治者追求统一而逐渐形成的。分裂与统一是中国历史的两大现象，统一总是占主流的追求。这样的追求来源于广大地域上人群的迁移及人群间许久以来的相互交流。天下观念的一个重要作用就是追求统一。尽管中国历史上的分裂不在少数，时间也不算短，但追求统一始终是政治观念的基调，也是历史的基本倾向。天下一家的大一统意识，是威力持久的中国理论，对中华民族的不断发展壮大，起着重要作用。中国古代从秦始皇开始，还经历了西汉、东汉、西晋、隋朝、唐朝、元朝、明朝、清朝的大一统王朝。追求、渴望一个统一的国家，不仅是统治阶级的愿望，还是全国人民的民心所向。

从 1840 年鸦片战争起到 1900 年，帝国主义列强已在中国土地上强行开辟商埠上百处，在 10 多个城市划定租界 20 余处。"中华七子"在英、法、日、俄等帝国主义列强的淫威下四散飘零。有一首诗代表了当时爱国志士们的心境："沉沉酣睡我中华，哪知爱国即爱家，国民知醒宜今醒，莫待土分裂似瓜。"

正是由于中国一直以来就存在的大一统思想，在受外国凌辱、瓜分的时候，中国人的强烈自尊、责任感、荣辱观、爱国情怀得以充分体现了。闻一多作《七子之歌》之时，正值中国人民反帝反封建斗争的高潮期，他代表的是国人的情感，道出国人的心声，因而引起全国人民的共鸣。至今，回想当年的耻辱，每一个有爱国之心的中国人再读《七子之歌》也都同样感到悲愤、心碎。1999 年，澳门回归，为了纪念澳门九九归一，由著名作曲家李海鹰谱曲，澳门培正中学小学部年仅七岁的容韵琳同学，用她地道的澳门乡音唱出了这首朴素真挚、深刻感人的歌，唱出了中华民族的共同心声，顷刻震慑了全中国，许多人听着潸然泪下，这首歌被看作迎接澳门回归的"主题曲"。

如今，"七子"中的台湾问题始终是祖国统一大业的核心问题，是海内外中华儿女的共同心愿，是中华民族的根本利益所在。中国共产党人始终把实现祖国的完全统一作为自己的历史使命，为此进行了长期不懈的奋斗。香港、澳门顺利回归祖国，是祖国统一大业进程中的重要里程碑，是中国共产党对于中华民族的历史性贡献。推进祖国统一大业，最终就要解决台湾问题，没有祖国的完全统一，就没有完全意义上的民族振兴。实现祖国的完全统一和维护祖国的安全，是中华民族伟大复兴的根本基础，也是全体中国人民不可动摇的坚强意志。不管在实现祖国完全统一的道路上还有多少艰难险阻，海峡两岸全体中国人和所有中华儿女，从中华民族的根本利益出发，携手共进，祖国的完全统一和民族的全面振兴就一定能够实现。

（资料来源：胡焱喆．闻一多和他的"七子"［EB/OL］．中国广播网，2013-04-25．有改编．）

案例点评

《七子之歌》诗中所说的"母亲""生母"是指祖国母亲，"他们"是指英国、法国、俄国、葡萄牙等殖民帝国，"我"指澳门、香港、台湾、威海卫、广州湾、九龙、旅顺大连七地。《七子之歌》表达了人们爱国情感产生的基础，个人对祖国的依存关系以及人们爱国情感的内涵是人们对自己故土家园、种族和文化的归属感、认同感、尊严感与荣誉感的统一。人们来到世界上，都要在社会生存，获取生存和发展的物质条件，都要寻求慰藉心灵的精神家园，这就是我们通常说的归属感。每个人都有归属的需要，归属得到满足，就不是一个孤独的人，不仅有了安全感，而且有了生命的依托，精神的依托，也才有了自信心，自尊心和荣誉感。所以我们把祖国比作母亲，失去了母亲，我们就是流浪儿，没有任何尊严和荣誉。

学习建议

1. 学习本案例的目的和用途

《七子之歌》案例表达的是中华儿女几千年凝结、积淀起来的对祖国的最朴实、最纯洁、最高尚、最神圣的感情。这种情感表现出爱国是一种奉献，祖国的利益高于一切；爱国是一种尊严，爱国没有懦弱，没有退缩，只有勇敢、智慧和忠诚。爱国是一种信念，爱国没有选择、没有抱怨。爱国情感在特定情况下会产生强烈的感染力，这种感染力是发自内心的、真挚的感情。就像意大利作家亚米契斯在《爱的教育》中充满激情的表白："我为什么爱意大利！因为我母亲是意大利人，因为我血管里所流着的血是意大利的血，因为我祖先的坟墓在意大利，因为我自己的诞生地是意大利，因为我所说的话、所读的书都是意大利语，因为我的兄弟、姐妹、友人，在我周围的伟大的人们，在我周围的美丽的自然，以及其他我所见、所爱、所研究、所崇拜的一切，都是意大利的东西，所以我爱意大利。"这个表白反映了人们对祖国和民族的深厚情感不是虚幻的，而是实在和真切的，爱国就是爱故土、爱同胞和爱国度。当祖国受到外敌侵略的时候，要挺身而出保卫祖国，虽然现在是和平时期，但每一位公民都应该在自己的岗位上，努力工作，为祖国建设出力。

本案例可用于教材第二章第二节"以爱国主义为核心的民族精神"部分内容的辅助学习。

2. 学习本案例应注意的问题

明确以爱国主义为核心的民族精神和以改革创新为核心的时代精神构成了中国精神。民族精神的主要内容是以爱国主义为核心的团结统一、爱好和平、勤劳勇敢、自强不息。弘扬民族精神就是要树立爱国主义理想信念，增强民族自尊心、自信心、自豪感。爱国主义除了有人民群众对自己祖国的深厚情感外，它还是调节个人与祖国之间关系的道德要求、政治原则和法律规范。道德要求主要表现在千百年来人们总是把爱国、报国、强国、兴国看作一种高尚的道德情操，把卖国、祸国、辱国、叛国视为最不道德的行为，是人们所鄙视的。政治原则就是我们在任何时候、任何情况下都不能丢掉国格和人格。法律规范就是要求我们按照宪法的规定担负起公民的义务和职责。爱国主义是民族精神的核心，这个本质界定更加明确了爱国主义在民族精神中占有极其重要的地位和价值。

案例三：中华之世界文化遗产

案例文本

自中华人民共和国在 1985 年 12 月 12 日加入《保护世界文化与自然遗产公约》的缔约国行列以来，截至 2016 年 7 月，经联合国教科文组织审核被批准列入《世界遗产名录》的中国世界遗产共有 50 项（包括自然遗产 11 项，文化遗产 35 项，自然与文化遗产 4 项），含跨国项目 1 项（丝绸之路：长安—天山廊道路网）。在数量上居世界第二位，仅次于意大利（51 项）。中国是世界上拥有世界遗产类别最齐全的国家之一，也是世界自然与文化遗产数量最多的国家（与澳大利亚并列，均为 4 项）。中国的首都北京是世界上拥有遗产项目数最多的城市（7 项）。而苏州是中国至今唯一承办过世界遗产委员会的城市（2004 年，第 28 届）。这些中华文明的重要代表，承载的历史文化信息弥足珍贵，向全世界展示了伟大中国文明的深厚积淀，不仅是中华民族的骄傲，更是全人类的瑰宝。《世界遗产名录》如下：

自然遗产 11 项：

（1）四川黄龙；（2）湖南武陵源；（3）四川九寨沟；（4）云南“三江并流”自然景观（怒江、澜沧江、金沙江）；（5）四川大熊猫栖息地；（6）“中国南方喀斯特”（含云南石林、贵州荔波和重庆武隆）自然遗产、中国南方喀斯特二期（含广西桂林喀斯特、广西环江喀斯特、贵州施秉喀斯特、重庆金佛山喀斯特）；（7）江西三清山；（8）“中国丹霞”（湖南崀山、广东丹霞山、福建泰宁、贵州赤水、江西龙虎山、浙江江郎山）；（9）云南澄江县帽天山化石地；（10）新疆天山；（11）湖北神农架。

文化遗产 35 项：

（1）北京周口店北京猿人遗址；（2）甘肃敦煌莫高窟；（3）长城；（4）陕西秦始皇陵及兵马俑；（5）明清皇宫：北京故宫、沈阳故宫；（6）湖北武当山古建筑群；（7）山东曲阜孔庙、孔府及孔林；（8）河北承德避暑山庄及周围寺庙；（9）西藏布达拉宫；（10）苏州古典园林；（11）山西平遥古城；（12）云南丽江古城；（13）北京天坛；（14）北京颐和园；（15）重庆大足石刻；（16）安徽古村落：西递、宏村；（17）明清皇家陵寝：明显陵（鄂钟祥市）、清东陵（冀遵化市）、清西陵（冀易县）、明十三陵（北京）、明孝陵（南京）、盛京三陵（辽宁）；（18）河南洛阳龙门石窟；（19）四川青城山和都江堰；（20）山西大同云冈石窟；（21）中国高句丽王城、王陵及贵族墓葬；（22）澳门历史城区；（23）河南安阳殷墟；（24）广东开平碉楼与村落；（25）中国福建土楼；（26）河南登封“天地之中”历史建筑群；（27）内蒙古自治区锡林郭勒盟正蓝旗元上都遗址；（28）中国大运河；（29）丝绸之路（中哈吉联合）；（30）中国土司遗址包括湖南永顺老司城遗址、湖北恩施唐崖土司城址、贵州遵义海龙屯三处；（31）江西庐山风景名胜区；（32）山西五台山；（33）杭州西湖；（34）云南哈尼梯田；（35）左江花山岩画文化景观。

自然与文化遗产4项：

（1）山东泰山；（2）安徽黄山；（3）四川峨眉山—乐山风景名胜区；

（4）福建武夷山。

跨国项目1项：

丝绸之路：长安—天山廊道路网

（资料来源：佚名.中华之世界文化遗产[EB/OL].百度百科,2016-07-12.有改编.）

案例点评

中国是一个持续进化，唯一生存下来的文明古国，黑格尔认为"只有黄河、长江流过的那个中华帝国是世界上唯一持久的国家。"罗素认为 "自孔子以来，古埃及、巴比伦、波斯、马其顿，包括罗马帝国，都消亡了；但是中国却以持续的进化生存下来了。"中华民族在漫长的历史演进中，以非凡的智慧和勤劳的双手创造了十分丰富的、辉煌璀璨的文化遗产，留下了无数精美绝伦的自然遗产，这些文化和自然遗产屹立于世界东方，名列世界遗产前茅。文化传统作为一个民族群体意识的载体，常常被称为国家和民族的"胎记"，是一个民族得以延续的"精神基因"，是培养民族心理、民族个性、民族精神的"摇篮"，是民族凝聚力的重要基础。人类文明经过历代传承，积累成珍贵的世界遗产，它荟萃人类文明的结晶和自然环境的精华，成为人类薪火相传的一段共同记忆。中国文化遗产使祖国的山河具有了人文精神的内涵，使祖国成为一个富有实际内容和生命力的有机体。

学习建议

1.学习本案例的目的和用途

本案例的目的和用途旨在介绍博大精深、灿烂辉煌的中华文明及其对东方以至世界文明发展起到了举世公认的巨大推动作用。中华的物质财富和精神财富都使祖国的山河具有了人文精神的内涵，使祖国成为一个富有实际内容和生命力的有机体。

本案例可用于教材第二章第二节"以爱国主义为核心的民族精神"部分内容的辅助学习。

2.学习本案例应注意的问题

本案例不仅说明爱国需要学习和了解祖国灿烂的文化，"读万卷书，行万里路"，游览祖国的大好河山是了解中国传统文化的一种很好的治学形式，通过这种形式能够更深刻地感受中华文化的博大精深，获得精神享受，而且还要注意说明爱国也是一种责任，我们应该善待中华文化和环境，保护中华文化和环境，否则就会受到惩罚。

案例四：霍英东的传奇人生

案例文本

2006 年 10 月 28 日，香港著名的爱国实业家、慈善家霍英东先生病逝，享年 84 岁。"聚财有道，散财亦有道"的霍英东成为 2006 年感动中国的人物，中央电视台的"颁奖词"说："生于忧患，以自强不息成就人生传奇。逝于安乐，用赤诚赢得生前身后名。他有这样的财富观：民族大义高于金钱，赤子之心胜于财富。他有这样的境界：达则兼济天下。"上述精练的语言高度概括了霍老的一生，是他人生的光辉写照。

霍英东给人的印象，一是官至高位，在政界、商界、体育界拥有众多的头衔；二是他是个慷慨的有钱人。从小吃过不少苦的霍英东聚财有道，但也热心公益，散财有道。多年来，他对社会的各类捐助金额接近 200 亿元，单是在家乡番禺的捐助就超过 40 亿元，有报道称，他是港澳地区为家乡捐赠最多的富豪。说起父亲生前的善行，其子霍震霆回忆道："他说过一句话：人一生一定要做有意义的事。有钱，是给他一个机会，能对国家作自己的贡献。"

做善事也并非一帆风顺，曾经发生过这样的事：20 世纪 80 年代初，霍英东先生为修建广州的洛溪桥无偿捐款 1700 万元，按工程预算，这笔款项即使不够建桥，也差不了多少。然而快 20 年后，人们忽然发现了大问题：番禺区政府一直在向过桥的车辆收取"买路钱"。霍英东先生得知此事后声明：自己从没有拿过一分钱的过桥费，以后也不会拿，同时"要给政府一个教训"。此后，广东省人大代表开始围绕洛溪收费事件对番禺区政府进行不依不饶的追究，查阅了许多文件资料，并一笔一笔地给番禺区政府算工程账，算得番禺区政府相当狼狈。这件事并没有太多地影响他做公益的热情，此后还不断对我国体育事业的发展倾力相助。这更反映出霍英东人格的高尚，说他热爱祖国矢志不渝一点都不为过。他的确是大家学习的榜样。

（资料来源：2006 年感动中国的人物霍英东——中央电视台的"颁奖词"；陈永．传奇人生——香港红顶商人霍英东 [EB/OL]．凤凰资讯，2013-10-28．有改编．）

案例点评

一个人能够成为什么人，应该成为什么人，在很大程度上依赖于社会，依赖于生于斯、长于斯的祖国，爱国是个人实现人生价值的力量源泉。霍英东先生，许多人能记住他的名字，并不仅仅是因为他生前是一位富豪，更多的是铭记了他对待财富的方式。出身寒门、卖杂货起家的霍英东先生，积极投身公益慈善事业，把个人拥有的财富回报社会，用于内地教育、医疗、体育、文化事业发展，是一种成熟而理性的财富观。与霍英东先生不同的是，中国内地的少数富翁拥有财富，却挥霍无度。而对于社会慈善事业，这些富翁斤斤计较，相当小气。俗话说，饮水当思源。因此，富豪更应当认识到，财富意味着社会责任，财富越多，责任也就越大。这个责任就是扶持一些落后的行业、群体，为实现社会的文明进步、和谐发展作出积极贡献。霍英东先生以他的爱国行动实现了自己高尚的人生价值。

学习建议

1.学习本案例的目的和用途

本案例的目的和用途主要是通过霍英东的传奇人生和财富观说明爱国主义是个人实现人生价值的力量源泉，一个人能够成为什么人，应该成为什么人，在很大程度上依赖于社会，依赖于生于斯、长于斯的祖国。祖国给个人的成长发展创造条件，对个人创造的成果给出评价，为个人实现人生价值提供舞台，指明方向。

本案例可用于教材第二章第二节"以爱国主义为核心的民族精神"内容的辅助学习。

2.学习本案例应注意的问题

此案例不仅仅讲述了霍英东先生的财富观，更重要的是霍英东先生有"达则兼济天下"的境界，这种境界可以对内地富豪的财富精神产生启迪，让他们多了解霍先生的内心世界，而不只是仰慕霍先生的财富和其经商致富之术。

案例五：钱学森的中国情结

案例文本

作为"两弹一星"的功臣受到国家表彰的钱学森，在荣誉面前是这样说的："说是表彰我对'中国火箭导弹技术、航天技术和系统工程论'方面所做的一些工作。我想这里面'中国'两个字是最重要的。因为这是中国人的集体成果。这说明中国人并不笨，外国人能干的，我们不但能干，而且能干得更好。至于我个人，只是尽力做了一点应该做的工作，那是很有限的。"早年在美国生活的钱学森，取得了辉煌的成就和崇高的声誉，也给他带来了十分丰厚的生活待遇和方便周到的科研条件。然而，正如法国科学家巴斯德所说：科学无国界，但科学家是属于祖国的。钱学森也一样，他对祖国魂牵梦绕，思念之情与日俱增。35年后的钱学森回忆道："我从1935年去美国，1955年回国，在美国待了20年。20年中，前三四年是学习，后十几年是工作，所有这一切都是在做准备，为了回到祖国后能为人民做点事。我在美国那么长时间，从来没想过这辈子要在那里待下去。"

　　为了回归解放了的祖国，钱学森历尽了千难万险，经受了整整五年多时间的折磨。钱学森决心回国的愿望激怒了美国当局。他受到了臭名昭著的麦卡锡主义的迫害。军事当局吊销了他参与机密研究的证件。1950 年 7 月，钱学森愤而到华盛顿找主管他研究工作的美海军次长丹尼尔·金波尔，正式提出回国的要求。当时，中美敌对，正在朝鲜战场交战。金波尔对钱学森的归国要求既震惊又害怕，"我宁可把这家伙枪毙了，也不让他离开美国。无论在哪里，他都抵得上五个师。" 8 月 23 日午夜，钱学森一家从华盛顿回到洛杉矶。这时，他已辞去了加州理工学院超音速实验室主任和古根海姆喷气推进研究中心负责人的职务，买好了飞机票，准备搭乘加拿大航班离美回国。然而，他一下飞机，便接到了联邦移民局的通知：不准离开美国。还以判刑和罚款相恐吓。这时，他的行李和书籍、笔记本已装箱准备由"威尔逊总统"号客轮转送香港回国。但是，已装上驳船的行李受到了非法搜查，800 千克的书籍和笔记本被扣押，并硬说他企图运送机密科研材料回国，诬陷他是"共产党的间谍"。从此，钱学森受到了联邦调查局的监视。他的家和工作室也受到了搜查。9 月 9 日，钱学森竟被当局逮捕，关押在特米那岛上达半个月之久。关押期间，看守人员为了折磨他，晚上每隔 10 分钟便跑进室内开亮一次电灯，使他终夜无法入眠。当时他的导师冯·卡门远在欧洲，得悉情况后，他与加州理工学院的许多师生立即向移民当局提出了强烈抗议。杜布里奇院长还亲往华盛顿要求将其释放。为了营救钱学森，他们还募集了 15000 美元的保释金。钱学森终于获释。但他的身心受到了很大伤害。他的体重下降了 30 磅。被释放后的钱学森，实际上继续受到监视。他含愤过了整整五年变相的软禁生活。联邦调查局时常闯入他的住宅捣乱。他的信件和电话也都受到了检查。无论是金钱、地位、荣誉和舒适的生活，还是威胁、恫吓、歧视和折磨，都销蚀不掉钱学森回归祖国，献身国家建设事业的心志。那几年，他们全家一夕三惊，为此经常搬家。但他的夫人蒋英回忆说："我们总是在身边放好了三只轻便箱子，天天准备随时获准搭机回国。" 1955 年 8 月 2 日中美大使级会谈中，我国大使王炳南受周总理的嘱托，在会上代表我国政府揭露了美国当局在违背本人意愿的情况下监禁中国公民钱学森以阻挠他回国的卑劣行径。美方不得已，才被迫于 8 月 4 日通知钱学森，准许他离开美国。冯·卡门得知钱学森回国的消息，深表惋惜地说："无论如何，美国实际上并无站得住脚的理由，就把美国火箭技术领域最伟大的天才、最出色的火箭专家奉送给了红色中国！"

　　20 世纪 90 年代中期，面对着大学生中的出国潮，钱学森是这样看的："人才外流问题不要怕。以后会有变化。我相信，我们送出去的留学生，再过几年，学成回国，为祖国效劳，是毫无问题的。因为他们会看到中国的前途。我看他们都会回来的。因为他们也就是钱学森嘛。钱学森也就是会回来的嘛！" 钱学森是一个深爱祖国母亲的赤子。他对生他养他的国家有一种痴情。他最不屑于听别人说中国如何不好。前些时，有些人以数典忘祖为时髦，对中国妄自菲薄，看不起自己的国家，对国家前途没有信心，甚至谩骂中国历史，丑化中华民族。钱学森听了非常难过，非常气愤。"不要认为美国人这样行那样行。"他激动地说。"其实中国人比美国人更聪明，是拼命干的，特别能艰苦奋斗。" 他说："我们从前在美国老气美国人——中国人就是比你们聪明，不信咱们比试比试。当时中国留学生在国外声誉很高。最近的不少事实也证明，我们到国外深造的许多学生都获得了很优异的成绩。"

（资料来源：刘书林 . 思想道德修养与法律基础 [M]. 北京：清华大学出版社，2013.）

案例点评

钱学森，放弃国外优越的生活科研条件，突破重重阻碍，毅然回国效力，为祖国建设和发展作出了巨大贡献，是爱国的典范。钱学森对科学技术的重大贡献是多方面的，他以总体、动力、制导、气动力、结构、计算机、质量控制等领域的丰富知识，为组织领导新中国火箭、导弹和航天器的研究发展工作发挥了巨大作用，对中国火箭、导弹和航天事业的迅速发展作出了卓越贡献。2007"感动中国颁奖词"对钱学森的评价是："在他心里，国为重，家为轻，科学最重，名利最轻。5 年归国路，10 年两弹成。开创祖国航天，他是先行人，披荆斩棘，把智慧锻造成阶梯，留给后来的攀登者。他是知识的宝藏，是科学的旗帜，是中华民族知识分子的典范。""感动中国"推选委员阎肃，对钱学森老人这样评价道："大千宇宙，浩瀚长空，全纳入赤子心胸。惊世两弹，冲霄一星，尽凝铸中华豪情，霜鬓不坠青云志。寿至期颐，回首望去，只付默默一笑中。""感动中国"推选委员杜玉波，在推荐钱学森老人的时候这样写："辗转回国，钱学森展现了中国科学家的硬劲；力学、喷气推进、航天技术，钱学森展现了一位科学家在研究上的牛劲；东方红卫星、神舟飞船、嫦娥奔月，钱学森给中国航天事业攒足了底劲；今天，这位中国航天之父所开拓的事业正阔步向前，冲劲十足！""感动中国"推选委员陈章良，在推荐钱学森老人的时候这样写道："他不仅以自己严谨和勤奋的科学态度在航天领域为人类的进步作出卓越的贡献，更以淡泊名利和率真的人生态度诠释了一个科学家的人格本质。"

学习建议

1. 学习本案例的目的和用途

本案例选择钱学森的中国情结的目的和用途是引导当代大学生要以宽广的眼界看

待世界，树立这样一种观念：第一，人有地域和信仰的不同，但报效祖国之心不应有差别。在经济全球化背景下，无论你生活在国内还是在国外，也无论你在何种所有制企业中工作，作为中华儿女，都可以自己的方式来报效祖国。而且经济全球化趋势为个人报效祖国消除了许多障碍，开辟了更多、更大的空间。第二，科学没有国界，但科学家有祖国。第三，经济全球化过程中要始终维护国家的主权和尊严。

本案例可用于教材第二章第二节"以爱国主义为核心的民族精神"部分内容的辅助学习。

2. 学习本案例应注意的问题

科学家钱学森的爱国是包括了情感、思想和行动三种要素的统一体。爱国情感是爱国的感情基础，主要表现为对祖国的赞美、依恋、自豪、关心、忧虑、期望、祝福等许多美好的感情。爱国思想或觉悟是爱国的理性升华，主要是对祖国历史、现状和未来，个人与祖国关系的理性认知以及个人责任和使命的自觉承担。爱国行为是爱国的具体实践，是用实际行动来抒发和表达自己的爱国情感，实践爱国思想，达成爱国志向。

案例六：爱国是"海归"共同的底色

案例文本

中华人民共和国成立以来，特别是改革开放30年来，出国留学"飞入寻常百姓家"，一代代"海归"成为推动中国经济社会发展、参与国际竞争不可或缺的重要力量。30年的"海归"，大致可分为三代。

第一代：1984年以前　精英留学：当时留学生以公派为主，虽然自费出国留学的政策已经放开，托福考试也于1981年进入中国，但由于国民平均收入与西方相比普遍差距悬殊，再加上社会观念的盲区、信息不对称、手续的复杂，当时能够出去留学的人凤毛麟角，即所谓"精英留学"时代。

第二代：1985—1998年　潮流留学：中国"先富起来"的人逐渐增多，"支持留学、鼓励回国、来去自由"的出国留学方针，1985年被写进中共十四届三中全会文件，中国向外留学的大门开始放开。

第三代：1999年至今　大众化留学：中国向外留学的大门完全打开。公费留学生的总数并没有减少，而自费留学生的总数则呈爆炸性地增长。目前，百万留学人员中90%是自费留学，中国开始从精英留学大踏步地进入"准大众化"留学时代。

据联合国教科文组织统计，中国是目前出国留学人数最多的国家。全球每7个留学生中就有1个中国学生。1978年到2008年底，我国各类出国留学人员有122.47万人，其中32.73万人学成回国。81%的中国科学院院士，51%的中国工程院院士，72%的国家重点项目学科带头人，均有留学经历。

记者就改革开放 30 年来留学问题采访了我国纳米科技专家和物理化学家，中国科学院院士，中国科学院常务副院长，中国科协副主席白春礼。

记者：1985 年，改革开放有 7 年了，那个时候已经有越来越多的人公派留学。当时您选择出国，是怎样一个过程？

白春礼：那几年我们逐渐开始跟国际接轨，做科研论文、科研实践的时候，要不断通过阅读文献来了解国外的发展情况，这时候就感到了巨大的差距，迫切地想要弥补这个差距。当时要出国，找资料、办手续比现在难得多。为了找海外院校的介绍资料，要跑到国家图书馆借一本专门的书，这本书很抢手，特别难借。那时要跟国外院校联系，没有互联网，国际长途电话也太贵，只能写信。一封信，从发出到等来回音至少一个月。非常急的时候，只能到邮局挂电报。

记者：您出去不算最早，但据说"进入状态"挺快。到加州理工学院不久，就到世界著名的实验室工作，并且很快找到了新的研究方向。

白春礼：我刚去，就有一位美国同事神秘地说："你创造了一个奇迹！"我知道，他是指我是继钱学森回国后进入实验室的第一位来自内地的中国人。刚到国外的时候，我本来是做另外一个工作，后来发现我的老师在做一种新的仪器设备，叫扫描隧道显微镜，是当时最高水平的显微仪器。那时候国外开展这个研究已经好几年了，国内还一无所知。我预感到，这对我们国家将来的发展会非常有利，就主动跟老师申请参与了这个工作。我从来没有留在国外的打算。出去，就是为了回来。我谢绝了外国朋友高年薪、办绿卡的邀请，卖掉了心爱的小轿车，用积攒下来的 5000 美元，购买了国内没有的关键元器件，带着宝贵的技术资料，于 1987 年 10 月飞回了祖国。

记者：当时国内外不管是生活、科研条件等，您感受到的反差应该都非常大。有什么事印象比较深刻？

白春礼：出国那两年，中国已经开始改革开放，但变化还没那么快，而国外中产阶级家庭已是家家有车。生活条件、基础设施、包括人的思想观念等方面差距都很大。印象很深的一件事，我们留学生都省吃俭用，省下钱来带几大件回国，甚至还有人带回可乐！那时在国外见不到中国产品，而 20 多年后的今天，情况已完全改变。说起车，当时我在国外买了辆二手车，临回国前把它卖了。当时想，回国后再也买不起车、开不上车了，走前得过过车瘾，就计划自西向东横穿美国大陆。但租一辆车的租金太贵，于是就找了种最便宜的办法，帮一个要搬到东海岸上学的人把车开过去，自己只要出点汽油费就行，送到了再坐大巴回来。这一次可是过足了瘾，从洛杉矶到芝加哥、纽约、华盛顿，至今记忆犹新。

记者：既然有这样的差距，又为什么只出去两年，就义无反顾地回来？

白春礼：当年我跟导师说决定回国的时候，他很惊讶，竭力挽留我多干一段时间。但是他也理解我的心情。出国的时候我就没想过要留在外面，即便是多留几年也不愿意。我觉得在国外学的东西国内没有，而且这些新的仪器设备对国内科技发展又非常有用，所以非常着急回来自己做。和我们那一代公派留学的大部分人一样，出去是临时的，回来是肯定的。

记者：我们知道，那个时代留学回来想要创业，是非常艰难的。

白春礼：是的。尽管当时国内外都有人邀请我加入，我还是回到了化学所，回来第二天就跟所里领导汇报了在美国的研究情况和回国后的设想。那个时候化学所也没钱，硬是被我说动了。实验室没暖气，冬天穿着羽绒服工作；科研经费也很少，要尽可能节省。出去买仪器，舍不得花钱打出租车，就自己扛着挤公共汽车回来。记得有次正赶上下班高峰，等了一个多小时都没挤上去。

记者：对现在一回来就能享受到优惠政策的"海归"来说，很难想象20多年前创业是这样的……

白春礼：现在变化非常之大！从"百人计划"到"千人计划"，对留学归国人才在经费、住房等方面都有一系列支持，还有工作条件、实验室、研究生助手配备等，各方面考虑都很周到，为他们施展抱负创造了良好的条件。

记者：这些年来，您倾情倾力为海外归国人才搭建平台，这与您当年的创业经历有关吧？

白春礼：我自己有这样的经历和体会，知道回来工作会遇到什么困难，怎样才能吸引人才、留住人才。当年我从国外回来，不说别的，上户口就花了两个月。那时规定，出国超过半年户口就要注销，回来又面临上户口的问题。但我一没有身份证，二没有住的地方，户口都没办法上，为这个跑了很多趟。所以我常说，要真心为留学人才搭建好的事业平台，使他们能够顺利工作，同时也要从待遇上多多考虑，让他们能够舒心生活。

记者：您还曾经担任过青科协会长、欧美同学会副会长、留美同学会会长等，这些工作都常跟留学人员打交道。做了这么多事，是什么动力驱使？

白春礼：我跟很多海外留学人才都是很好的朋友。这不光是在中科院分管人才工作的需要，也是一种使命。20世纪90年代后期，我们在欧美同学会发起了"21世纪中国与留学人员的历史使命"系列研讨会，影响很大，效果很好。我有一个基本判断，在这个民族复兴的伟大时代，海外留学人才是一个独特的人才宝库，应当也一定能够焕发出更大的能量。

记者：如果把这些年的"海归"人才分为几代，您对每代人怎么评价？如果要用一个词来概括他们的共同点，您会选择什么？

白春礼：不同时代的人，观念看法不同。中华人民共和国成立之初的留学生满怀爱国、奉献的激情；1978 年以后，很多人抱着开眼界的想法出去，带着新技术、新理念回来，要把"文革"耽误的时间补回来；现在大众化留学、自费留学多了，每个人想法不同，择业观不同，选择更多元了。但是无论时代怎么变化，留学生爱国的本质一脉相传。很多人都说，出了国更加爱国，作为中国人的自豪感更强了。如果要为几代"海归"找一个共同的定语，那就是：爱国，爱国是"海归"共同的底色。

（资料来源：杨艳. 爱国是"海归"共同的底色 [N/OL]. 人民网——人民日报海外版，2009-09-07. 有改编 .）

案例点评

海归是一个特殊的群体，出去，归来，他们的脚步，度量着中国和世界的距离，见证着一个民族从封闭到开放的跨越；他们的故事，光大着爱国、报国的传统，折射着中国社会由单色到多彩的巨变。对于正处于快速发展关键期的中国而言，海归潮恰逢其时，中国正以其种种综合优势，迎来"人才回流"时代，正成为全球最大的海归国，同时也有望挑战全球范围的人才，在国际人才大战中成为赢家。

学习建议

1. 学习本案例的目的和用途

本案例可用于教材第二章第二节"以爱国主义为核心的民族精神"、第三节"以改革创新为核心的时代精神"部分内容的辅助学习。

2. 学习本案例应注意的问题

中华人民共和国成立之初，出现一批毅然决然放弃国外优越生活归国投身祖国建设，奉献青春岁月的"海归"一族，他们怀揣着实现中华民族伟大复兴的赤子心。如今，在我国大力推进人才强国战略和创新发展战略的背景下，一批批"海归"又陆续归来，带回了先进的理念、先进的技术，为建设中国特色社会主义贡献力量。

案例七：姚明的中国心

案例文本

1980 年 9 月 12 日，姚明出生于上海。17 岁入选国家青年队；18 岁穿上了中国队队服。在 18 岁入选中国国家篮球队之后，姚明的表现进一步成熟。2000 年奥运会期间，姚明平均每场拿下 10.5 分和球队最高的 6 个篮板、2.2 次盖帽，他平均每场 63.9％

的投篮命中率也无人能比；在 2001 年的亚洲篮球锦标赛上，姚明每场贡献 13.4 分、10.1 个篮板和 2.8 次盖帽，投篮命中率高达 72.4%，帮助中国国家队夺得冠军。在美国当地时间 2002 年 6 月 26 日的选秀大会上，休斯顿火箭队顺利挑中了中国的中锋姚明，他也成为联盟历史上第一个在首轮第一位被选中的外国球员。

2002 年 6 月 26 日，NBA 选秀大会上，姚明成为 NBA 历史上首位非美国籍的状元新秀。姚明，这个年轻的中国小伙，凭借他的出色表现，改变了国际体坛对中国男篮"只有身高，没有头脑"的传统看法。虽然在 NBA 有着巨大的压力，但姚明仍然发挥出了自己的技术水平，取得长足的进步。比赛中，姚明以令人"惊叹"的表现成为全场最耀眼的明星。而更为难能可贵的是，在姚明开始 NBA 之旅的时候，他签下了对中国篮协的保证书，保证随时听从国家队的召唤，他说："无论何时，也无论我是否在火箭队打球，我首先是中国国家男子篮球队的成员。"

2002 年 10 月 22 日，让美国人足足等了近四个月的姚明，正式登陆 NBA。从抵达休斯顿开始，他就受到了巨星般的欢迎。因为要跟随中国国家队出征世锦赛和亚运会，姚明放弃了 NBA 的夏季训练营和季前赛，他原本准备用一个赛季来适应 NBA，但是从第十场比赛开始，姚明就成为火箭队不可或缺的绝对主力。姚明在 NBA 的赛场上创下了一个又一个的奇迹，他用实力赢得了对手的尊重；赛场下他的开朗、幽默、自信，同样也使美国人津津乐道。22 岁的姚明在 NBA 的赛场上，频频上演精彩的中国式传奇。

篮球经纪人夏松曾经说过，在他们美国人玩得最漂亮的舞台上，已经出现了我们中国人的身影。在美国，在他们的印象中，中国人，特别纯的中国人，身材都可能会比较矮小，而他们看见中国人（姚明）也有这么高大的，甚至比他们美国人还要高大，而且打起球来，又那么灵活，并且还具有那么好的天赋。所以，他们对姚明有一种好奇，一种景仰。事实上，在崇尚体育、崇尚明星的美国社会当中，能够有这样一个人（姚明）出现，在一定程度上也会改变美国人对其他中国人的看法。

NBA 既是竞技场，也是名利场，尤其是一些大牌明星，往往会被异化成商业明星。曾经有人担心，姚明在这个充满诱惑的赛场中会迷失自己，但是姚明用行动作出了最好的回答。在 2002 年 9 月份的世界男篮锦标赛上，外国记者当时在采访姚明时说，姚明你现在是 NBA 的状元了，很多 NBA 球员都选择不打世锦赛，而选择去休假，去为自己的计划发展。你为什么偏要来打这个世锦赛？姚明当时一点都没犹豫，马上看着记者说："Because I am a Chinese player（因为我是中国球员）。"

世锦赛之后，姚明并没有马上赴美参加 NBA 的季前赛，而是再次跟随中国队出征亚运会，姚明的选择受到了中国人民的尊重。从亚运会归来，在出征 NBA 的前 5 天，他对祖国的承诺再次让人感动。在谈到回国打球的问题时，姚明的态度和立场非常坚决。他认为，他能够有今天，能够到 NBA 去打球，除了他自己的努力以外，更是国家培养的结果。他明确表态，在国家需要的时候会回国效力，带领国家男篮完成2004年奥运会，特别是在北京举行的2008年奥运会的任务，来报答全国球迷对中国男篮的期望。于是，在一份规定"必须随时听从国家的召唤，代表中国队参加亚洲锦标赛、亚运会、世锦赛和奥运会比赛"的协议书上，姚明郑重地签下了自己的名字。

同时，姚明懂得，今天的他已不仅仅是一个篮球职业运动员了。他说，"作为一个在NBA的中国运动员，更不容我忽视的是我所肩负的社会责任。很多少年儿童会模仿我转身投篮，他们也会模仿我的言行，我必须让他们的父母相信我的榜样作用。很多不了解中国的人士可能会希望通过我来了解我们欣欣向荣的祖国，我必须做一个称职的'民间大使'。总之，为国争光，树立一个中国职业运动员的光辉形象是我义不容辞的责任。"

姚明还是一个具有强烈的爱国之情和报国之心的优秀运动员。2008年6月11日，姚明宣布，他将向四川地震灾区捐赠200万美元，并成立姚明基金会帮助灾区进行校园重建。至此，姚明捐款总额已经达到1600万人民币，成为体育界捐款最多的个人。同时，姚明还代言了"护鲨行动"，和维珍公司创始人、英国亿万富翁理查德·布兰森爵士一起倡导保护濒危物种鲨鱼，结果让鱼翅在中国的价格和销量下降了至少50%，并推动保护象牙的运动，呼吁全面禁止象牙买卖。此外，在各种公益活动中都能看到姚明的身影，他还担任了特奥会国际大使，同时也参与拍摄了反歧视艾滋病宣传片。

姚明作为一个体育运动员，他时刻牢记的是祖国的召唤，他永远把祖国的需要放在第一位，他说："不参加北京奥运将是他职业生涯最大的遗憾。"2008年，他因为应力性骨折而缺席了NBA以后的所有比赛。而到目前为止，姚明有13大伤处，曾18次受伤，6上手术台，但是，为了参加北京奥运，他在伤病并没有完全好利落的情况下，就积极投入了训练，为的是能够尽快地把自己的状态调整、恢复到最佳。因为奥运在即，大赛在即，为祖国的荣誉而战就是他最大的心愿，为实现这个愿望而努力拼搏。

我们大家都知道，姚明在美国的NBA打球的收入是以亿为单位计算的，如果2008年奥运大赛他再次负伤，那么势必影响他在美国火箭队的地位，将影响到他作为一个NBA职业运动员的使用价值，最最关键的将可能影响到他自身的前途和收入。而这些恐怕是谁都无法对其进行补偿的切身利益。所以，此时此刻只要他有一丁点儿的私心，有一丁点儿的犹豫，他完全可以找个理由或者借口，逃避参加奥运会，以保障自己的身体健康，保证自己在美国NBA的地位和价值，但是他没有。姚明把自己的祖国放在第一位，凌驾于自己的工作和收入之上。这些品质，值得我们每一个人去学习。

众所周知，篮球在体育运动中属于剧烈性的运动，在比赛过程中，谁都不可能规定运动员的每一个动作，运动员受伤的事是经常会发生的，而姚明又往往是整个运动场上的焦点，是对手防御和攻击的重点，会遭遇到对方高频率的围追堵截，但凡每一次对他采取的阻截手段，都有可能给他带来意外的伤害，所以他的受伤随时随地都有可能发生。因此，我们不能苛求姚明在运动场上打多长时间的比赛，无论在场上打十分钟，还是十小时，或者坚持到最后，我们都应该感到欣慰，感到满足，因为时间不是证明姚明的唯一证据，而姚明带伤出征奥运大赛场的精神，才是最最难能可贵的。无论姚明参加比赛时间的长与短，其结果的赢与输，这都无损于他的光辉形象。姚明为 2008 年奥运会不计 NBA 收入，爱国精神比金牌更闪光！姚明，就像中国插在美国的一面旗帜，让世人瞩目。美国媒体赞叹：从姚明身上感受到了令人敬畏的中国式爱国精神！如今尽管姚明早在 2009 年就已回国，在 2011 年 7 月 20 日已经宣布离开赛场正式退役，但在 2016 年 4 月 4 日，姚明又入选 2016 年奈·史密斯篮球名人纪念堂，成为首位获此殊荣的中国人。2017 年 2 月 23 日，在中国篮球协会第九届全国代表大会上，姚明当选主席。从前，他代表着中国篮球的高度；现在，他将带领中国篮球进入新时代。

（资料来源：梁建增，陈虹．感动中国 [M]．北京：中国对外翻译出版公司，2003；仲达明．姚明的爱国情．教育导报 [N]．2009-3-24．有改编．）

案例点评

在国家利益面前，姚明义无反顾，没有丝毫的犹豫。他对祖国的感情感动着每一个中国人。姚明在开始他 NBA 之旅的时候，签下了对中国篮协的保证书，表示愿意随时听从国家队的召唤。在他看来，无论何时何地，他首先是一名中国球员，是中国国家男子篮球队的成员，而且他今天的成绩与国家的培养是分不开的。从姚明的承诺中，我们可以看出他对祖国的深厚情感。当一个人的爱国情感得到升华时，它就成为一种爱国的思想。爱国思想是对祖国以及个人与祖国关系的一种理性的认识。姚明是一个具有爱国思想的人。姚明说过，"为国争光，树立一个中国职业运动员的光辉形象是我义不容辞的责任。"面对祖国，他表现出来的并非只有炽热情感，更重要的是一种责任感。他对爱国主义有了更全面、更深刻的了解，已经将爱国的信念贯穿于自己的世界观、人生观之中了。

爱国不只是一种主观的情感和思想，还是一种坚定和执着的行为，即一种报效祖国、为祖国贡献自己全部力量的崇高行为。在当代中国，报效祖国的最佳途径就是投身于建设中国特色社会主义事业，为这一事业作出自己力所能及的贡献。作为一名篮球运动员，姚明事业的舞台就是他的球场。在征战世界级比赛的球场上，他挥汗如雨，奋力拼搏，为国家荣誉而战：在 NBA 的赛场上，他兢兢业业，尽职尽责，用实力赢得了对手的尊敬，并凭借其出色表现改变了美国人对中国人的传统认识。在这里，他的爱国之情、爱国之心、报国之志全都化作了效国之行。

做新时期坚定的爱国者，是当代大学生的必然选择。姚明就是大学生们的榜样。

学习建议

1.学习本案例的目的和用途

本案例的目的和用途是通过描写当时姚明身在美国心在中国的一系列情感、思想、行动，说明了如何做一名真正的爱国者。

本案例可用于教材第二章第二节"以爱国主义为核心的民族精神"中"做忠诚的爱国者"部分内容的辅助学习。

2.学习本案例应注意的问题

学习本案例要把姚明的爱国分为爱国情感、爱国思想和爱国行为三层含义来加以体会。正因为姚明有了对祖国的深厚感情，才会在处理个人与国家、民族关系的时候，把个人的前途命运融于祖国的前途命运之中。

案例八：华为的创新和成功

案例文本

在过去的 30 年时间里，华为以 2 万元起家，从名不见经传的民营科技企业，发展成为世界 500 强和全球最大的通信设备制造商，创造了中国乃至世界企业发展史上的奇迹！华为成功的秘密就是创新。

1."创新"使华为从一个弱小的且没有任何背景支持的民营企业快速地成长、扩张成为全球通信行业的领导者

华为从做贸易起步，但没有继续沿着贸易的路线发展，而是踏踏实实地搞起了自主研发，其对研发的高投入一直是业界的标杆，目前在全球有 17 万多名员工，其中有 8 万多是研发人员，占比近 50%。华为 2015 年年报显示，2014 年华为全球销售收入为 3950 亿元人民币（约合 608 亿美元），同时，研发投入为 596 亿元人民币（约合 92 亿美元），占销售收入的 15%，过去 10 年华为在研发方面的投入累计超过 2400 亿元人民币（约合 370 亿美元）。任正非表示，华为在很早以前就将销售收入的 10% 以上用于研发，其中，20% ～ 30% 用于研究和创新，70% 用于产品开发。未来，这一数字

将持续增长，任正非预计，未来几年，每年的研发经费会逐步提升到 100 亿～ 200 亿美元。同时，任正非称，华为的目标是在 2020 年实现销售收入超过 1500 亿美元。对于研发，华为表示，坚持"内生外引结合"的方式吸引优秀人才。对内，不以成败论英雄，即使是失败的人才，也要继续留在华为的队伍里，从中提取失败因子，总结和持续探索；对外，接纳各类型的科学家，各取所长，例如日本科学家精细，法国数学家浪漫，意大利科学家忘我工作，英国、比利时科学家具有很强的领导能力等。

目前，华为已经全面进入全球各大市场，且 65% 以上的销售收入来自海外市场，业务遍及全球 170 多个国家和地区，已在 150 个左右的国家和地区设立了海外办事处，许多办事处设在较为艰苦的非洲、中东等地。华为在美国招聘优秀中国留学生（财务）、全部都要求去非洲，去艰苦地区，华为的口号是"先学会管理世界，再学会管理公司"。

华为成立以来，没有做过资本化的运营，是世界 500 强中唯一一家没有上市的公司和一家 100% 由员工持股的民营企业。目前，华为有 7 万多名员工持有公司股权，全员持股吸引了越来越多的人才到华为工作，全员持股成为激活华为员工创造潜力与创新能力的重要因素。

华为还探索了一套独特的商业模式，建立了一套行之有效的人力资源管理体系，尊重和爱护人才，聚集了一大批技术精英，为华为的可持续发展提供了人力保障。在培养接班人方面，任正非打破了家族式继承，推行轮值 CEO 制度，让没有血缘关系的优秀后继者担任轮值 CEO，开了中国民营企业"代际传承"之先河。

2. 华为的创新是全方位的创新

第一，客户需求是创新之本。华为的理念创新最核心的是以客户为中心，以奋斗者为本，长期坚持艰苦奋斗，坚持自我批判。华为以客户需求为导向，前端是客户，末端也是客户的端到端的流程。28 年以来，华为持续进行组织变革，但变革只有一个聚焦点，围绕着以客户为中心这个方向进行变革。华为的任何一级管理者，包括任正非，到全世界出差，不能坐飞机的头等舱，如果坐头等舱，多出来的钱需要自费。这是一种价值取向，即整个组织的所有"神经末梢"、任何人，所有的劳动和奋斗，所有的组织成本都只能围绕客户这样一个方向。华为没有专为领导人使用的专车、司机，在国内任何地方，多数情形下，任正非出差不是自己开车就是打出租车，上飞机没有人送，下飞机没有人接。经常自己拉着一个行李箱去坐出租车。作为企业领袖或者创始人的任正非，必须通过严格的自我约束形成表率——公司支付的成本是要用于客户，而不是用于各级管理者。华为的"客户创新中心"和"诺亚方舟实验室"就是专门为客户量身打造的创新研究机构。通过对客户个性化需求的解读与研判，创造性地为客户进行"量体裁衣"式的个性化服务。满足各个国家客户不同的需求，成为华为进行创新的动力。

第二，开放式合作是创新的基石。华为奉行站在巨人的肩膀上发展的原则：一是实行以土地换和平的技术路线，包括专利互换、支付专利费等。对所缺少的核心技术，华为通过购买或支付专利许可费的方式，实现产品的国际市场准入，再根据市场需求进行创新和融合。二是与竞争对手、客户等建立战略伙伴关系。华为先后在德国、美国、瑞典、英国、法国等国家设立了 20 多个研究所，与世界领先的运营商共同成立了 30 多个联合创新中心。三是招揽全世界的人才为华为服务。华为与全球 200 多所大学、研究机构进行研发合作，从而实现了全球同步研发，不仅把领先的技术转化为客户的竞争优势，而且还为华为输入了大量高素质的技术人才。

第三，基于开放式、学习型的创新理念。华为先后与 IBM、HAY、MERCER、PWC 等国际著名公司合作，不惜花数十亿资金，引入先进的管理理念和方法，对集成产品开发、业务流程、组织、品质控制、人力资源、财务管理、客户满意度等方面进行了系统变革，把公司业务管理体系聚焦到创造客户价值的核心上。经过不断改进，华为的管理实现了与国际接轨，不仅经受了公司业务持续高速增长的考验，而且赢得了海内外客户及全球合作伙伴的普遍认可，有效支撑了公司的全球化战略。

第四，基于尊重知识产权基础上的创新。华为创新信奉的是对知识权益的尊重与认可。华为每年要向西方公司支付 2 亿美元左右的专利费，每年拿出 1 亿多美金参与一些研发基金，并且参与和主导了多个全球行业的标准组织。20 多年来，华为在全球累计申请了近 8 万项专利，由于华为拥有庞大的专利组合，所以可以跟西方公司形成平等的专利交叉许可格局。由于华为拥有强大的科学家加工程师的研发组织，所以也形成了很多基础专利。在全球 170 多个主流标准组织中，华为担任了 180 多个重要职位，包括主席、副主席等。华为认为，未来 5 ～ 8 年，会爆发一场"专利世界大战"，华为必须对此有清醒的战略研判和战略设计。

第五，开放、包容、鼓励试错是创新之源。任正非曾说，华为研发 20 年浪费了 1 千亿元，但正是这 1 千亿元构筑了华为的软实力，华为的世界级创新实力就是构筑在华为无数的学费之上的，允许试错，鼓励试错，华为就是在数不清的教训的基础上积累了创新成功的经验。

（资料来源：华为的创新哲学：把二道贩子公司做到通信老大 [EB/OL]. 网易教育频道综合，2014-05-14；田涛. 万字长文解读华为的创新和成功 [EB/OL]. 虎嗅网，2016-04-18. 有改编 .）

案例点评

创立于 1987 年的华为，经过近 30 年艰苦卓绝的奋斗，终于成为世界级优秀企业。2016 年外媒评选"全球 50 大创新公司"，中国公司仅有华为公司上榜，而且排名比较靠前，位居第 13 位，上榜理由是在全球激烈的智能手机竞争中占据了上风。华为成就了民族和国家的光荣与梦想。

华为的成功归结起来就是创新，客户与市场是华为创新的源泉，市场导向是华为创新成败的根本。无论是模仿创新，还是连续创新，抑或是颠覆式创新，无不基于客户（用户）的显性或者隐性的需求，重要的在于追求市场上的成功。而开放式创新则是一切创新的基础，还有资源整合基础上的商业模式的创新，也代表着未来创新的主流。我们为华为拥有这样强大的创新力欢呼、鼓掌，我们希望更多的中国企业更具创新力！

学习建议

1. 学习本案例的目的和用途

本案例选择"华为的创新和成功"的目的和用途是通过华为的一系列创新活动，说明华为成为世界级优秀企业的成功经验归结起来就是创新。今天弘扬以"改革创新"为核心的时代精神，必须大力推进理论创新、制度创新、科技创新、文化创新以及其他各方面的创新。

本案例可用于教材第二章第三节"以改革创新为核心的时代精神"之"做改革创新的实践者"部分内容的辅助学习。

2. 学习本案例应注意的问题

新时期的大学生置身于实现中华民族伟大复兴的时代洪流之中，应当以时代使命为己任，迎接时代挑战，增强创新创造的能力和本领，勇做改革创新的实践者，将弘扬改革创新精神贯穿于实践中、体现在行动上。本案例中主要用于激励培养大学生的创新精神：首先要培养创造性思维的能力；其次要培养强烈的创新动机；再次要培养健全的人格和顽强的意志力；最后要培养相互协作的团队精神。

思考练习

一、单项选择题

1. 民族精神和时代精神的有机结合构成了（　　）。

A. 爱国主义　　B. 民族主义　　C. 中国精神　　D. 民权主义

2. 中华民族精神的核心是（　　）。

A. 爱国主义　　B. 爱好和平　　C. 勤劳勇敢　　D. 自强不息

3. 时代精神的核心是（　　）。

A. 体制创新　　B. 制度创新　　C. 科技创新　　D. 改革创新

4. 爱国主义精神的落脚点和归宿是（　　）。

    A. 爱国情感   B. 爱国思想

    C. 爱国行为   D. 爱国体验

    5. 爱国主义的基本要求不包括（   ）。

    A. 爱祖国的大好河山   B. 爱自己的骨肉同胞

    C. 爱自己的本职工作   D. 爱自己的国家

    6. 把握经济全球化趋势与爱国主义的相互关系的问题，需要着重树立一些观念，其中不包括（   ）。

    A. 人有地域和信仰的不同，但报效祖国之心不应有差别

    B. 科学没有国界，但科学家有祖国

    C. 顺应经济全球化，适时改变爱国主义立场

    D. 经济全球化过程中要始终维护国家的主权和尊严

    7. 在经济全球化形势下，国际社会活动中的主体、民族存在的最高形式仍然是（   ）。

    A. 国际组织   B. 国家

    C. 跨国公司   D. 经济联盟体

    8. 爱国主义是调节个人与祖国之间关系的（   ）。

    A. 情感需要   B. 思想原则

    C. 思维方法   D. 道德要求、政治原则和法律规范

    9. "苟利国家生死以，岂因祸福避趋之"体现了一种（   ）。

    A. 同仇敌忾、抗御外侮的爱国主义优良传统

    B. 维护祖国统一、反对分裂的爱国主义优良传统

    C. 开发祖国河山、创造中华文明的爱国主义优良传统

    D. 热爱祖国、矢志不渝的爱国主义优良传统

    10. 在现阶段，爱国主义与拥护祖国统一和（   ）。

    A. 爱人民是统一的   B. 爱劳动是统一的

    C. 爱科学是统一的   D. 爱社会主义是统一的

二、多项选择题

    1. 中华民族崇尚精神的优秀传统主要体现在（   ）。

    A. 对物质生活和精神生活相互关系的独到见解上

    B. 古人对理想的不懈追求上

    C. 对道德修养和道德教化的重视上

    D. 重视人生境界和理想人格

    2. 在中华民族悠久的历史发展中，爱国主义从来都是一种巨大的精神力量，成为一种优良传统，这种优良传统包括（   ）。

A. 维护祖国统一，反对分裂

B. 同仇敌忾，抗御外侮

C. 热爱祖国，矢志不渝

D. 天下兴亡，匹夫有责

3. 爱国主义的基本要求是（　　）。

A. 爱祖国的大好河山

B. 爱自己的骨肉同胞

C. 爱祖国的灿烂文化

D. 爱自己的国家

4. 中华民族精神的内涵，包括爱国主义和（　　）。

A. 团结统一

B. 爱好和平

C. 勤劳勇敢

D. 自强不息

5. 改革创新是时代精神的核心，改革创新精神表现为（　　）。

A. 突破陈规、大胆探索、勇于创造的思想观念

B. 不甘落后、奋勇争先、追求进步的责任感和使命感

C. 坚韧不拔、自强不息、锐意进取的精神状态

D. 固守经验、步伐稳健、游刃有余的处事风格

6. 改革创新是多方面的，主要包括（　　）。

A. 理论创新　　　　　　　　B. 制度创新

C. 科技创新　　　　　　　　D. 文化创新

7. 所谓民族精神，是指一个民族在长期共同生活和社会实践中形成的，为本民族大多数成员所认同的（　　）的总和。

A. 价值取向　　　　　　　　B. 思维方式

C. 道德规范　　　　　　　　D. 精神风貌

8. 爱国主义包含着（　　）三个方面。

A. 情感　　　　　　　　　　B. 思想

C. 行为　　　　　　　　　　D. 意志

9. 下列哪些体现作为中华儿女要爱祖国的大好河山？（　　）

A. 一方水土养一方人　　　　B. 禾苗离土即死，国家无土难存

C. 保我国土　　　　　　　　D. 爱我家乡

10. 爱国主义体现了人民群众对自己祖国的深厚感情，反映了个人对祖国的依存

关系，是人们对自己故土家园、民族和文化的（　）的统一。

    A. 归属感   B. 认同感   C. 尊严感   D. 荣誉感

三、判断题

1. 在当代中国，公民的爱国主义主要体现在拥护祖国统一上，不必爱社会主义。

    （　）

2. 爱国无小事，公民的爱国行为表现在公民日常生活的一言一行中：只要对祖国和人民有利的，公民无论从事何种职业，做何种事，都包含着爱国主义的成分。（　）

3. 爱国主义与拥护祖国统一的一致性，只是对生活在中国大陆的中国公民的要求。

    （　）

4. 经济全球化条件下谈爱国主义已经不合时宜了。   （　）

5. 中国精神是民族精神和时代精神的有机统一。   （　）

6. 爱国主义体现了人民群众对自己祖国的深厚感情，反映了个人对祖国的依存关系，是人们对自己故土家园、种族和文化的归属感、认同感的统一，是纯粹的情感和道德要求。（　）

7. 改革创新精神是进一步解放和发展生产力的必然要求。   （　）

8. 抗洪精神、载人航天精神是民族精神在新的时代条件下的体现。   （　）

9. 经济全球化意味着政治、文化的一体化。   （　）

10. 弘扬和培育民族精神，要立足于建设中国特色社会主义伟大实践。   （　）

四、材料分析题

1950 年，数学家华罗庚放弃在美国的终身教授职务，奔向祖国。归途中，他写了一封致留美学生的公开信，信中说："为了抉择真理，我们应当回去；为了国家民族，我们应当回去；为了为人民服务，我们应当回去；就是为个人出路，也应当早日回去，建立我们工作的基础，为我们伟大祖国的建设和发展而奋斗！"

回国后，华罗庚进行应用数学的研究，到工厂、农村、部队、学校，足迹几乎遍布全国各省区，用数学解决了大量生产、科研中的实际问题，在国际国内享有盛誉，被称为"人民的数学家"。

在英国伯明翰大学，一位风度翩翩的女学者问他："华教授，您不为自己回国感到后悔吗？"华罗庚含笑道："不，我回到自己的祖国一点也不后悔，我回国，是要用自己的力量，为祖国做些事情，并不是为了图舒服。活着不是为了别的，而是为了祖国！"

请谈谈你对数学家华罗庚爱国情感的看法。

3 第三章

领悟人生真谛　创造人生价值

案例一：　人生的意义与价值

案例文本

　　当我还是一个青年大学生的时候，报纸杂志上曾刮起一阵讨论人生的意义与价值的微风，文章写了一些，议论也发表了一通。我看过一些文章，但自己并没有参加进去。原因是，有的文章不知所云，我看不懂。更重要的是，我认为这种讨论本身就无意义，无价值，不如实实在在地干几件事好。

　　时光流逝，一转眼，自己已经到了望九之年，活得远远超出了我的预算。有人认为长寿是福，我看也不尽然。人活得太久了，对人生的种种相，众生的种种相，看得透透彻彻，反而鼓舞时少，叹息时多。远不如早一点离开人世这个是非之地，落一个耳根清净。

　　那么，长寿就一点好处都没有吗？也不是的。这对了解人生的意义与价值会有一些好处。

　　根据我个人的观察，对世界上绝大多数人来说，人生一无意义，二无价值。他们也从来不考虑这样的哲学问题。走运时，手里攥满了钞票，白天两顿美食城，晚上一趟卡拉 OK，玩一点小权术，耍一点小聪明，甚至恣睢骄横，飞扬跋扈，昏昏沉沉，浑浑噩噩，直到钻入了骨灰盒，也不明白自己为什么活过一生。

　　其中不走运的则穷困潦倒，终日为衣食奔波，愁眉苦脸，长吁短叹。即使日子还能过得去，不愁衣食，能够温饱，然也终日忙忙碌碌，被困于名缰，被缚于利索。同样是昏昏沉沉，浑浑噩噩，不知道为什么活过一生。

　　对这样的芸芸众生，人生的意义与价值从何处谈起呢？

　　我自己也属于芸芸众生之列，也难免浑浑噩噩，并不比任何人高一丝一毫。如果想勉强找一点区别的话，那也是有的：我，当然还有一些别的人，对人生有一些想法，动过一点脑筋，而且自认这些想法是有点道理的。

我有些什么想法呢？话要说得远一点。当今世界上战火纷飞，物欲横流，"黄钟毁弃，瓦釜雷鸣"，是一个十分不安定的时代。但是，对于人类的前途，我始终是一个乐观主义者。我相信，不管还要经过多少艰难曲折，不管还要经历多少时间，人类总会越变越好的，人类大同之域绝不会仅仅是一个空洞的理想。但是，想要达到这个目的，必须经过无数代人的共同努力。有如接力赛，每一代人都有自己的一段路程要跑；又如一条链子，是由许多环组成的，每一环从本身来看，只不过是微不足道的一点东西，但是没有这一点东西，链子就组不成。在人类社会发展的长河中，我们每一代人都有自己的任务，而且绝非是可有可无的。如果说人生有意义与价值的话，其意义与价值就在这里。

但是，这个道理在人类社会中只有少数有识之士才能理解。鲁迅先生所称的"中国的脊梁"，指的就是这种人。对于那些肚子里吃满了肯德基、麦当劳、比萨饼，到头来终不过是浑浑噩噩的人来说，有如夏虫不可以语于冰，这些道理是没法谈的。他们无法理解自己对人类发展所应当承担的责任。

话说到这里，我想把上面说的意思简明扼要地归纳一下：如果人生真有意义与价值的话，其意义与价值就在于对人类发展的承上启下、承前启后的责任感。

（资料来源：季羡林. 人生感悟 [M]. 北京：金城出版社，2012.）

案例点评

季羡林先生是国际著名的东方学大师、语言学家、文学家、佛学家、史学家、教育家和社会活动家。季羡林先生一生成就卓著，用他自己的话说就是："梵学、佛学、吐火罗文研究并举，中国文学、比较文学、文艺理论研究齐飞"，被奉为中国的"国学大师""学界泰斗""国宝"。季羡林先生在他近 90 岁高龄时，阐发了自己对人生的感悟。怎样的人生才有意义？评价人生价值、人生意义的根本尺度是看一个人的人生活动是否符合社会发展的客观规律，是否通过实践促进了历史的进步。正如季羡林先生所说："如果人生真有意义与价值的话，其意义与价值就在于对人类发展的承上启下、承前启后的责任感。"有意义的人生，应是对国家、社会、集体和他人尽义务的人生。

学习建议

1. 学习本案例的目的和用途

通过本案例的学习，我们应深刻理解一个人的一生，无论生命长短，贡献大小，对人生价值和人生意义的追求将贯穿生命始终。作为当代大学生，要实现自己的人生价值，应把个人的成长成才与社会需要相结合，在为实现国家富强、民族复兴的社会实践中实现个人的人生价值。

本案例可用于教材第三章第一节"树立正确的人生观"和第二节"创造有价值的人生"部分内容的辅助学习。

2. 学习本案例应注意的问题

人生价值是一种特殊的价值，是一个人的存在和活动能否或在多大程度上满足他人、集体、社会及个人的需要。人生价值分为人的自我价值与人的社会价值。我们在学习本案例时，可结合人生的自我价值和社会价值的关系进行分析，深刻理解人生的价值与意义在于对他人和社会的奉献。

案例二："耶鲁村官"秦玥飞

案例文本

"耶鲁村官"名叫秦玥飞，今年 32 岁，是中国首位从世界名校毕业后回国服务的大学生村官。近日，他获得了"感动中国 2016 年度人物"的荣誉。

从外表上看，秦玥飞与村里的普通青年并无二致：短发、清瘦，衣着朴素。一说起农村，这个平日里不怎么爱说话的大男孩一下子便打开了话匣子，滔滔不绝。

2011 年，秦玥飞从耶鲁大学毕业后，没有像其他同学一样，选择一份稳定体面的工作，而是出人意料地到湖南衡山县当起了大学生村官。衡山县福田铺乡白云村是他服务的第二个村庄。

"选择回国服务农村是很自然的事"

一位国外名校的毕业生，怎么会想到回农村当村官？在一些公共场合，有人常会向秦玥飞抛出这一疑问。

秦玥飞出生于重庆，高中毕业后，他凭着托福满分和突出的面试成绩，申请到耶鲁大学全额奖学金，赴美国留学。耶鲁大学毕业后，他回国成为一名村官。

"我当初作出这种选择是很自然的事。"秦玥飞坦言，一百多年前，耶鲁大学就有一批身怀家国情怀的中国留学生，如工程师詹天佑、经济学家马寅初等，毕业之后都选择回到祖国，用自己的所学、所长帮助国家发展，帮助老百姓改善生活。

这对秦玥飞的触动非常大。他说，毕业之后回到中国农村，希望本科所修的政治学、经济学两个专业，能在中国的公共服务领域里，寻找到属于他的一片天地。

风俗习惯、语言沟通、人际关系，对于秦玥飞而言，这是他初来乍到必须面对的挑战。

贺家山村上岗首日洗澡的故事令秦玥飞至今记忆犹新。对于他早上洗澡的举动，当地乡政府的人和村民感觉很稀奇，之后他再也不在早上洗澡了，后来又把英文印花的T恤里翻外穿，短靴也换成了解放鞋。

为了拉近与老百姓的距离，不抽烟的秦玥飞还学着当地人的模样，在耳朵上夹一根烟，"这样可以更亲近村民"。

到贺家乡贺家山村时，秦玥飞担任村主任助理。他四处奔走寻求各方帮助，共为村里筹集上百万元资金和资源，建起了新敬老院等多个公共项目。3年间，他带领着村民修水渠，硬化村路，引进信息化教学设备……

荣誉亦纷至沓来。2012年，衡山县推选县人大代表，秦玥飞在3527名选民投票中，以85%的选票成功当选。2013年5月，湖南省人民政府授予秦玥飞"一等功"奖励，共青团湖南省委授予秦玥飞第十五届"湖南青年五四奖章"。同年10月，秦玥飞获选央视"最美村官"。2014年1月，秦玥飞当选为衡阳市第十四届人大代表。

不过，秦玥飞更看重村民对他的评价。他说，只要去村民家，村民都会摆出各式水果招待他，还有人在冬天为他送被子。这让他颇为感动。

"造血"式可持续发展模式成未来重点

2014年8月，在贺家山村服务期满后，秦玥飞认为"输血"并非最可持续的乡村发展模式，他一旦离开了村庄，某些资源可能就会断掉。于是，他放弃提拔机会，转至距离贺家山村30多千米的福田铺乡白云村继续做村官。

在这里，秦玥飞一改之前"输血"的模式，因地制宜，尝试用"造血"来带动村民进行产业扶贫，建设乡村。秦玥飞做了大量调研和数据收集，总结了以前的经验：要实现可持续发展，光投钱不行，还得有产业。

白云村有许多油茶树，过去农民榨出的山茶油不经提纯，每斤只能卖到五六十元。去年10月，秦玥飞成立了衡山白云深处农作物种植农民专业合作社，并与外地专业油茶深加工厂家合作，生产茶油护肤、护发等产品，附加值大大增强，40余户村民被吸引入社。

秦玥飞说，此举既是他从事村官6年来，就精准扶贫及创新创业所作出的一种战略调整，又是对工作方式方法的一次反思。

为吸引更多优秀人才服务乡村，秦玥飞与耶鲁大学的中国同学发起"黑土麦田公益"项目，招募支持优秀毕业生到国家级贫困县从事精准扶贫和创业创新。

"黑土麦田"乡村创客计划，即每年资助一批优秀高校毕业生到贫困乡村，并为入选的"乡村创客"提供强劲的薪资福利、专业培训，以及多元的就业选择，让有志青年能够安心地去服务农村，改善乡村面貌。

秦玥飞介绍，乡村创客在两年服务期内，将带领贫困户开办农民专业合作社，发展特色种植和养殖产业，开发和利用自然资源，开展"互联网＋乡村"等项目，带动当地贫困户脱贫。

"这种模式最大的好处就在于能够复制推广。"秦玥飞说。

据悉，首批来自北大、清华、复旦等高校的30名毕业生，经过任前培训后，已在去年9月份前往湖南、江西、山东等地15个贫困乡村，结合精准扶贫开展工作。

"今年有更多的优秀大学毕业生和年轻创客加入'黑土麦田'计划，能够让'造血'模式更好地传播推广。"秦玥飞说。

（资料来源：李俊杰，夏建军．"耶鲁村官"秦玥飞的这六年［EB/OL］．中国新闻网，2017-02-21．有改编．）

案例点评

习近平总书记说过："青年最富有朝气、最富有梦想，青年兴则国家兴，青年强则国家强。"面对为何在从耶鲁大学毕业后选择回国当村官的问题上，秦玥飞给出的答案是"田野里的中国才是真正的中国""我希望我能够更了解我的祖国，并和她一起成长"。身怀家国情怀的秦玥飞想在中国的公共服务领域里，寻找属于自己的一片天地，用自己的所学、所长帮助国家发展，帮助老百姓改善生活。秦玥飞用自己的人生选择告诉当代大学生应该树立什么样的人生目标，什么样的人生才有意义。2016年度感动中国评选委员会给予秦玥飞的颁奖词这样写道："在殿堂和田垄之间，你选择后者，脚踏泥泞俯首躬行，在荆棘和贫穷中拓荒，洒下的汗水是青春，埋下的种子叫理想，守在悉心耕耘的大地，静待收获的时节。"

学习建议

1. 学习本案例的目的和用途

本案例使我们了解了秦玥飞的人生追求。在人生实践中，有什么样的人生目标，就有什么样的人生态度，就会选择什么样的人生道路。青年大学生，应从秦玥飞的例子中获取正能量，胸怀祖国，情系天下，自觉追求崇高的人生目标，在服务人民和奉献社会的实践中实现有意义的人生。

本案例可用于教材第三章第一节"树立正确的人生观"部分内容的辅助学习。

2. 学习本案例应注意的问题

学习本案例时，可结合个人与社会的关系，帮助学生深刻理解青年人的奋斗离不开生于斯长于斯的祖国的需要，只有从祖国和人民的利益出发，在面临人生的一系列重大课题时，才能作出正确的选择 。

案例三：中国之蒿

案例文本

2015 年注定是属于中国人的光辉年，从小说《三体》获得文学大奖雨果奖，到纪念抗战胜利 70 周年的大阅兵，世界的目光无不聚焦于迅速崛起的中国。年末，又有一条"重磅"喜讯传来——中国女科学家屠呦呦获得诺贝尔医学奖。仿佛横空出世，"屠呦呦"这个名字瞬间变得家喻户晓，在大大小小的媒体上铺天盖地闪亮登场……

走近屠呦呦

踏着北京初冬的第一场瑞雪，迎着凛冽的寒风，走了半天的冤枉路，我终于寻到了屠呦呦居住的社区。应该说这是北京城里的老旧小区，与周边崛起的千奇百怪的高楼大厦相比，这幢十多年前的建筑，显得些许陈旧。

屠呦呦的家宽敞整洁，进门的书柜中摆满了老人获得的各种奖牌奖杯，其中最醒目的是 2011 年国际医学大奖美国拉斯克奖授予她的临床医学研究奖。细看房间很干净，偏中式的装修，家具的色调以棕红色为主。客厅的钢琴上摆着两小盆波斯菊，一盆红色，一盆黄色。客厅与阳台被大大的落地玻璃门隔开，阳台上安静地躺着 8 个大花篮，都是这几天收到的。

屠老穿着红色的上装，精神矍铄，完全不像 85 岁高龄的老人。

她从沙发上慢慢站起来，满脸笑容地迎接我。我送去了对她荣获诺贝尔奖的祝贺，她淡淡地笑了，自我调侃地说："我是呦呦鹿鸣，食野之蒿。这个青蒿素是传统中医药送给世界人民的礼物。青蒿素的发现是集体发掘中药的成功范例，获奖是中国科学事业、中医中药走向世界的一个荣誉。这可不是我一个人的功劳。"

我问："什么时间到瑞典领奖去？"她说："按照流程，12 月 10 日得去瑞典领奖。"但她又说："要看我这条老腿让不让去了。"她指了指自己的膝盖："好疼。"

2011 年，她在丈夫李廷钊的陪伴下，从美国领回了有美国诺贝尔奖之称的"拉斯克奖"，而这一次，她觉得去瑞典便有点困难了。

在 2015 年 6 月，她又获得了哈佛大学颁发的医学院华伦·阿尔波特奖，"是我在美国的女儿代我去领的。"这个奖还没拿回来，就传来获诺贝尔奖的消息了。

从屠老的单元楼下来，太阳已经从东面转到头顶，望着我投射在地上的身影，我默默在想：当屠呦呦把名字中所蕴藏的人文密码认定为一生的职业宿命时，"青蒿素"的神话故事便成了中国科学界的诺贝尔传奇——一个鲜为人知的密码。

"523"课题组的"光杆司令"

时光倒转到 1969 年，当时正是"文化大革命"的第三个年头。直属于卫生部的中医研究院，也就是现在的中国中医科学院是"文化大革命"的重灾区。大字报贴满全院各个角落，科研几近停滞状态。

然而，这一年的1月21日，助理研究员屠呦呦迎来了她科研人生的重要转折。

这一天，中医研究院来了两个神秘的人，一高一矮，一位穿军装，一位穿便装。他们自称是中央"523"办公室的人。这是一个素未听闻的全国大协作的疟疾科研项目——"523"为其秘密代号。

疟疾，中国民间俗称"打摆子"，在今天的中国已基本绝迹。疟疾病人发起病来如坠冰窟，颤抖不止，冷感消失以后，面色转红，发绀消失，体温迅速上升，通常发冷越显著，体温就越高，可达40℃以上。患者面赤、气促。高热患者痛苦难忍。有的辗转不安，呻吟不止；有的谵妄，甚至抽搐或不省人事；有的剧烈头痛、顽固呕吐；通常持续2～6小时，个别达10余小时。症状呈间歇性，死亡率极高。

当时正是越南战争时期。据河内卫生局统计，越南人民军1961—1968年伤病员比例，除1968年第一季度伤员多于病员外，其他时间都是疟疾病员远远超过伤员；抗美援越的中国高炮部队也深受其害，据说减员达40%。再据美军有关资料表明，在越南战争中，1964年，美军因疟疾造成的非战斗减员比战斗减员高出4～5倍，更是天文数字。1965年驻越美军的疟疾发病率高达50%。美国也在寻找有效药，但欲速则不达。

越共总书记胡志明了解到这个情况后，心急如焚，亲自给毛泽东写信，派特使秘密到北京，请求中方支援抗疟疾药物和方法。

1967年5月23日，中国人民解放军总后勤部和国家科委在北京召开了抗药性恶性疟疾防治全国协作会议，组织60多家科研单位通力攻关，并制订了三年科研规划。防治抗药性恶性疟疾被定性为一项援外战备的紧急军工项目，以5月23日开会日期为代号，称为"523任务"，一直沿用下来。

"523"办公室的领导走后，院领导召开紧急会议，拉下窗帘，按照"523"办公室的要求——"谁能担当大任？"对本院科技人员逐一进行筛选，3个小时过去了，颇让中医研究院领导们有些犯难。他们反复筛选，最后有一人浮出水面——37岁的屠呦呦。她有两大优势：一是性格认真执拗，虽然职称尚是助理研究员，但来到中药所已14年，中西医贯通，基础扎实；二是她年富力强，正致力于研究从植物中提取有效化学成分，已经步入中药所研究第二梯队人选。

当晚，领导找她交代任务，屠呦呦爽快地应允了。她问："还有什么人？"领导告诉她："暂且你一人，其他人后定。"

从此，人们便看到她像一个陀螺开始旋转起来。中药所里、资料室里、图书馆里、老中医的家里，多了个疯狂翻阅历代医籍，甚至连一封封群众来信都一定要打开看看的忙碌身影。

说是课题组，在最初的阶段，屠呦呦"光杆司令"一个，只有她一个人孤独地踏上了尝百草的寻药之路。

190 次失败后的成功

从领导办公室走回自己的办公室，已经星斗满天。屠呦呦很激动，她多年科研的梦想一下子成了现实。她觉得时不我待，便加快了研发的脚步。她不敢多想，就一头扎进《本草纲目》等古典药典，寻觅自己的灵感抑或突破口。

在采访中，屠呦呦告诉我们："中西医知识的积累让我意识到，必须从古代文献中寻找解决方案。我开始系统整理古方。从中医药医学本草、地方药志，到中医研究院建院以来的人民来信，采访老大夫等，不放过任何一个机会。花了半年时间，最后做了 2000 多张卡片，编出 640 多种抗疟方药作为我的基本功，考虑从中找到新药。"

一年过去了，两年过去了，时间伴随着她和她的团队忙碌的身影，在指尖中不知不觉流去。该做的实验都做了，这 2000 多种方药中整理出一张含有 640 多种草药、包括青蒿在内的《抗疟单验方集》。可在最初的动物实验中，那时青蒿还没有进入她的视野，真如大海捞针，茫无头绪。但她一直坚持实验，有时累得呕吐不止、头昏脑涨，怀疑自己中了毒，结果一检查，是中毒性肝炎，大夫让她休息。她哪能休息呢？她吃下一把药，又走出家门，开始了失败后的重新筛选。

经过实验，青蒿的效果并不出彩，屠呦呦的苦苦寻找再度陷入了僵局。

问题出在哪里？屠呦呦再次翻阅葛洪的《肘后备急方》，试图在这本古籍中再寻突破。书不知翻阅了多少遍，四角已经微微翘起，颜色愈加变黄。

屠呦呦的目光最终停留在这样一段话上："青蒿一握，以水二升渍，绞取汁，尽服之。"突然她眼前一亮，马上意识到，以前的高温可能破坏了青蒿中的有效成分，她随即另辟蹊径采用低沸点溶剂进行实验。在 190 次失败之后，屠呦呦改用乙醚低温提取，终于成功了。

1971 年，屠呦呦课题组在第 191 次低沸点实验中发现了抗疟效果为 100% 的青蒿提取物。1972 年，该成果得到国人重视，研究人员从这一提取物中提炼出抗疟有效成分——青蒿素。

屠呦呦反复实验和研究分析还发现，青蒿药材含有抗疟活性的部分是叶片，而非其他部位，而且只有新鲜的叶子才含青蒿素有效成分。课题组还发现，最佳采摘时机是在植物即将开花之前，那时叶片中所含青蒿素最丰富。

喜讯传来，屠呦呦和她的四人团队，高兴得跳了起来。

姐妹们相拥而泣，多日的沉寂化成天边的云彩被风吹散，再苦再累也一扫而去，她们成功地破解了青蒿素的密码，像是打了一场大胜仗，1000 多个日日夜夜，胜仗虽来得迟些，但毕竟来了，怎不让她们高兴呢？

此后，屠呦呦与中科院生物物理研究所、中科院上海有机化学研究所、中科院上海药物研究所等单位合作，对青蒿素里有效成分的化学结构进行了测定，并对其进行改造，最终获得抗疟疗效显著的蒿甲醚、青蒿琥珀酸酯。这两个化合物被国家批准成药，并在全球成功挽救了数以百万计生命。所以她是"523"项目一个代表性的人物，是最大的功臣之一。

以身试药

阶段性胜利没有让屠呦呦放慢脚步。很快，大家开始进行对青蒿乙醚提取混合物中有效成分青蒿素的分离、提取工作。殊不知这也是一项十分艰难的工作。

回忆起那段攻坚期，屠呦呦的丈夫李廷钊很心疼妻子："那时候，她脑子里除了青蒿还是青蒿，回家满身都是酒精味，还得了中毒性肝炎。"

那是"文革"特定的时期，工厂都停工了，实验室都关门了，为了做实验，他们买了好几个大缸，在大缸里做隐秘的提取，人天天围着缸。为什么得肝炎？不是吃那药得的肝炎，是吸那个乙醚得的肝炎，不仅屠老，当时课题组都是如此。

日复一日，科研人员除了头晕眼花，还出现鼻子出血、皮肤过敏等反应……但这些都没有阻止她们的行动。

为了让 191 号青蒿乙醚中性提取物尽快应用于临床试验，屠呦呦向领导提交了志愿试药报告。

"在当时环境下做这样的工作一定是极其艰难，科学家用自己来做试验，这是一种献身精神。她比英雄还英雄，让人崇敬。"清华大学副校长施一公如是说。

屠呦呦的试药志愿获得了课题组两位同事的积极响应。

1972 年 7 月下旬的一天，屠呦呦和她的 3 名团队科研人员，在家属的陪同下，一起住进了北京东直门医院，成为首批人体试毒的"小白鼠"。应该说这是一项严肃的试毒体验，一旦有失，将是终身的遗憾。还好，在医院严密监控下进行了一周的试药观察，未发现该提取物对人体有明显毒副作用。

这一年的 8 月至 10 月，屠呦呦赶赴海南疟区实验，完成了 21 例临床抗疟疗效观察任务，临床结果令人满意。

这一年，还同时在北京三〇二医院验证了 9 例，亦均 100% 有效。

1973 年 9 月下旬，屠呦呦在青蒿素的衍生物实验中又有新的发现，青蒿素经硼氢化钠还原，羰基峰消失，这也佐证了青蒿素中羰基的存在，并由此在青蒿素结构中引进了羟基。经课题组同志重复，结果一致。此还原衍生物的分子式为 $C_{15}H_{24}O_5$，分子量 284。这个还原衍生物就是双氢青蒿素。

作为"中国神药"，青蒿素在世界各地抗击疟疾显示了奇效。2004 年 5 月，世界卫生组织正式将青蒿素复方药物列为治疗疟疾的首选药物。英国权威医学刊物《柳叶刀》的统计显示，青蒿素复方药物对恶性疟疾的治愈率达到 97%。据此，世界卫生组织当年就要求在疟疾高发的非洲地区采购和分发 100 万剂青蒿素复方药物，同时不再采购无效药。

如今，为进一步提高药效，中国科学家还研制出青蒿琥酯、蒿甲醚等一类新药。其中，青蒿琥酯注射剂已全面取代奎宁注射液，成为世界卫生组织强烈推荐的重症疟疾治疗首选用药，在全球 30 多个国家挽救了 700 多万重症疟疾患者的生命。

古老的"中国小草"，终于释放出令世界惊叹的力量。

（资料来源：陈廷一. 中国之蒿［J］. 北京文学，2016（3）.）

案例点评

"呦呦鹿鸣，食野之蒿。"当屠呦呦把名字中所蕴藏的人文密码认定为一生的职业宿命时，"青蒿素"的神话故事便成了中国科学界的诺贝尔传奇。在抗疟中药研究中，没有先进设备，科研环境艰苦，屠呦呦带领团队攻艰克难，面对失败永不退缩，在经历了 190 次失败之后，终于成功地从中草药中分离出青蒿素应用于疟疾治疗。青蒿素的问世，挽救了数以百万人的生命。2015 年 12 月 10 日，屠呦呦因开创性地从中草药中分离出青蒿素并应用于疟疾治疗而获得了当年的诺贝尔医学奖，成为第一位获得诺贝尔科学奖项的中国本土科学家。2016 年 2 月，屠呦呦获 2015 年度感动中国年度人物奖。

人为什么活着？什么样的人生才有意义？屠呦呦用自己的行动对人生目的、人生价值作了最好的诠释。感动中国 2015 年度人物屠呦呦的颁奖辞里这样写道："青蒿一握，水二升，浸渍了千多年，直到你出现。为了一个使命，执着于千百次实验。萃取出古老文化的精华，深深植入当代世界，帮人类渡过一劫。呦呦鹿鸣，食野之蒿。今有嘉宾，德音孔昭。"

学习建议

1. 学习本案例的目的和用途

通过本案例的学习，我们了解了屠呦呦的人生追求。为了国家利益、社会需要，屠呦呦抛却名利，默默奉献。当代大学生，应深刻认识到人生价值是一个人的存在和活动能否或在多大程度上满足他人、集体、社会及个人的需要，只有在为人类、为社会的奉献中才能创造自己的人生价值。

本案例可用于教材第三章第一节"树立正确的人生观"和第二节"创造有价值的人生"部分内容的辅助学习。

2. 学习本案例应注意的问题

我们在学习本案例时，可结合青蒿素的研发背景，深刻理解个人人生价值的实现离不开祖国和人民的需要，正确理解个人与团队的关系。

案例四：今天，让我们重新认识雷锋

案例文本

《告诉你一个真实的雷锋》作者、解放军报社原副总编辑陶克历时 15 年，采访了上百名和雷锋共同生活、学习和工作过的亲属、老师、同学、同事和战友，收集了大量历史资料，为我们还原了一个有血有肉的雷锋。

谁为雷锋改名

雷锋原名雷正兴，是谁给他改的名字？他生前领导、曾任湖南望城县委书记的赵阳城回忆说，当年鞍钢到望城招工，雷锋说想去报名，东北冷也没关系。他还说自己的名字没劲，要改成"雷峰"。因为他要去的是钢铁公司，赵阳城建议他改为带有金字旁的"锋"，雷锋听了非常高兴。

雷锋爱美，很时尚

陶克介绍说，雷锋是个好学多才的青年，会手风琴、口琴，爱写诗歌，也爱照相。在去当兵的火车上，大家就发现他很活泼。

雷锋当兵前曾当过公务员、工人，在当时的年轻人里属于收入不低的。他参军前已经当师傅带徒弟了，每个月工资有 36 元，加上补贴可以拿到 45 元。

年轻的雷锋很懂得审美，也很时尚。在一张曾引发争议的照片上，站在天安门前的他，手中有一个花篮。这个花篮在"文革"时期曾因"小资情调"被修饰掉，后来又恢复过来。

还有一件有争议的事，雷锋为何买了当时很昂贵的皮夹克？

陶克介绍说，雷锋到了鞍钢之后，厂里每个周末都有舞会，动员年轻人去。雷锋去了之后，人家说你穿工装跳舞太不协调了。他就和同乡一起到旧货门市部买了件皮夹克。穿了没多长时间就去当兵了。

尽管雷锋收入不低，但他自己在生活中很"抠"，一双破袜子穿了三年，补了又补。

当战士之后每个月补贴是 6 元，他只花 5 毛钱交团费和理发，剩下的 5 块 5 存起来。

雷锋入伍时就已经有名了

短暂的一生中，雷锋共留下三百多张照片。有人质疑说，这在当时也太多了。为什么雷锋照片这么多？陶克说，有一部分是他个人到照相馆照的，另外很大一部分是在部队照的。雷锋入伍时就已经有名了，部队首长叮嘱政治处注意培养、跟踪雷锋。有两个摄影师经常到雷锋那里去照相，还特意安排了"眼线"。

除此之外，也确实有一部分是为了办展览补拍的，不过照片中的人和事都是真实的。即便如此，当年就曾有对补拍这种行为的批评。

雷锋有没有谈恋爱

雷锋是否谈过恋爱？在这一点上也曾有不同意见。陶克介绍了雷锋与几位女性之间的联系。

在雷锋遗物中，有一个笔记本上的赠言开头这样写着："亲如同胞的弟——小雷……"，署名是"黄丽"。这位"黄丽"，就是雷锋在团山湖农场的好友王佩玲，两人关系很好，还曾被传过风言风语。雷锋临去鞍钢前，王佩玲写下这样的留言，但并没有用真名。后来两人就失去了联系。

同乡易秀珍，是雷锋在鞍钢时期的好朋友。当时有其他女工开他们的玩笑，雷锋笑着说："我们都还小"。爱，没有说出口。

1959 年的一天深夜，工地现场突降暴雨，为抢救几千袋水泥，雷锋连自己的花布棉被都用上了。事后，领导指定易秀珍帮助雷锋拆洗被子，但被烘过的被芯变得硬邦邦的。易秀珍就悄悄地将自己的被芯换了进去。后来，雷锋参军临行前，把自己的被子给了易秀珍，对她说："小易，这山沟里冷，不要再盖我那床硬撅撅的棉被了。"细心的雷锋早就知道了藏在"花棉被里的秘密"。

那之后两人音信不通。1962 年，雷锋利用作报告的休息时间，去看望易秀珍。彼时的她刚刚新婚两个月。两个人一见面，就知道已经晚了。4 个月后，雷锋就告别了人世。易秀珍身着素衣到照相馆为雷锋照了一张相片，珍藏多年。

雷锋也挨过批评

雷锋到部队后第一次挨批评，是在 1960 年 1 月 28 日，那天团拜会后，连长宣布放假。还是新兵的雷锋以为可以自由活动了，没有请假就一个人跑到照相馆照相去了，回来后被指导员找去批评了一番。

翻开雷锋相册，我们可以看到，雷锋以前额头上都有厚厚的刘海儿，初到部队时，帽檐下也能看到这一绺刘海儿。雷锋第二次挨批评，就是副团长在路上看到他，觉得这绺刘海儿不符合军人形象，狠狠地训了他一顿。从这张照片上可以看到，雷锋的头发已明显短了。

雷锋日记每件事都能找到证人

今天还有人对雷锋在日记里记录自己做的好事不理解。对此，陶克解释说，那个年代就流行记日记。经过自己的考证，雷锋日记中记的好事，还不到他全部好事的三分之一。这一小部分，也是他结合学习所记的。这些事是真实的，每一件事都能找到证人。

西点军校确曾有雷锋照片

美国著名的西点军校是否曾经学习雷锋精神？对此也曾有不同声音。陶克以实物照片举例说，西点军校确实曾经悬挂雷锋照片。他们的官兵还曾参观过雷锋纪念馆。馆方应西点军校的要求，还赠送过雷锋的塑像。在美国西点军校有一年的招生广告上，曾印有雷锋的画像，画像的旁边展开着一面中国国旗。

雷锋的全部言行归结为三个字"为了爱"

陶克认为，雷锋精神是一种全人类都需要的"大爱"精神，雷锋的全部言行，可以归结为三个字"为了爱"。你渴了，他就是一碗水；你饿了，他就是一把粮；你感到了寒冷，他就是一缕阳光。

雷锋精神成为人类共同价值

雷锋身上呈现出的这种大爱精神，是我们整个人类的宝贵精神财富。美国朋友詹姆斯曾说过："雷锋是一滴特殊的油，能覆盖整个海洋，使世界变得更加美丽、更加平静。"法国人施兰曾感叹过："如果我们都能像雷锋那样处理人与人之间的关系，那该多好呀！"英国的克奈曾评价过："雷锋的事迹是很具启发性和鼓舞人心的。"俄罗斯人甘纳季说过："在西方人眼里，雷锋就是神，现在世界上许多国家的人，并不知道一些国家的领导人是谁，但他们都知道雷锋，从小就开始知道。"日本人池上彦芳也曾表示："要让更多的日本青年到中国学习雷锋，学习他高尚的道德品质。"

（资料来源："党建网微平台"公众号，2017-03-05. 根据《雷锋》杂志、陶克著《告诉你一个真实的雷锋》改编 .）

案例点评

雷锋精神作为一个时代的精神标杆，激起了一代又一代人的共鸣。雷锋精神是指以雷锋的无私奉献精神为基本内涵，在实践中不断丰富和发展着的革命精神。其实质和核心是全心全意为人民服务，为了人民的事业无私奉献。周恩来总理把雷锋精神全面而精辟地概括为："爱憎分明的阶级立场、言行一致的革命精神、公而忘私的共产主义风格、奋不顾身的无产阶级斗志"。在价值选择日趋多元化的今天,雷锋精神需要薪火相传。人生的价值体现在哪里?雷锋以一个平凡战士的行动告诉我们,人生价值大小与名利无关,人生价值大小与金钱无关,人生的价值体现于对社会的奉献。

学习建议

1. 学习本案例的目的和用途

本案例使我们了解了一个真实的雷锋,认识了一个有血有肉的雷锋。雷锋为了人民的事业而无私奉献的精神无疑对当代大学生人生价值追求有着深刻的启示。当代大学生,应深刻认识到人生的意义在于为他人多奉献一点爱心,为社会多贡献一份力量,只有在奉献中才能寻求到自己的人生价值。

本案例可用于教材第三章第一节"树立正确的人生观"和第二节"创造有价值的人生"部分内容的辅助学习。

2. 学习本案例应注意的问题

雷锋身上彰显的是一种奉献精神。我们在学习本案例时,可结合奉献与索取的关系,在比较中深刻理解服务他人、奉献社会才是人生价值的源泉。

案例五:像雕塑一样活着

案例文本

他天生没有四肢,只有一个长着两根脚趾的小脚;他上学后饱受嘲笑,在自杀的最后一刻选择活下去;他当先为中学学生会副主席,并获得大学本科双学位;他可以骑马、冲浪、游泳,用小脚发短信的速度一如常人;他喜欢用他的头和肩膀拥抱别人;他立志成为演说家,用自己的经历去激励他人;他遍访 34 个国家,演讲 1500 余场,令无数人激动落泪;他的座右铭是:"没手,没脚,没烦恼。"这就是尼克·胡哲,塞尔维亚裔澳大利亚籍基督教布道家,"没有四肢的生命"(Life Without Limbs)组织创办人、著名残疾人励志演讲家。

曾经有一个小男孩瞪大眼睛打量了尼克很久,最后终于吐出一句:"你总算还有一个头。"——这是尼克·胡哲在他演讲时所讲的一个小插曲。只要看一眼尼克,你就会立刻理解为什么小男孩会这么说,进而感叹为什么上帝要制造这样的生命。

尼克·胡哲出生于 1982 年 12 月 4 日。尼克打出生时就没有四肢,只有躯干和头,就像一尊残破的雕像。这副模样甚至连他的父母都无法接受。可想而知,这样的躯体给尼克造成了多大的困难。他所能利用的身体部位,只有一个长着两根脚趾的小脚,被他妹妹戏称为"小鸡腿",因为尼克家的宠物狗曾经误以为那个是鸡腿,想要吃掉它。

但是,尼克·胡哲的双亲并没有放弃对儿子的培养,而是希望他能像普通人一样生活和学习。尼克·胡哲6岁时,父亲开始教他用两个脚趾头打字。后来,父母把尼克·胡哲送进当地一所普通小学就读。尼克·胡哲行动得靠电动轮椅,还需要护理人员负责照顾他。母亲还发明了一个特殊塑料装置,可以帮助他拿起笔。

尼克不能走路,不能拿东西,并且总要忍受被围观的耻辱。这一度使他非常消沉,以至于想要在浴缸里淹死自己。还好,他在最后一刻,脑海中浮现出父母在他坟前哭泣的样子,于是他放弃了。这是他最正确的选择。活下来,使他有机会看到,原来他的人生有着无尽的希望。

尼克秉持着一个基督徒的信仰,告诫自己永远不要放弃。他虽然没有健全的四肢,但是有一副好口才和一个聪明的大脑。他总是用无比轻松的语调来调侃自己的经历,他永远不在意别人讶异的眼光,并且努力对自己充满自信,而事实上,他确实做到了绝大多数普通人无法做到的事:他成了一名全球知名的励志演说家。

在尼克19岁的时候,他打电话给学校,推销自己的演讲。在被拒绝52次之后,他获得了一个5分钟的演讲机会和50美元的薪水。从此,他的演讲生涯开启了序幕。他的嗓音富有磁性,思路清晰,语言幽默,最关键的是,他有与众不同的人生经历可以与别人分享,给所有人坚持下去的力量。在多年磨炼当中,他具备了异常坚韧的心志和丰富的阅历。这些精神上的素养完全弥补了肉体上的缺陷,帮助尼克超越了健全的大多数人,取得了非凡的成就。

由于尼克的勇敢和坚忍,2005年他被授予"澳大利亚年度青年"称号。

如今,他已经在全球34个国家发表过超过1500场演讲,每年要接到超过3万个来自世界各地的邀请。所有看过他的视频,或听过他演讲的人,都无不发自内心地诚服于这个曾被预言"永远得不到爱"的人。他已经成为世人心目中与命运顽强斗争的象征,或者说,一尊活的雕塑。

在演讲中,尼克讲道:"我从小就在镜子旁边贴着一张非洲难民儿童的照片,现在我奋斗的目标之一仍然是帮助这些贫困的人。""就我这副身板,戴上帽子在街头也会立刻被别人认出来,所以我已经很出名了,我不是为了沽名钓誉。我不在乎别人怀疑我,只要我做的事能改变哪怕一个生命,这一切奔波都值得了。"

"有人问我,你觉得自己是这世界上最快乐的人吗?我要说是的。我对人生的三个真谛——价值、目标、宗旨都很清楚,我知道我要往哪里去,所以我很快乐。无论怎样,满足于你所拥有的,比如我,就很珍惜我的'小鸡腿',不要放弃,爱别人,每天向前走一小步,你一定可以完成人生的目标。"

(资料来源:王崴.尼克·胡哲:像雕塑一样活着[J].视界,2011(23).原文有改编．）

案例点评

人生态度，是人们在一定社会环境的影响和教育的引导下，通过生活实践和自身检验所形成的对人生问题的一种稳定的心理倾向和基本意图，也即人应以什么样的态度对待人生中的义利、善恶、苦乐、得失、成败、祸福、生死等问题。有了正确的人生态度，就可以正确地把握人生，取得人生的成功。

尼克·胡哲虽然天生没有四肢，只有一个长着两根脚趾的小脚，像雕塑一样活着，但他热爱生命，珍惜生命，以积极的行动充分展示生命价值；他敢于直面人生，乐观幽默、坚毅不屈；他精神饱满，不断开拓，不怕困难；他热爱、鼓励身边的人，对人生充满着无尽的希望，给自己设定一系列人生目标并努力完成。正如他自己所说："有人问我，你觉得自己是这世界上最快乐的人吗？我要说，是的。我对人生的三个真谛——价值、目标、宗旨都很清楚，我知道我要往哪里去，所以我很快乐。无论怎样，满足于你所拥有的，比如我，就很珍惜我的'小鸡腿'，不要放弃，爱别人，每天向前走一小步，你一定可以完成人生的目标。"以积极、乐观、务实的态度对待人生，才能踏踏实实地干好人生的每一件事。尼克·胡哲已经成为世人心目中与命运顽强斗争的象征，或者说，一尊活的雕塑。

学习建议

1. 学习本案例的目的和用途

通过本案例的学习，我们熟悉了尼克·胡哲与命运顽强抗争的故事。这个故事告诉我们应正确对待人生的顺境和逆境。逆境之弊在于，在逆境中奋斗，犹如逆水行舟，需要付出更大的努力和更多的艰辛，才可能成功；逆境之利在于在逆境中向理想目标奋斗，可能会有顺境中难以得到的收获。我们应以辩证的观点看待顺境和逆境，以积极、乐观、进取的态度对待人生。

本案例可用于教材第三章第一节"树立正确的人生观"部分内容的辅助学习。

2. 学习本案例应注意的问题

尼克·胡哲的故事带给我们无限的正能量。我们在学习本案例时，可对积极、乐观、有为的人生态度和消极、悲观、无为的人生态度进行比较，在比较中进行更深入的人生思考，做一个积极有为的青年。

案例六：寻找路遥的人生密码

案例文本

对于多数读过路遥的《人生》与《平凡的世界》的普通读者而言，路遥是一位大作家，走过 42 年的短暂人生，与他相伴的是文学的辉煌与穷困的人生。

如果接下来是一个不再读《平凡的世界》的年代，那么，越来越多的人也许不会知道路遥是谁。

2015 年 1 月，作家厚夫推出新作《路遥传》。其中，还原了诸多路遥生活与写作的细节。厚夫与路遥是延川同乡，在路遥生命的尾声，他曾有过一次和厚夫的交谈。厚夫记得路遥那一句让他为之一颤的话："我这十几年，吃的是猪狗食，干的是牛马活，你了解不？……"

路遥是谁，你了解不？

青年王卫国

路遥的人生，从陕北榆林地区清涧县石咀驿镇王家堡村开始。

从王家堡村，到郭家沟村，再到延川县。青少年路遥，也就是王卫国，努力走向外面的世界，去爱，去写，甚至在那样的时代被卷入少年的"狂热"。

到大伯家"顶门"

1949 年 12 月 2 日，农民王玉宽的长子出生了，家人给这个娃娃取名"卫儿"。转眼卫儿八岁，家里有了弟妹三人。卫儿到了上学的年龄，但是王玉宽知道，靠自己目前的光景，供孩子上学一点门都没有，他便想用"顶门"的方式把卫儿过继给大哥王玉德，让孩子在延川念书。

1957 年秋天，父亲说带卫儿去延川县郭家沟的伯父家走亲戚。母亲一早特地给他穿了新布鞋。走了整整两天，脚磨出了血泡，终于到了伯父家。歇脚之后，父亲借口一早要去县上赶集，就把卫儿留在大伯家。对于这段经历，路遥曾写道，"这时候，我有两种选择：一是大喊一声冲下去，死活要跟我父亲回去——我那时才八岁，离家乡几百里路到了这样一个完全陌生的地方。我想起家乡掏过野鸽蛋的树林，想起砍过柴的山坡，我特别伤心，觉得父亲把我出卖了……但我咬着牙忍住了。因为，我想到我已到了上学的年龄，而回家后，父亲没法供我上学。尽管泪水刷刷地流下来，但我咬着牙，没跟父亲走……"

1958 年，王玉德领着卫儿到村小学报名，从此，卫儿正式改名"王卫国"。

1966 年夏，王卫国在陕西省初中升中专考试中，以优异的成绩考入西安石油化工学校。然而，"文化大革命"爆发了。王卫国也投入这场运动中。

作家路遥

当于榆林招待所里创作的《车过南京桥》和《塞上柳》在延川县文化馆油印期刊《革命文化》上以"路遥"的笔名发表之后，王卫国便成了"路遥"。由这个名号开启了一个陕北作家大名鼎鼎的时代。

然而，如贾平凹所说，他是一个优秀的作家，他是一个出色的政治家，他是一个气势磅礴的人，但他是夸父，倒在干渴的路上。

大学生王路遥

1973年秋天，已经正式更名"王路遥"的王卫国进入延安大学中文系学习，成为延安大学恢复招生后招收的第一届工农兵学员。

1976年夏天，路遥毕业。同年9月，路遥被分配到陕西省文艺创作研究室工作，成为《陕西文艺》的编辑。文学编辑部虽然要上下班，但是有较大的自由度。这样，路遥几乎天天熬夜看书、写作，有时半夜一两点，有时熬个通宵。他熬夜还有个特点就是拼命地抽烟来提神，这种生活习惯直到病逝前都没有改变。

他的笨办法

1981年，路遥发表于《当代》杂志的中篇小说《惊心动魄的一幕》获"全国优秀中篇小说奖"。7月，他到北京领奖后不久，就告别了妻女，赴延安地区的甘泉县，开始了中篇小说《人生》最后阶段的创作。

《人生》于1983年获全国优秀中篇小说奖，路遥没钱去北京领奖，他打电话到铜川矿务局的鸭口煤矿，让当采矿工人的弟弟帮忙借点钱。王天乐从工友手中借了500元现金，专程赶到西安火车站，送给路遥。

《人生》之后，路遥准备创作一部全景式反映从1975年之后中国城乡社会近十年间变迁的史诗性小说。路遥曾说过，《平凡的世界》中的孙少平直接取材于弟弟王天乐的经历。

为了这部小说，路遥开始了扎实而认真的准备工作，他先从阅读中外长篇小说开始，同时阅读大量杂书，而后为了彻底弄清这十年间社会的历史背景，他用了最原始的方法——逐年逐月逐日地查阅这十年间的《人民日报》《光明日报》《参考消息》《陕西日报》和《延安报》的合订本。"一页一页翻看，并随手在笔记上记下某年某月的大事和一些认为'有用'的东西。……手指头被纸张磨得露出了毛细血管……"

1985年秋，路遥带着两大箱资料和书籍，以及十几条香烟和两罐"雀巢"咖啡，从西安北上铜川，正式进行酝酿三年之久的长篇小说《走向大世界》（《平凡的世界》最初的名字）第一部的创作攻坚阶段。12月上旬，第一部初稿完成。

1987年春夏之交，为了改稿子，路遥基本上放弃了常人的生活——没有星期天，没有节假日，不能陪女儿逛公园，连听一段音乐的时间都被剥夺了，更不要说上剧院或电影院了。

路遥的作息时间表是"早晨从中午开始"，每天中午起床后，简单吃点所谓的"早餐"，便投入新一天的工作；晚饭是最重要的饭食，晚饭后接着抄写稿件，直到凌晨三四点才"下班"回家睡觉……

1991年，《平凡的世界》获得第三届茅盾文学奖。去北京领奖的费用照例要由弟弟王天乐帮忙筹措，不过这次是五千元。那时，茅盾文学奖的奖金也是五千元，领完奖，路遥邀在京的文学界的陕西乡党聚餐，"一顿饭把五千元奖金吃完了"（白烨语）。

在全国和陕西的颁奖会、表彰会结束后，路遥把手里的奖金以孩子的名义存进银行，这一万元成了他身后留下的唯一一张存单。

1992年7月，路遥的房子正式装修，路遥借住在朋友家，以小米稀饭度日。此时的路遥已经病入膏肓。

8月6日，路遥踏上了回陕北的路。

9个小时后，路遥病倒在延安宾馆。这是1992年的8月6日。

一个月之后的9月6日，路遥已经返回西安，西京医院已经下了病危通知：肝炎后肝硬化（失代偿期），并发原发性腹膜炎。

1992年11月17日8时20分，路遥的人生永远定格。

（资料来源：孙雯. 路遥是谁 [N]. 钱江晚报，2015-03-08. 作者根据厚夫《路遥传》整理. 原文有删改.）

案例点评

苦难的童年，艰辛的中年，吃的是猪狗食，干的是牛马活，英年早逝，在与生命赛跑中完成文学写作。42年短暂的人生，与路遥相伴的是文学的辉煌与穷困的人生。路遥是顽强不屈的，他要扼住命运的咽喉，要与命运相抗争。面对苦难，路遥勇于担当，坚韧不屈，执着于自己的文学追求，终于成就了自己的文学辉煌。正如他在《平凡的世界》中写道的："生活不能等待别人来安排，要自己去争取和奋斗；而不论其结果是喜是悲，但可以慰藉的是，你总不枉在这世界上活了一场人。有了这样的认识，你就会珍重生活，而不会玩世不恭；同时也会给人自身注入一种强大的内在力量。"他通过自己的代表作《人生》《平凡的世界》，刻画了卑微的小人物不安于贫贱，不甘沉沦、不甘命运、自强不息、渴望飞得更高、走得更远的远大理想。路遥以对小人物的关注，对社会底层的悲悯，通过自己的作品解说了平凡和苦难，阐释了生活的意义和生命的顽强。路遥为后世留下了不朽的经典之作，他的作品让人热血沸腾、斗志昂扬，他的作品激励了千万个青年。路遥是平凡的，路遥又是不平凡的。

学习建议

1. 学习本案例的目的和用途

本案例让我们认识了路遥，了解了他坚韧不屈、与命运顽强抗争的故事。人生就是永无休止的奋斗，在奋斗中感到自己的努力没有虚掷，这样的生活才是充实的，精神也会永远年轻！这个故事告诉我们面对人生的艰难坎坷，只有永不屈服，将命运掌握在自己手里，才能成就无悔的青春。

本案例可用于教材第三章第一节"树立正确的人生观"部分内容的辅助学习。

2. 学习本案例应注意的问题

正确看待人生际遇，永远不怨天尤人，才能做生活的强者。我们在学习本案例时，可结合由路遥小说改编的电视剧《平凡的世界》，与青年学生共勉，用小说中的人物故事，激励我们在人生道路上永不止步、奋勇向前。

案例七：校园中暗藏的心理"毒药"

案例文本

2013年3月31日中午，复旦大学2010级硕士研究生林某将其做实验后剩余并存放在实验室内的剧毒化合物带至寝室，注入饮水机槽。4月1日早上，与林某同寝室的黄某起床后接水喝，饮用后便出现干呕现象，最后因身体不适入院。4月11日，上海市公安局文化保卫分局接复旦大学保卫处对黄某中毒事件报案，上海警方接报后立即组织专案组开展侦查。经现场勘查和调查走访，锁定黄某同寝室同学林某有重大作案嫌疑，当晚依法对林某实施刑事传唤。4月12日，林某被警方依法刑事拘留。

4月16日下午，黄某经抢救无效，于当天下午3点23分在上海中山医院去世。警方表示，在该生宿舍饮水机内剩余的水中检验出某些含剧毒化学成分，认定其寝室室友林某有作案嫌疑。4月19日下午，上海市公安局发布消息称，经警方初步查明，林某因生活琐事与黄某不和，心存不满，经事先预谋，3月31日中午，将其做实验后剩余并存放在实验室内的剧毒化合物带至寝室，注入饮水机水槽。上海警方正式以涉嫌故意杀人罪，向检察机关提请逮捕复旦大学"4·1"案犯罪嫌疑人林某。4月25日，黄浦区人民检察院以涉嫌故意杀人罪对复旦大学"4·1"案犯罪嫌疑人林某依法批准逮捕。

2013年11月27日上午9时30分"复旦投毒案"在上海市第二中级人民法院

C101 法庭公开开庭审理。法庭审理中，林某当庭供认了起诉书中指控其采用投毒的方法致黄某死亡的事实，但对作案动机、目的等进行了辩解。法庭就林某的犯罪动机、目的、作案手段、被害人的死亡原因等展开了调查，并充分听取了公诉人、诉讼代理人、被告人、辩护人的意见，并对证据进行了质证。至下午 6 时 15 分，该案庭审结束，上海市第二中级人民法院择日对该案作出宣判。

2014 年 2 月 18 日，复旦投毒案在上海市第二中级人民法院一审判决，被告人林某犯故意杀人罪被判处死刑，剥夺政治权利终身。

2014 年 5 月，复旦 177 名学生签署请求信，请求法院不要判林某死刑立即执行。受害者黄某的父亲表示不接受请求信内容。

2015 年 1 月 8 日上午，上海市高级人民法院宣布林某投毒案二审维持原判，死刑判决依法报请最高人民法院核准。

受害人黄某，来自四川一个普通的小县城。黄某上高中时，父母双双下岗。2004 年，黄某第一次参加高考，考了 590 多分，但他选择了复读，一年后考了 690 分，考取复旦大学。由于母亲体弱多病，家中因医疗费欠下了一大笔钱，黄某决定自己养活自己。随后，他拿着四川省总工会赞助的机票，与家乡企业资助的 8000 元钱，独自前往上海报到。同年，在学校申请了 3 万助学贷款后，他再没向家里要一分钱，实现了"要自己养活自己，而且还要把学业完成好"的誓言。"他的学费都是企业赞助，加上勤工俭学和奖学金得来。他妈妈的手机也是他给买的。"黄某的同学们在接受记者采访时，用得最多的词莫过于"他是个很好的人，为人和善。""他成绩好，曾经在 5000 多名学生中脱颖而出，考进了荣县中学的火箭班。"黄某的初中班主任，荣县中学政治教师刘某说，"他性格也很开朗，和同学关系都比较好。小学和初中都是班长，高中的时候还担任班里的团支书。"

黄某此时即将直研进入复旦大学附属医院五官科医院耳鼻喉科，"就在保研的那段时间里，我其实有些挣扎。想到家里的情况，又想到学医这条路如此漫长，我动过放弃直研，出去工作的念头"。在师友、亲人的鼓励和自己的坚持之下，黄某"决定在医学这条道路上走下去"。

犯罪嫌疑人林某，广东汕头人，本科就读于中山大学医学院，硕士研究生保送复旦大学医学院，学习医学影像专业。案发前在复旦大学附属中山医院超声室实习。林某成绩优异，根据公开信息显示，他曾在 2011—2012 学年获得复旦大学一校外企业冠名的奖学金，还曾获得 2012 年研究生国家奖学金，复旦大学仅有 265 名硕士研究生获得此项奖学金。

对于犯罪动机，林某称，愚人节前夕，黄某曾过来说，有一个愚人节的整人计划。林某由此想到了要整黄某，后来的投毒也是想要他难受，并不是想要他的命。（新民

网记者 胡彦珣）林某曾自我评价：有点悲观倾向。"我是一个性格内向的人，不喜言辞，不善言辞。内向的人不一定悲观，但是悲观的人一定内向。内向不一定属于病态，但是悲观绝对是病态心理。我想，我是个有点悲观倾向的人。这种悲观倾向会在不恰当的时刻提醒我事情的不确定性，让我动摇、害怕、继而放弃。"记者在其 QQ 空间里看到这篇题为《最近》的日志，写于 2011 年 5 月 28 日。

林某在父母和邻居眼中是一个"乖乖仔"，成绩优秀。当林某成为犯罪嫌疑人后，家人无论如何都不相信，平时老实规矩的他会做出这种自毁前程的事情。

林母记得，儿子从小到大，从未跟村里的小孩红过脸、打过架，在外面受了委屈，只会回家告诉父母。而林某的旧时同学也记得，林某从不争强好胜，回家后时常找旧友打篮球聚集，话也不会比任何人少。林某姐姐说，据她了解，弟弟是一位善良的人，心地非常好，有同情心。"他不可能害人，如果有人想害他，会遭天谴。"

同学看他"有多面性格"。大学同学陈某认为，林某具有多面性格，偏内向。大学五年，他没有发现林某有精神疾病，或服用精神类药物。事实上，班级活动林某一般都不会缺席。平时林某虽然话不多，但也不属于话很少的。平时，林某比较节俭，衣着也比较普通，不追求名牌。在陈某看来，林某其实很勇于挑战自我。他曾经报名参加学校的歌唱比赛，还试镜过历史话剧主角。好友王某说："他对自己的智力应该比较有信心，有一定表现力，但我感觉他似乎一直不受重视，有点自卑。"

就在将要踏进复旦校园前夕的暑假里，林某在空间写下："要有一种执着：骂粗口是不能解决问题的，唯有武力"。

（资料来源：校园中暗藏的心理"毒药"．搜狐新闻，2013；复旦大学投毒案专题新闻．光明网，2013-04-15．复旦投毒案，百度百科．）

案例点评

黄某与林某，两个风华正茂的名校医科高材生，因投毒事件而瞬间毁灭。国家痛失人才，家庭痛失爱子。复旦大学某教授事后写下"本是同根生，相煎何太急"，网友留贴"谢室友不杀之恩"。透过事件，我们看到，某些大学生情感的冷漠、心灵的扭曲和对他人生命的漠视，让社会震惊，让世人惋惜。复旦投毒案的悲剧何以能够发生？中国心理卫生协会大学生心理咨询专委会曾经的一项调查表明，40%的大学新生和50%以上的毕业生都存在各种各样的心理问题。其中"人际交往、学习压力、就业压力、情感困境"是最为突出的四大"心病"。影响大学生心理健康最普遍的是人际交往问题。武汉长江工商学院新闻专业学生曾针对大学生宿舍关系，在华中师范大学、华中农业大学等12所高校做了问卷调查。调查显示，仅43%大学生对寝室关系表示满意。大学生作为具有较高智力、较高文化和较高自尊的群体，他们通常有着不同于一般青年的更高的抱负和追求，面临着更多的机遇和挑战，因而要承受更大的心理压力与冲突。这个极端的事件告诉我们，当代大学生要成才，必先做好人，大学生不仅要掌握丰富的专业知识，更要培养自己健全的心智和健全的人格。只有身心和谐，德才兼备，才能成为国家和社会的栋梁之才。

学习建议

　　1. 学习本案例的目的和用途

　　本案例让我们从一个极端的个案中深刻认识到大学生心智健全、身心和谐的重要性。大学生应树立正确的世界观、人生观、价值观，确立符合实际的奋斗目标；加强心理调节，保持良好心态；积极进行自我心理保健，合理调控情绪；增进人际交往，学会与人同乐。每个人在社会生活中都要与他人打交道，与他人结成各种各样的关系。大学生只有协调好与自我、他人、社会、自然之间的关系，才能实现人与环境的和谐发展。

　　本案例可用于教材第三章第三节"科学对待人生环境"部分内容的辅助学习。

　　2. 学习本案例应注意的问题

　　在大学校园里，同学之间可能有这样那样的矛盾，但没有根本的利益冲突。大学生应明确是非，光明磊落，将心比心，换位思考，做人厚道，学会宽容，正确处理好个人与他人的关系。本案例是一个反面个案，带给我们更多的是警示作用。在借鉴本案例时，应更多地从事件中吸取教训，不应把事件的阴暗面放大。

案例八：无声的尊重

案例文本

　　无声的背后，饱含着温暖与尊重……来自我在德国的切身感受。

　　一个冬日的傍晚，我如往常一样加入候车队伍，等待回家的公交车。候车的有五六人，有序而安静。此时，一人牵着一狗，从远处走来。暮色下，那身影被路边的灯光镶上一层金边，尤为醒目。

　　渐行渐近，只见年轻男子高大魁梧，腰板挺直。紧贴着他的德国牧羊犬配有专业的拉杆——这是导盲犬的标准装备。哦，是一位盲人。男子徐徐走向车站，在候车队伍的不远处停了下来。

　　没有人招呼那盲人男子，我也正犹豫着是否上前领他过来。却不知候车队伍中为首的中年男子，瞬间收起手中正在阅读的书籍，已然大跨步走到盲人男子身后，其他候车人也陆续紧随其后，没有一丝骚动。我身旁一个火红短发的朋克女孩，瞥了一眼导盲犬，想必是怕烟味影响到它的嗅觉，稍作迟疑便掐灭了刚刚点燃的烟，跟了过去。

一个新的候车队伍，在一人一狗的身后排开。陌生的人们在无声之中达成的默契，令我惊异。

沉默依旧，直到公交车的到来。"您稍等一下，我这就……"司机刚要离开驾驶座准备搀扶盲人男子上车，被他礼貌地回绝了："谢谢，不用。"盲人男子执意在导盲犬的引领下，自行上车。正值下班高峰，车上已满乘客。然而，自那名男子上车后，人们迅速向后部集中，在原本狭促的车厢里为他腾出了一小块空间。

紧挨着司机身后，坐着一位六七岁的小男孩，站在旁边的妈妈猛地拉起小男孩，让出了座位。虽然妈妈举动突然，但乖巧的小男孩没有流露一丝不悦。导盲犬抬头看了一眼，便将主人引领到空座上，然后静静地趴在一旁。这些过程，盲人男子全然不知。

"您好，您要去哪里？""您好！我要去莫尔大街。""好的，陛下！"司机诙谐的回答惹得车内一阵欢笑。汽车载着欢乐的人们继续前行……

车上，人们都在默默地打量着憨态可掬的导盲犬：即使在急转弯的时候，也摇头晃脑地努力保持直视前方的姿态，神情专注。与平日里对待宠物狗的情形不同，没有人试图靠近去抚摸它，或是用手机拍照。我旁边那位原先让座的小男孩，慢慢举起手中啃了一半的面包，想上前去喂它，被妈妈及时制止并悄声耳语："它在工作，有自己的职责，不要打扰它。"听到"工作"一词，小朋友立刻缩手退了回来。

小城不大，男子很快到站了，与司机简短道别后，与导盲犬下了车。公交车内沉默依旧。而此时的我，在沉默中体会到了无声的关爱、深沉的尊重。

窗外，寒风习习。心里，暖意融融……

（资料来源：冯雪珺．无声的尊重［N］．人民日报，2014-05-11．）

案例点评

为方便一个盲人乘坐公交车，一支已排好队的乘客队伍，自觉地排在了盲人身后；在下班高峰期，满载乘客的原本狭促的车厢，人们自觉地迅速地向后部集中，为陌生盲人腾出一小块空间。"此时无声胜有声"，通过这个小小的故事，我们感受到了什么叫尊重、什么叫温暖。这群乘客彼此素不相识，但他们用自己无声的行动，最本真的善良，为这位盲人带来了方便，维护了盲人的尊严，也让我们心灵最柔软的部分被深深打动。人际交往是个体与周围人之间的一种心理与行为的沟通过程，表现为人与人之间的心理距离。人际交往中一定要恰到好处地表达对对方的善意才能被对方所接受，和谐人与人之间的关系。"送人玫瑰，手留余香""助人为快乐之本"。当一个人乐意付出，时常帮助别人，满足别人的需要时，往往会体验到极大的满足和快乐。只有与他人保持互相帮助的关系，才能从中体验生存的快乐和意义。

学习建议

1. 学习本案例的目的和用途

本案例让我们更深刻地理解了人际交往中的平等原则。平等原则是人际交往的重要原则。由于主客观因素影响，人在气质、性格、能力、知识等方面存在差异，但在人格上是平等的。大学生在人际交往中应平等待人，要学会将心比心，学会换位思考；既要尊重自己，又要尊重他人，承认人际交往中双方的平等地位。

本案例可用于教材第三章第三节"科学对待人生环境"部分内容的辅助学习。

2. 学习本案例应注意的问题

本案例既可用以阐释个人与他人的和谐，也可用来阐释个人与社会的和谐。人际交往中，只有平等待人，学会尊重，才能感同身受，真正同情别人，理解别人，在别人需要的时候给予帮助。而只有对这个社会心存感激，才能保持平和的心态，对周围的人持有接纳和包容的态度，人际交往也会因此变得顺畅。

思考练习

一、单项选择题

1. 人生观的核心是（　　）。

A. 人生价值　　　　　　　　B. 人生目的

C. 人生态度　　　　　　　　D. 人生信仰

2. 对"人的本质"认识正确的是（　　）。

A. 人性是自私的　　B. 人性本善　　C. 人性本恶

D. 人的本质不是单个人所固有的抽象物，在其现实性上，它是一切社会关系的总和

3. 科学的人生观是（　　）。

A. 自保自利的人生观　　　　B. 及时享乐的人生观

C. 为人民服务的人生观　　　D. 合理利己主义的人生观

4. 印度的"狼孩"成不了"人"，鲁滨逊在孤岛漫长时间成不了"兽"，说明了（　　）。

A. 社会属性是人的本质属性　　B. 自然属性是人的本质属性

C. 个体可以离开其他人而生存　　　D. 个体可以离开社会而存在

5. 在人生旅途中，有的人旗开得胜，有的人屡屡败北；有的人顺顺当当，有的人一波三折；即使同一个人，在一生中也往往有顺境和逆境的交替。对于逆境，正确的人生态度是（　　）。

A. 意志消沉，妄自菲薄　　　　　　B. 大胆正视，积极应对

C. 怨天尤人，自暴自弃　　　　　　D. 玩世不恭，虚度光阴

6. 下列关于人生态度与人生观的关系叙述正确的是（　　）。

A. 人生态度的形成是一定社会环境影响的结果，与其他无关

B. 人生观是人生态度的重要内容

C. 人生态度是人生观的表现

D. 人生观是人生态度的反映

7. 一个人的生命存在和活动所具有的价值是（　　）。

A. 人生价值　　B. 人的价值　　C. 自我价值　　D. 生命价值

8. 衡量人生价值的标准应该是（　　）。

A. 拥有的财富　　　　　　　　　　B. 获得的职称或学位

C. 劳动和贡献　　　　　　　　　　D. 品德修养

9. "一方有难，八方支援"是人际交往中（　　）原则的体现。

A. 平等　　　　　B. 真诚　　　　　C. 友爱　　　　　D. 互助

10. 竞争与合作的关系是（　　）。

A. 对立的关系　　　　　　　　　　B. 统一的关系

C. 既对立又统一的关系　　　　　　D. 以上答案都不对

二、多项选择题

1. 人生观与世界观的关系是（　　）。

A. 世界观包含人生观

B. 世界观决定人生观

C. 人生观决定世界观

D. 具有唯心主义世界观，人生观不一定就是完全错误的

2. 人生观是人们对人生目的和人生意义的根本看法和态度。下列选项属于人生观范畴的有（　　）。

A. 人为什么活着　　　　　　　　　B. 怎样生活才有价值

C. 思维和存在的关系如何　　　　　D. 人类社会的发展规律是什么

3. 下列关于人生目标的说法正确的是（　　）。

A. 人生目标是人的理性的重要标志

B. 人生目标是人们所处历史条件和社会关系的产物

C. 人生目标的形成与人们生活经历、知识水平、思想觉悟和道德修养密切相关

D. 人生目标是人生的根本愿望和目标

4. 歌德说过："你若喜欢你自己的价值，你就得给世界创造价值。"这说明（　　）。

A. 个人对社会的责任和贡献应该是第一位的

B. 个人自我价值的实现，要以个人对社会的贡献为基础

C. 个人对社会的奉献既体现了个人的社会价值，又体现了个人的自我价值

D. 个人为社会作贡献也是自我价值的基本标志

5. 在竞争与合作中，处理好自己与他人关系的正确态度有（　　）。

A. 要会欣赏别人，善于发现别人的长处，虚心向别人学习

B. 一切都以是否有利于自己私利的实现为转移，完全不必考虑他人

C. 能站在对方的位置上考虑，想想别人的难处和利益，理解和宽容别人

D. 个人本身就是目的，具有最高价值，他人只是达到个人目的的一种手段

6. 金钱是实现人生价值的重要物质保证。但是，获取金钱的手段应该是正当的、合法的。下列对金钱的认识，正确的是（　　）。

A. 金钱是商品流通的媒介，本身无善恶之分

B. 金钱是人生幸福的重要条件

C. 金钱是社会财富的象征，生产、生活都离不开它

D. 金钱是万恶之源

7. 下列哪些是消极无为、无益于社会的人生态度？（　　）

A. 悲观厌世型，天天叫"烦""没意思"

B. 认为有权就有一切的权力至上观

C. 追逐高消费、追逐名牌，不顾将来，不管亲人的"月光族"。

D. 热爱生命、珍惜生命、享受生命，对人生充满希望，以积极的行为充分显示生命价值的人生态度。

8. 科学对待人生环境，主要包括促进以下关系的和谐（　　）。

A. 自我身心的关系　　　　　　B. 个人与他人的关系

C. 集体与国家的关系　　　　　　D. 个人与自然的关系

9. 一个健康的人，不仅要有健康的身体，而且要有健康的心理，即所谓"身心健康"。下列表现中，属于身心健康的是（　　）。

A. 能够适应自然环境的变化

B. 能够抵御一般传染性疾病的侵袭

C. 能够较好地完成同龄人一般能够完成的活动

D．能够生活在社会群体之外，自我封闭、孤芳自赏

10．古人说："竭泽而渔，岂不获得？而明年无鱼；焚薮而田，岂不获得？而明年无兽。"充分表明（　　）。

A．发展不能以牺牲资源环境为代价

B．人是万物之灵，可以随意掌控万物

C．要多捕鱼，多猎兽

D．古人早就认识到掠夺性的开发方式终非长久之计

三、判断题

1．人生目标决定选择什么样的人生价值标准。　　　　　　　　　　（　　）

2．人的个人需要即使是本能需要，也深深地打上了社会的烙印，成为一种社会性的需要。　　　　　　　　　　　　　　　　　　　　　　　　　　　（　　）

3．人生是一个充满矛盾的过程。　　　　　　　　　　　　　　　　（　　）

4．人生的自我价值是个体生存和发展的基础。　　　　　　　　　　（　　）

5．生命的意义以贡献来计算，所以我们这些普通人的人生都是没有价值的，就像蚂蚁一样。　　　　　　　　　　　　　　　　　　　　　　　　　　　（　　）

6．竞争都是有益的，可以激发竞争主体的进取之心，从而推动社会的发展。

（　　）

7．平等待人就是要学会将心比心，学会换位思考。　　　　　　　　（　　）

8．个人的权利和自由是在社会中获得的，没有社会，个人的权利、自由都无从谈起。　　　　　　　　　　　　　　　　　　　　　　　　　　　　　（　　）

9．人既有自己的个性和独立性，又具有社会性，在社会中获得生存和发展。

（　　）

10．人永远是自然界的有机组成部分。　　　　　　　　　　　　　　（　　）

四、材料分析题

生命的价值

在一次讨论会上，著名作家马克·吐温没讲一句开场白，手里却高举着一张20美元的钞票。面对会议室里的200个人，他问："谁要这20美元？"一只只手举了起来。马克·吐温接着说："我打算把这20美元送给你们中的一位，但在这之前，请准许我做一件事。"他说着将钞票揉成一团，然后问："谁还要？"仍有许多人举起手来。

马克·吐温又说："那么，假如我这样做又会怎么样呢？"他把钞票扔到地上，又踏上一只脚，并且用脚碾它。尔后他拾起钞票，钞票已变得又脏又皱。"现在谁还要？"还是有人举起手来。

这时，马克·吐温说："朋友们，你们已经上了一堂很有意义的课。无论我如何

对待那张钞票，你们还是想要它，因为它并没贬值，它依旧值 20 美元。人生路上，我们会无数次被自己的决定或碰到的逆境击倒、欺凌，甚至碾得粉身碎骨。我们觉得自己似乎一文不值。但无论发生什么，或将来要发生什么，在上帝的眼中，你们永远不会丧失价值。在他们看来，肮脏或洁净，衣着齐整或不齐整，你们依然是无价之宝。生命的价值不依赖我们的所作所为，也不依赖我们，而是取决于我们本身！你们是独特的，永远不要忘记这一点！"

请问，马克·吐温 20 美元没有贬值的故事给你带来的人生启示是什么？

4 第四章

注重道德传承　加强道德实践

案例一：原始社会道德教化方法

案例文本

　　原始社会生产力水平极低，单独的个人根本无法与自然力和野兽进行斗争，于是形成原始的群体生活，个人利益与集体利益几乎完全融为一体。但在原始集体中，个体的自觉意识难以显现，自觉意识只是在集体的共同心理层次上以神秘、互渗的方式表现出来，集体把个体联合为一体，形成集体意识。为了维护集体利益，使群体继续发展下去而不至于灭亡，生产活动就必须适应与自然力斗争的要求。群体内部的有经验的老人或者长辈就承担起了对年轻人和下辈进行教化工作的任务，年轻人从教化中获得知识，进而在生产实践和生活实践中模仿有经验的人的行为，形成适应原始社会的道德规范与准则。具体的教化内容主要是图腾宗教、礼仪制度、神话传说、原始歌舞等。

图腾、宗教

　　图腾是群体的标志，是原始人迷信某种动物或自然物同氏族有血缘关系，因而把它用来做本氏族的徽号或标志。在原始人信仰中，认为本氏族人都源于某种特定的物种，大多数情况下，被认为与某种动物具有亲缘关系，例如，"天命玄鸟，降而生商"（《史记》），玄鸟便成为商族的图腾。图腾标志在原始社会中起着重要的作用，它是最早的社会组织标志和象征。原始群体中，那些长辈级的人会从小就教育下一代对图腾的崇拜和信仰，使图腾成为团结群体、密切血缘关系、维系群体组织的方式之一。通过图腾标志、图腾祭祀等活动达到对图腾的认同的目的。当图腾在集体中得到认同，个体的自觉意识便在图腾和禁忌中间接地渗透出来。原始氏族社会的宗教，包括对食物、繁殖、祖先、死亡、自然万物，以及社会群体的神秘观念和祈求敬拜，并由此发展出对超自然体之神灵的信仰及崇拜。根据考古所发现的原始宗教可追溯到石器时代，其信仰之表现形态多为植物崇拜、动物崇拜、天体崇拜等自然崇拜，以及与原始氏族社会存在结构密切相关的生殖崇拜、图腾崇拜和祖先崇拜等。亨利·柏格森在《道德与宗教的两个来源》中认为，对人的道德意志的"训练"有两种方式，一种是文明时代的诉诸人的理性——认知和反思——的训练，另一种则是原始社会中的"神秘的方式"，即通过图腾和信仰来形成个体心中的禁忌。

礼仪、制度

原始社会虽然物质生活极其匮乏，但仍然存在一些礼仪和制度。不管是诞生礼还是成人礼，对于原始群体来说，都是十分重要的社会习俗。在各个氏族内部，基本上都有涉及权利与义务的制度，维系原始社会成员之间的平衡关系。举例而言，摩尔根母系氏族的制度包括：氏族推选一个酋长和一个军事领袖并可任意撤换；氏族内部的人要互相帮助、保护不受外族伤害；氏族可收养外人入族；氏族有共同的墓地、共同的议事会等方面的内容。这些条款不一定以明确的文字记录下来，但通过长辈对下辈的言传身教，使制度和礼仪得以传递下去，只要这个氏族还存在，那这些制度就一定制约着氏族内部的成员的日常行为，维护氏族稳定。以强制性的公共道德约束个人，使集体意志不被打破，集体利益不受损害。

神话传说

神话的产生是远古时代生产力水平低下和人们为争取生存、提高生产能力而产生的认识自然、支配自然的积极要求。神话中充满神奇的幻想，它把原始劳动者的愿望和世界万物的生长变化都蒙上一层奇异的色彩。神话中神的形象，大多具有超人的力量，是原始人类的认识和愿望的理想化。它是根据原始劳动者的自身形象、生产状况和对自然力的理解想象出来的。这些理想化了的人或者物，作为一种对生活的美好愿望很容易在原始村落中流传下去。狩猎经济比较发达的部落，所创造的神话人物大多与狩猎有关。农耕发达的部落所创造的神话人物多与农业有关。人以刀斧、弓箭为武器，神话中的人物也就变成以这种工具武装起来的英雄。神话中的主人公被想象为超人，但有时也要遇到挫折和厄运。它反映了神话幻想的现实制约性。透过神话幻想折射的光芒，从神话人物的作为和斗争，可以约略看到当时的人的作为和斗争。原始群体中，长辈利用神话故事教育青少年，培养他们的勇敢精神，神话故事中的英雄成为他们对抗自然力的精神力量。

原始歌舞

根据许多古文物和古文献的记载，原始歌舞是原始人群节日庆典中的内容，它再现氏族采集、渔猎、驯养农耕、战争生活和男女爱悦，并表达出对天地、神灵、图腾的敬畏，以及对生殖的崇拜。原始歌舞总是与原始人群宣泄情绪的心理和寄托祝愿的观念结合在一起，具有氏族群体祀神娱神的性质。他们创造的这种宣泄情绪、寄托祝愿的歌舞，既是对生活的再现，也在这些象征性、拟态性的动作中传递伦理与道德。一代一代相传的舞蹈，并不会被残酷的自然环境所中断。例如，狩猎民族的舞蹈一律是群体的舞蹈。通常是本部落的男子，也有许多是几个部落的人联合演习，按照一样的法则和一样的拍子动作。在跳舞的活动中，许多参与者都混合成一个，好像是被一种感情所激动而动作的单一体。在跳舞期间他们是在完全统一的社会态度之下，舞蹈的感觉和动作融合成一体。原始舞蹈的教育意义在于统一社会的感应力和自由平等的观念。

（资料来源：周小亮，管京. 原始社会思想道德教育途径、特点及其当代启示 [J]. 武汉冶金管理干部学院学报，2009（12）. 有删改 .）

案例点评

本案例讲述了我国原始社会的道德教化内容，主要包括图腾、宗教、礼仪、制度、神话传说、原始歌舞等。通过群体内部的有经验的老人或者长辈对年轻人和下辈进行教化工作的任务，年轻人从教化中获得知识，进而在生产实践和生活实践中模仿有经验的人的行为，形成适应原始社会的道德规范与准则，从而促进整个社会道德风尚的形成。

学习建议

1. 学习本案例的目的和用途

本案例通过对我国原始社会道德教化方式、内容的梳理和总结，让我们了解到原始社会是通过什么样的方式和哪些内容对年轻人进行道德教化；让我们感受到原始社会道德教化的最突出的特征——直观；让我们理解到原始社会道德规范和准则是如何被人们所遵守和践行的。

本案例可用于教材第四章第一节"道德及其历史发展"部分内容的辅助学习。

2. 学习本案例应注意的问题

学习本案例应该着重理解原始社会道德教化的主要内容。同时，对比我国现代社会道德教育的内容，吸取原始社会道德教化中的精华，做到"古为今用"。

案例二：孝道重"悦"亲　请学会"三心"

案例文本

　　孝道重在"悦"亲。是的，孝道正是"笑道"，孝道家风应该从对父母的好态度开始。但是，有多少人会表达对父母的爱？

　　其实，我们这一辈年轻人都不同程度地存在着跟父母发脾气的行为，诸如态度上对爸妈大喊大叫，不耐烦；言语上顶撞爸妈，让爸妈受委屈；为爸妈做事，磨磨叽叽，不立刻行动等等。在与父母相依的日子里，我们曾武断地觉得跟他们不用种种寒暄客套，粗暴地把尊重忽略掉。我们习惯了父母的呵护与关怀，把父母的奉献都当作理所应当，在长大成人之后本该羊羔跪乳、乌鸦反哺，却因为一再的年轻气盛、脾气难控，而有意无意地伤害着在这个世界上我们最该珍惜和感恩的人。是我们被宠坏了，还是没有学会关爱？这是一个值得思考的问题。

　　所以要做好"悦亲"，不妨从以下三点开始：

　　第一，"悦"亲，要学"贴心"。15年如一日照顾瘫痪母亲的"寒门少年"张晓，如今已成长为结实的青年。母亲由于常年卧病在家，性格比较内向，他总会想办法逗母亲开心。"妈，您最近是不是对我不满意？""不满意很久了。""我想了一下，可能是我现在没结婚，将来有孙子了，您肯定会特别开心。""嗯，挺有道理。"张晓说，"以前对'孝'没有概念，只知道这些是我应该做的，从没有想过如何做才能体现'孝'"。现在，已参加工作的他想得更多的是如何让母亲活得舒心，"收入虽不高，但我有能力更好地照顾家人了。我现在能做的不仅仅是让我妈吃饱穿暖，更要让她心情舒畅。"

　　无论你是女儿还是儿子，都可以成为父母贴心的"小棉袄"，其实比起物质上的呵护，父母在乎得更多的是子女的一颗心，贴心的关怀胜过千言万语，不是吗？

　　第二，"悦"亲，要学"耐心"。"大义女婿"谢延信，用一生支撑起了一个与自己没有血缘关系的家庭：舍弃17年青春送走瘫痪的岳父，牺牲大半生侍候重病在身的岳母。他的岳母说："延信还给俺洗脚，还陪俺去看病。俺好看豫剧，领导来慰问时送的一台彩电，亮让放到俺屋里，星期天亮陪俺看《梨园春》是俺娘儿俩最开心的时候。"谢延信退休后，有更多的时间在家陪老人说话了。对这个家的一片挚爱，令每一个熟悉谢延信名字的人都感动。"他岳父，在屋里长期躺着很孤单，延信就背他出来晒太阳，两个人一块听着豫剧打着拍子，外人一看，都以为是父子俩。谁说久病床前无孝子，谢延信是大孝子呀！"邻居赵国堂感慨地说。

　　比比他，想想自己，您有多久没好好陪父母看看电视，耐心聊聊天儿了？作为低头族的我们更多的是把时间送给手机和电脑，一家人坐在电视前一起看一个频道其乐融融的场景，似乎已成为童话……

第三，"悦"亲，要学"用心"。"盲人孝子"李国峰，每天早早起床，用一根伴随了他几十年的榆木棍作"第三只眼睛"，给母亲烧火做饭，梳头洗脸。冬天，为了节省柴禾，他用刺骨的冷水洗衣服。夏天，他总会带母亲到村头散步解闷。村里有一个耍社火唱戏的娱乐班，但没有一个人会拉板胡、吹笛子，每年农闲演出时，都要从其他村请乐队。李国峰暗下决心学板胡、吹笛子。每当村组有演出，他就跟伙伴一起在台下听，心中暗自模仿。然后回家拉给老母亲听，那个时候是母子俩最幸福的时候。

用心做的事总是最美，我们也许会用心地为爱人准备一次生日 party ，也许会用心地为子女做每一顿餐点，但不知有无足够地用心为父母做一些简单的事情，比如过生日，比如去旅游，比如去散步，比如去逛街？

（资料来源：张慧磊.孝道重"悦"亲 请学会"三心"[EB/OL].中国文明网，2017-1-16.）

案例点评

本案例讲述了在现代社会中如何践行孝道，案例告诉我们践行孝道的关键应该从对父母的态度开始，对父母有一个好的态度，才能真正体现孝道，才能实现对父母发自内心的孝道。案例用了很多鲜活的实例来说明孝道重在"悦"亲。比如，"寒门少年"张晓，15 年如一日地照顾瘫痪母亲，他总会想办法逗母亲开心。又比如，"盲人孝子"李国峰，每天早早起床，用一根伴随了他几十年的榆木棍作"第三只眼睛"，给母亲烧火做饭，梳头洗脸。

学习建议

1.学习本案例的目的和用途

孝道是"笑道"，重在"敬"亲、"悦"亲。人孝百愿成、家和万事兴。父母作为最亲的人，总能包容我们，所以我们有时会肆意发泄自己的负面情绪，明知这是错误的，却总是无法克制负面情绪的泛滥。那么请看看正确的应该怎么做？让我们好好珍惜和父母一起的日子，营造和谐家风，在感恩、担当、诚敬的家风中传承"孝文化"。

本案例可用于教材第四章第二节"弘扬中华传统美德"部分内容的辅助学习。

2.学习本案例应注意的问题

学习本案例要注意理解：第一，中华民族传统的孝道文化。第二，通过案例深刻地理解和把握我们应该怎样做到真正的孝。第三，将中华民族的孝道文化践行到自己的日常生活中。

案例三：江姐的故事

案例文本

在一个静静的夜晚，两个特务从女牢房带走了一个同志。铁门边昏暗的灯光下，一个中等身材的女同志迈着稳稳的脚步向高墙边的黑漆铁门走去。她不是江姐吗？这么晚带她出去，敌人打什么鬼主意呢？

江姐叫江竹筠，童工出身，1939年入党，一直在白区工作。1947年夏天，重庆地下党要派一批同志到川东去支援农村里党的活动，发动武装起义，迎接解放。江姐向党要求参加这个工作。组织上考虑到她刚生孩子，没批准；只批准了她的丈夫，地下党重庆市委委员彭咏梧同志，带领一批同志到川东去。分别的时候，他们互相勉励要更好地为党工作。为了避免暴露，他们决定暂时断绝通讯联系。

几个月后，随着川东农村工作的发展，重庆地下党又派了一批同志去支援。江姐接受党交给的任务出发了。到了万县，党组织告诉她，情况很紧急，命令她到奉节去跟那儿的彭咏梧同志联系。

江姐化了装，怀着兴奋的心情到了奉节县城。那是个阴雨天，她打着雨伞，沿着泥泞的江边走着。城门口围着一大群人，她也走上前去。原来是城头上挂着一排木笼，木笼里盛着一颗颗人头。她知道又有好些革命者牺牲了，心里觉得很难过，不忍看。再一想，不对，应该知道是谁牺牲了，好向党汇报。可是人头已经腐烂，没法辨认，她只好到旁边去看布告。布告上一连串的名字，个个给打上红笔的勾。她只瞥了一眼，就看到使她触目惊心的几个字："匪首彭咏梧……"

这个打击多么残酷啊！江姐感到眼前发黑，城头和木笼好像在空中旋转。她要痛哭一场，但是城门口站着一排敌人，她只好让眼泪往肚子里咽。她知道不能迟疑，应该马上离开。她抬起头，强压住内心的悲愤，朝那木笼望了最后一眼，就默默地踏着泥泞的路走开了。

江姐很快就找到了党，向党组织做了汇报。她没哭，嘴唇微微抖动，平静地吐出仿佛经过千百次考虑的话："这算不得什么！请转告上级，我请求留在老彭工作的地方。"党同意了她的请求。敌人风闻彭咏梧的妻子在这一带活动，就四处搜捕。几个月后，一个叛徒出卖了她，她在万县被捕了，而后被押送到重庆渣滓洞集中营。

敌人从叛徒口里知道，江竹筠是地下党的地委委员。中美合作所的特务为了从她口里得到需要的东西，一个多月来，一直没有中断过对她的严刑审讯。一天夜间带她出去，看来也不会例外。同志们紧挨在牢门口，静静地守望着。

刑讯室离牢房不远，夜间，万籁俱寂，那边的声音显得特别清晰。

"说不说？说不说？"特务疯狂地吼叫着。

江姐回答说："上级的姓名住址，我知道；下级的姓名住址，我也知道。但是，这些都是我们党的秘密，不能告诉你们。"

同志们知道，敌人又要下毒手了。大家屏息听着。先听见特务们用刑的声音，江姐倔强的呵斥声。接着，一个特务高声叫道："拿竹签子来！"竹签子一根根地钉在江姐的指头里，也一根一根钉在同志们的心里。江姐大约是昏过去了。一会儿，听见一阵令人心悸的泼凉水的声音。

"说不说？说不说？"特务绝望地嘶叫起来，但是没有听到江姐的声音。

又是一阵令人心悸的泼凉水的声音。

但是没有听到江姐的一声呻吟。

这天夜里，渣滓洞牢房里的人们通夜未眠，大家怀着异样沉重的心情。

朝霞透过山峰，阳光洒满山谷。高墙边的黑漆铁门一响，人们聚在风门口张望。只见两个特务拖着昏迷不醒的江姐，往女牢房走去。她熬受了一夜的折磨，流血过多，完全失去知觉了。

江姐还没醒过来。女牢房的同志把她的伤口包扎起来。这时候，大家发现，她在遭受敌人严刑拷打的时候，因为忍痛，紧咬着牙关，连嘴唇也咬破了。

集中营的同志们都关心江姐的身体，都为江姐的英雄行为感到骄傲。许多慰问信和诗从各个牢房秘密的传到女牢房来。有一间牢房的同志们集体写了一封信，信里说：

"亲爱的江姐：一个多月的严刑拷问没能使你屈服。我们深切地知道，一切毒刑，对那些懦夫和软弱的人才会有效；对一个真正的共产党员，是不会起任何作用的。当我们每餐咽下霉米饭的时候；当我们被半夜里的敲梆声惊醒，听着歌乐山狂风呼啸的时候；当我们被提出去审讯的时候；我们想起了你，亲爱的江姐！我们向你保证：我们要像你一样地勇敢，坚强，在敌人面前不软弱，不动摇，不投降！……"

江姐醒过来了，同志们的关怀和慰问，使她激动。她请人代笔，给同志们回了一封信。同志们记得最清楚的，信上有这么几句话：

"同志们太好了。这算不了什么！……毒刑拷打，那是太小的考验。……竹签子是竹子做的，但是共产党员的意志是钢铁铸成的！"

（资料来源：罗广斌，刘德彬，杨益言．江姐的故事 [EB/OL].中国历史故事网，2015-01-22.）

案例点评

本案例讲述了江姐认真执行党组织交给的任务以及被捕后在狱中遭受严刑拷打的情况。从案例中可以看出，江姐对党组织交给的任务一丝不苟、认真负责地完成，面对敌人的严刑拷打，她大义凛然，义正辞严地痛斥敌人的罪行，表现出共产党员坚贞不屈的革命气节和崇高精神，表现出纯洁的党性和对革命事业的无比忠贞，表现出大无畏的革命乐观主义精神。可以说，江姐是无产阶级真善美的化身。

学习建议

1. 学习本案例的目的和用途

本案例对江姐革命活动以及江姐被捕后在狱中遭受敌人严刑拷打的情况进行了较为详细的介绍。向我们呈现了共产党员的道德品质和英雄气概，让我们感受到了江姐面对敌人的严刑拷打大义凛然、坚贞不屈的精神，更要求我们把江姐的这种革命道德品质践行到我们当代大学生的日常生活中，做党和国家坚实的建设者和接班人。

本案例可用于教材第四章第三节"继承和发扬中国革命道德"部分内容的辅助学习。

2. 学习本案例应注意的问题

本案例的学习应该注意以下问题：第一，深刻理解江姐的革命道德品质；第二，将江姐的革命道德品质与自身的生活、学习相结合，成就自身道德的完善；第三，注意搜寻其他共产党员的优秀事迹，提炼其精神品质。

案例四：不朽名篇《为人民服务》的由来

案例文本

说起毛泽东的《为人民服务》，在中国可谓是家喻户晓。这篇文章和《纪念白求恩》《愚公移山》一起，曾被称为"老三篇"，20世纪七八十年代的中国人倒背如流。但很少有人知道毛泽东的这篇名作是经过胡乔木整理之后发表的，更鲜为人知的是毛泽东之所以要作《为人民服务》的讲话，也是因为胡乔木建议宣传张思德的结果。众所周知，《为人民服务》是1944年9月8日毛泽东在中共中央直属机关为追悼张思德而召集的会议上所作的讲演。

但毛泽东为什么要为张思德这样一个普通的战士开追悼会呢？

张思德是一个孤儿，1915年4月21日出生于四川省仪陇县六合场雨台山下的一个贫苦的农民家庭。1933年参加红四方面军后，参加了长征。在部队，张思德英勇顽强，不怕流血牺牲，先后参加过黄泥坪、龙须寨、玉山等多次战斗和著名的长征，爬雪山、过草地，屡立战功，被战友们誉为"小老虎"。抗日战争伊始，张思德所在部队也开赴前线。当时由于他身体患病，被留在警卫连，负责警卫八路军留守处和后方，并先后担任了副班长、班长。1940年春天，张思德随警卫连到延安，分配在中央警卫营任通讯班长。因为他懂得烧木炭的技术，这年 7 月，他奉命带领一个班去延安南黄土沟深山中烧木炭。这可是一个又脏又累的活儿，砍树、进窑、出窑、装运这些体力活儿不说，还是一个技术活，用张思德的话说，烧炭像打仗一样，来不得半点马虎。

1942 年 10 月，中央军委警卫营与中央教导大队合编为中央警备团，上级决定张思德由班长改为战士，他愉快地服从了组织分配。第二年春，组织选派他到中央警备团直属警卫队，也就是在毛主席身边的内卫班当警卫战士。这把张思德给乐坏了，下定决心要"好好当一名枣园哨兵！"从 1941 年 2 月来到毛泽东身边担任秘书工作的胡乔木，就是在这个时候认识张思德的。在枣园，张思德全心全意站好岗、放好哨。在胡乔木的记忆中，每次毛主席外出开会，张思德总是提前把枪擦得亮亮的，提着水壶早早地等在车边。毛主席坐的轿车是爱国华侨陈嘉庚先生送的，车身宽大，可以乘坐十个人，车后还有一个专供警卫人员站立的踏板。为了安全，每次外出，张思德都站在踏板上。有一次，毛主席拍着张思德的肩膀说："小张，以后别站这儿，就坐车里，外面有危险的！"张思德说："主席，没关系，后面还凉快呢！"

1944 年夏天，为了解决中央机关和枣园的取暖问题，上级决定警卫队内卫班的部分同志到延安北部的安塞去烧木炭。张思德主动请缨。领导知道他在烧炭上有技术和经验，马上同意了他的请求。7 月，他就背着工具，带领大家来到了石峡峪村这个风景秀丽却非常偏僻的大山沟里，开始了艰苦的劳动。张思德带领大家日夜奋战，在短短的一个月里就烧了 5 万多斤木炭，超额完成了任务。9 月 5 日，为了加快进度，上级决定临时组成突击队，赶挖几座新窑。张思德与战士小白一组，两个人配合默契，窑很快就挖得很深。快到中午时，窑已经快挖好了。这时，突然，窑顶上传来两声"咔咔"的声音，接着从上面掉下几块碎土。张思德凭着经验，发现有情况，就一把将小白推出了窑洞："快！快出去！"等小白刚被推出去后，只听"轰隆"一声闷响，窑一下子塌了下来。小白的两条腿也被压在土里了，张思德却被深深地埋在里面。小白一边拼命地喊一边拼命地刨土。但这已经来不及了，张思德就这样离开了这个世界。年仅 29 岁。

噩耗传来，大家都非常悲痛。胡乔木和张思德都是毛泽东身边的工作人员，曾在一起朝夕相处，深为这位参加过长征的老战士的牺牲而悲痛和惋惜。曾任毛泽东秘书的叶子龙说："乔木同志知道这一情况后，立即把张思德同志牺牲的情况报告给主席，并说到张思德参加长征，曾英勇负伤；平时工作积极，关心同志。主席当时听了，很受感动。"这个时候，三十岁的胡乔木精力充沛，由他整理的毛泽东《在延安文艺座谈会上的讲话》也在《解放日报》发表。他把毛主席关于文艺的工农兵方向，关于文艺工作者要学习马克思列宁主义，学习社会，投入火热的斗争，与工农兵结合，在实践中转变立足点，改造世界观等思想表述得相当完整、准确和丰满，深得毛泽东器重。

此时，胡乔木不仅是毛泽东的政治秘书，还兼任中央政治局秘书、中央总学委秘书和中央宣传委员会秘书。于是，胡乔木就向毛泽东建议为张思德开一个追悼会，邀请他出席讲话，宣传张思德不计名利、扎实埋头工作的精神。毛泽东同意了胡乔木的建议，并交代："一、给张思德身上洗干净，换上新衣服；二、搞口好棺材；三、要开追悼会，我去讲话。"

胡乔木迅速传达了毛泽东的指示，中央机关工作人员根据指示，将张思德的遗体擦洗干净，换上新衣服，又买了一口好棺材，并定于9月8日在延安枣园的操场上开追悼大会。毛泽东还亲笔写了"向为人民利益而牺牲的张思德同志致敬"的挽词。

1944年9月8日，中共中央机关和中共中央警备团共1000多人，在延安为一个普通得不能再普通的士兵召开了一场隆重的追悼大会，这也是中国共产党自1921年建党以来第一次召开如此规模的追悼会。大会在向张思德默哀后，毛泽东带着十分沉重的心情和神色，就站在一个临时修建的小土墩上，为张思德致了悼词。毛泽东说："我们的共产党和共产党领导的八路军、新四军，是革命的队伍。我们这个队伍完全是为着解放人民的，是彻底地为人民的利益工作的。""因为我们是为人民服务的，所以，我们如果有缺点，就不怕别人批评指出。""我们都是来自五湖四海，为了一个共同的革命目标，走到一起来了。""要奋斗就会有牺牲，死人的事是经常发生的。但是我们想到人民的利益，想到大多数人民的痛苦，我们为人民而死，就是死得其所。"从此，张思德成了人民的英雄。

追悼会结束后，胡乔木根据自己在会场上的记录，对毛泽东的这篇动情的即兴讲话进行了认真整理，后来在编《毛泽东选集》时，胡乔木整理的这篇讲话经毛泽东修改定名为《为人民服务》。毛泽东对胡乔木的才干极为赞赏，公开在刘少奇和周恩来面前夸奖他的这个"笔杆子"，说："靠乔木，有饭吃。"

这就是不朽名篇《为人民服务》的由来。而"为人民服务"这五个金光闪闪的大字，不仅鲜明地概括了我党我军的根本宗旨和行动指南，也成为我党我军光辉实践的真实写照，哺育了一代又一代共产党人和各族人民中的优秀儿女。

（资料来源：丁晓平. 不朽名篇《为人民服务》的由来 [EB/OL]. 北方网，2008-02-28.）

案例点评

本案例主要讲述了不朽名篇《为人民服务》的由来。同时，告诉了我们张思德同志是如何践行为人民服务的，是如何在平凡的岗位上真正做到一切为了人民、一切以人民的利益为重的。张思德同志是践行为人民服务的典范，甚至为了人民的利益，献出了生命，可谓是死得其所，真正实现了毛泽东同志所说的"为人民利益而死，就比泰山还重。

学习建议

1．学习本案例的目的和用意。

本案例不仅介绍不朽名篇《为人民服务》的由来，更重要的是介绍了这篇不朽名篇的主人翁——张思德同志，让我们感受到作为普通的革命战士，张思德同志在极其平凡的岗位上，以自己的实际行动，践行了为人民服务的宗旨。通过案例的学习，我们要深刻理解为人民服务的实质，要把为人民服务的这种品质和精神落实到自身的实际行动中，用自身的实际行动践行为人民服务的宗旨。

本案例可用于教材第四章第四节"加强社会主义道德建设"部分内容的辅助学习。

2．学习本案例应注意的问题。

学习本案例要注意以下问题：第一，要了解清楚不朽名篇《为人民服务》的由来；第二，要把握周恩德同志是如何践行为人民服务的；第三，要思考临何将为人民服务落实到当代大学生的生活和学习以及以后的工作中。

案例五：玉树好男儿——义西求加

案例文本

2013年11月某日，重庆城市管理职业学院院长办公室收到了一封信，信封是简单的牛皮黄色信封，信封上的收件人是"重庆城市管理职业学院院长"收，罗永川后来信才知道，这是一封感谢信，感谢的是一位来自重庆的藏族学生，他在坐火车时遇到一位犯病的老人，毫不犹豫地把他背下车看医生。

老人高烧39度呼吸困难

义西求加是重庆城市管理职业学院社会工作学院劳动与社会保障专业大二的学生，来自青海省玉树藏族自治州囊谦县，家是毛庄乡，今年23岁，藏族。昨日下午，重庆晚报记者见到了这位藏族小伙，1米75的个头，黝黑的皮肤，看起来很阳光。

10月21日，他前往上海看望念书的姐姐，10月23日坐上回重庆的K71次列车。到达杭州东站时，上车9位去上海旅游的重庆老人，其中一位老人叫钟德清，81岁，和他一起的老伴高崇英叫德明，73岁，返程途中没有导游陪同。

这是一场缘分促使钟德清的病情与义西求加的相识。列车驶过秀山站后，钟德清开始发高烧，呼吸苦难，"两位老人慌得很，很多人围过来，老人很虚弱，呻吟着：我要喝水，我要喝水。"义西求加说，列车员给老人量了体温，39度，于是马上广播询问乘客中有没有医生。不久两位自称医生的年轻人来为老人做检查，怀疑是肺病发作，建议马上下车就医。

小伙背着老人手提行李

当时还是下午四点，在火车站，钟德清告诉重庆晚报记者，他有气管炎和肺气肿，"我们两个老人家，钱也没有带多少，找不到医院会出大事的。"钟德清回忆，正当他和劳动推辞要不要下车时，一个实际黑瘦的小伙子站出来说背他去医院。"当时我真的很感动，现在的年轻人里100个找不出这样的1个。"

到了黔江后，义西求加背着钟德清老人下了车，一手还提着自己的行李。几经周折终于挡上一辆出租车，此时的义西求加背着110斤的老人已经背了近半个小时。"一点都不累，说明是吃糌粑长大的。"义西求加笑着说。

二十几分钟后，终于来到黔江医院医院。义西好容易这个小伙子帮他们办了各种手续。来到医院，钟德清被送进了抢救室，义西求加硬塞给兄弟钟德清的100元，"我身上只有200块，担心老人家药钱不够，还好他帮忙给我们工作。"

昨日，该医院的护士回忆说，钟德清患的是慢性阻塞性肺疾病，如果晚来半个小时，很可能会有生命危险。

护士半夜送小伙上火车

一直到晚上8点左右，钟德清的病情才稳定下来，他的家人也正赶往黔江。"这个时候我才松口气，第二天还有课，我得赶回学校上课。"护士小张被义西求加的热心肠感动，主动带他去火车站。凌晨1点，小张陪着他坐公交车来到火车站，"得知他不是老人的家属，我很想他，想和他交个朋友，他对黔江不熟，我就送他上火车站。"凌晨3点，义西求加坐上回原区的火车，到学校已是第二天早上8点。简单洗漱一下就去上课了。

离开医院时，义西求加留下了自己的学校、名字和电话号码，"不让图感谢，是希望老人家好起来找我。打个电话，确保我就放心了。"几天后，他就接到了老人报平安的电话，不久学校也收到送时老人家属写来的感谢信。

由于写信人周太江只有小学文化，担心字写得不好看，为表尊重，特意花4元钱把信打印了出来。

感谢信

义西求加将我岳父送医院抢救，脱离危险后，还送了100元给我岳父钟德清。为此，我们非常感谢这位好人，你校培养出了这样优秀的学生。我是农民，没有过多的语言表达，我们全家表示感谢，望你校转告义西求加。现在我岳父钟德清已转院回我们江津区中心医院住院治疗，现病情已基本稳定。

震后每年回灾区支教

事实上，这并不是义西求加做的唯一一件好事。辅导员余长惠说，2010 年 4 月玉树地震后，义西求加每年寒假都要回毛庄乡支教。"经过这次灾难，我发现了生命的意义，就是发挥自己的作用让世界变得更美好。" 2010 年，义西求加利用寒假到毛庄乡小学支教，教 70 多位小学生藏文。2012 年，他组织乡里另外 7 位同学组成支教队，每年寒假教小学生语文、英语、数学、藏文等。

（资料来源：玉宣. 玉树好男儿——义西求加 [EB/OL]. 玉树新闻网，2013-11-13.）

案例点评

本案例讲述了义西求加同学在火车上挽救患病老人钟德清，并把老人护送到医院治疗的先进事迹。从案例中可以看出，义西求加同学挽救患病老人并不是他做的唯一好事，从 2010 年起就开始了他的支教义举。在他的身上我们看到了新时代的大学生所表现出来的道德品质和道德精神。

学习建议

1. 学习本案例的目的和用途

本案例通过对义西求加同学在火车上挽救患病老人并把老人送到医院治疗以及患病老人家属写给谢永川校长的感谢信的介绍，向我们展现了当代大学生的道德品质和道德精神。让我们感受到道德的践行并不是遥不可及的，而是在我们的身边。通过身边道德人物的事迹，可以让我们真切地感受到道德的力量，将道德理论内化于心，去做一个道德的践行者，从细微和点滴做起，成就当代大学生的"精""气""神"。

本案例可用于教材第四章第四节"加强社会主义道德建设"部分内容的辅助学习。

2. 学习本案例应注意的问题

本案例的学习应该注意以下问题：第一，要特别注意义西求加同学是我们身边的道德典范，应该把他当成我们学习的榜样。第二，义西求加同学并不只是做了这一件好事，而且还是一个长期的不折不扣的道德践行者，要学习他的道德品质和道德精神。第三，要结合义西求加同学的精神，思索自己的道德践行，成就崇德向善的道德理想。

案例六：各国"好人法"

案例文本

美 国

美国很多州都有自己的《好撒玛利亚人法》。其主要目的是通过豁免见义勇为者在一些特定情况下的责任，鼓励见义勇为。

《好撒玛利亚人法》保护的是采取"合适的措施"的救助者。如果因救助过程中有严重的疏忽导致被救助者伤病情况加重或死亡，救助者仍要承担民事伤害责任。美国多数州的法律规定，虽然这种救助是自愿的、非强制的（刑法另有规定的除外），但是一旦实施救助，就不能中途停止，必须满足三个条件方可离开：被救助者康复或脱离危险，有专职救护人员到达，救助者过度劳累已无法持续下去。如果不是这三个原因停止救助，都被视为"不合适的措施"而要承担民事责任。

加拿大

加拿大各省都有自己的"好人法"，但各省叫法不一。其中一些省的法律规定，施救行为对一般疏忽造成的伤害不担责。《魁北克人权宪章》规定："任何人必须救助处于危险中的人，通过亲自救助或联系急救机构，为危险中的人提供必要的急救，认为救助过程会给自身或第三方身体造成伤害或有其他法律认可的理由除外。"

《2001年安大略省好撒玛利亚人法案》第2章规定，如果救助者不收取任何报酬或奖赏而志愿提供救助，则不对救助中的疏忽造成的伤害担责，但严重疏忽除外。

另外，《加拿大航空法》也规定，如果一个人拥有飞机，在收到或发现救援信号后，必须立即驾机飞抵事故现场实施救援。

法 国

法国《刑法》规定，当他人遇到危险而没有提供必要的救助，可被处以6年监禁和相当于70万元人民币的罚款。

德 国

德国《刑法》规定："意外事故、公共危险或困境发生时需要救助，行为人当时的情况有急救可能，尤其对自己无重大危险且又不违背其他重要义务而不进行急救的，处1年以下自由刑或罚金。"

德国《刑法》还规定，公民有义务为发生意外事故或处于危险中的人提供必要帮助，如果出于善意在救助过程中造成进一步伤害，救助者免于承担民事侵权责任。

"好人法"意大利

意大利《刑法》规定，对见死不救者处以最高1年的有期徒刑或相当于2.26万元人民币的罚款。《意大利公路法》规定，发生交通事故，司机必须马上停车对公路上的受伤者实施必要的救助或通知警察，如果没有履行救助义务使受伤者伤势加重或死亡，则吊销驾照1～3年，并给予刑罚制裁。

新加坡

新加坡的法律完全站在保护施救者权益的立场上。惩罚机制规定，被援助者如若事后反咬一口，则须亲自上门向救助者赔礼道歉，并施以其本人医药费1～3倍的处罚。影响恶劣、行为严重者，则以污蔑罪论处。

塞尔维亚

塞尔维亚《刑法》规定，公民有义务对任何处于危险中的人提供救助，但如果提供救助会危及自身安全除外。如果一个人遗弃需要救助的人或对一个危险中的人没有提供救助，则可被判处最高1年的有期徒刑，如果需要救助的人死亡，则可被判处最高8年的有期徒刑。

巴西

巴西《刑法》规定，公民有义务救助任何处于危险中的人、伤员、残疾人和流浪儿，如果没有履行救助义务，会被判处6～12个月的有期徒刑。如果因为没有履行救助义务而导致需要救助者受到严重伤害或死亡，加倍处罚。

（资料来源：佚名. 各国"好人法"[EB/OL]. 中国文明网，2016-11-21.）

案例点评

本案例通过对美国、法国、德国、加拿大、意大利等国家的"好人法"的介绍，帮助我们了解各国对"好人"的要求，实际上让我们更多地了解到道德与法律的关系，使我们明白在法制建设完善的国家，其道德更容易发挥其功能和作用，能够更好地弘扬社会的正能量。

学习启示

1. 学习本案例的目的和用途

本案例就美国、法国、德国、加拿大、意大利等国家的"好人法"进行了阐述，让我们明白所谓的"好人法"到底是什么。学习本案例要在理论上把握道德和法律都是调节人们思想行为、协调人际关系、维护社会秩序的重要手段。二者虽然在调节领域、调节方式上有所不同，但最根本的目的都是一样的。通过案例的学习一定要明白道德和法律在维护社会秩序上都有着同等重要的作用，并且有相辅相成、相互补充。

本案例可用于教材第四章第一节"道德及其历史发展"部分内容的辅助学习。

2. 学习本案时应注意的问题

学习本案例要注意理解：第一，名商的人对人生）都有着什么要求；这些要求使同样能够鞭策我们自己。第二，通过官的案例应理解和把握道德和法律的地位和作用。第三，注意将同大理论和要求落实到现实生活中，作出表率。

案例七：重庆派出所走出两位"中国好人"

刚刚过去的3月，丰都县公安局城东派出所民警王平当选中国好人，这是继全国公安机关爱民模范白丽蓉后，该所走出的第二位中国好人。

白丽蓉从警30多年，是扎根基层誉满警队的资深警花。王平从警不到两年，是积极认真的上进青年。一个派出所，两个中国好人，全国罕见。近日，本报记者特地赶往城东派出所，揭秘两名中国好人背后的故事。

爱民楷模——白丽蓉

那天上午7时30分，白丽蓉早早来到城东派出所值班室，开始了一天的工作，主要负责核拟警电话，信息录入，处理纠纷。

"一碗稀饭，一个小笼包子，2块。"白丽蓉值班时一边吃早点，一边翻看着值班本。值班本上记录了昨日值班期间接的各类。白丽蓉细细数了一下，共15个。随即，她翻开派警检查记录，在电脑上进入登录。

9时13分，"叮……"报警电话响起，一名男子报警称，丰都县电影广场有一对夫妻扭打，希望派出所来调解，白丽蓉接到电话，问明地址及指明警民警出警。

10分钟不到，这对夫妻到了派出所。交谈发现：丈夫藏私房钱，被妻子发现，因未在大局上讨动起手来。明白事件原委后，白丽蓉一支关于孝意、阿可，调解夫妻纠纷的案件在等了小时后。

过不久，白丽蓉接电话称有打架，接到指令白丽蓉县公安局两名辅警与民警赶到打架，白丽蓉赶派出所问事出警，带年轻社会回派出所后，白丽蓉仔细查看了他们的伤情。"可能会待少嫦娥，才没上与嫦娥看，我们的民警在医院等你做笔录。"白丽蓉说，打架的平台方案会受害，因年轻的详情就会交给该管所处理。

11时5分，吵架夫妻各自的母亲闻讯赶来派出所，却开始互相指责对方的子女，让眼看就要和好的两口子，又开始吵起来。一时间，派出所炸开了锅，白丽蓉赶紧将其中一名老人拉到一旁劝阻，吵闹这才平息。

中午，外面下起了小雨。同事在食堂帮白丽蓉打了一碗盒饭，她吃得特别快。她说，不吃快点，等会儿有事了，就吃不了了。这时，派出所来了一位头发花白的老大爷，一进门就对白丽蓉喊到："姐姐，那些兔崽子又在外面闹，把他们都抓起来关了。"白丽蓉笑着说："嗯，都抓起来，陈大爷又找不到回家的路了？吃饭了吗？我们送你回家。"接着，白丽蓉叫来民警王宇，让他送陈大爷回家。白丽蓉说，这位陈大爷是个孤寡老人，精神上有些问题，每次出门找不到路了就要跑到派出所来，这里人人都认识他。

13时5分，白丽蓉难得闲下来，读了一会儿报纸。随后，又拿出一份手画的微信使用教程，研究如何发微信。她告诉记者，这是王宇特意为她制作的教程。

18时，下班时间到，白丽蓉匆匆赶去帮残疾的陈大爷换药。她说，陈大爷腿脚不便十几年，他老伴回了乡下，委托她去帮忙换药，顺便帮他做饭。

上进青年——王宇

昨天8时15分，王宇被安排在备勤组当值，任务是处理预约事项、旅馆检查、信息录入。此外，如果派出所人手不够，王宇还需要出警协助。路过值班室，他和白丽蓉打了声招呼，便来到办公室，观看市公安局网上教学节目。他说，他利用上班前的时间，已学完大部分自选课程。

8时50分，王宇给辖区内的陈先生夫妇打了电话，通知他们下午2时来派出所，调解他们之前发生的纠纷。

9时15分，一位大娘笑着走进王宇的办公室，王宇赶紧招呼大娘坐下。这位大娘知道王宇当选了中国好人，此前他帮迷路老大爷当靠背的事情还上过报纸，随即打趣说："明星，我想给我女儿迁个户，要啥子手续？""陈阿姨，你莫取笑我，你女儿有没有房产证？"王宇有些不好意思。大娘有些着急，原来她女儿离婚了，想从前夫户口上迁出，但因没有房产证，年龄又超过规定，不能办理子女投靠。王宇耐心解释，还特意找来户籍业务办理条例。大娘看见规定，没有生气，还觉得王宇实诚。

10时10分，王宇完成消防检查信息录入，随后接到值班室白丽蓉的电话，获知王女士可能在一家超市掉了一万元，想让民警帮忙去调看超市监控录像。王宇小跑下楼，还顺便带上了旅馆登记检查本。他说，等会可以顺路去检查旅馆安全。

"其实，我也不确定是在哪里丢的钱包。"在路上，王女士解释说。"一万元不是小数目，我们去看看，别着急，多回忆下。"王宇安慰说。

"哎，算了，不看了。"根据王女士在超市小票的结算时间，王宇仔细检查录像后，还是没有线索，王女士有些心灰意冷。随后，王宇用 U 盘复制了录像备份，要带回所里再做检查。

"警察同志，你辛苦了，我请你吃饭嘛。"王女士对王宇的认真负责十分感激。王宇连忙摆手，还提醒她，挎包不拉拉链，很不安全。临走前，王宇记下了王女士的电话。

12 时 5 分，王宇赶回派出所食堂吃午饭，饭还没吃完，就接到了新的任务——孤寡老人陈大爷迷路，转到派出所了。放下碗筷，王宇下楼，见到陈大爷被雨水打湿，手里拿着背篓，赶紧上前接了过来，笑着说："陈大爷，走，坐车车，弟弟带你回家。"

半小时后，送完陈大爷，王宇赶回派出所，买了一桶方便面当午饭。这时，他接到了丢钱的王女士的电话。"不好意思，王警官，钱遭我男的拿了，他又没跟我说。耽误你工作了。""找到了就好。没事，没事。"王宇说。

14 时 5 分，王宇将陈先生夫妇带去了调解室。这一次，王宇花了不到两个小时，就将二人的纠纷化解了。

18 时，王宇赶去电影院执勤，晚上丰都庙会搞活动，要放露天电影。

把群众当亲人——服务从量变到质变

去年 11 月，白丽蓉刚获评爱民模范时，重庆晚报记者独家采访丰都县民警测评，那时只有 70% 自认刚刚及格。如今，这个派出所就出了两个中国好人。

丰都县公安局局长徐白羽一语道破了参评民警普遍低估自己的原因："没有一人敢给自己打满分，因为白丽蓉是全国公安机关爱民模范，大家自知差得很远，需要跳起来学，跑起来赶。"

年轻民警高薇说，她离白大姐办公桌的距离只有两步，但无形距离很远。相比白丽蓉，对待百姓，她缺的不是热情而是热度。

前有白丽蓉当选中国好人，后有民警自评。之后半年不到，丰都县公安局城东派出所就出了第二个中国好人。重庆晚报记者在丰都公安局随警采访中，能够感受到，这群民警对服务群众已实现了从量变到质变的飞跃。

也许，此前有人在应付、走形式，但如今每名民警都拿群众当亲人，氛围的改变促使所有民警都在提升服务的热度。我们完全可以相信下一个白丽蓉、王宇不远了。

（资料来源：夏祥洲. 重庆派出所走出两位"中国好人"［EB/OL］. 重庆文明网，2015-4-27.）

案例点评

一个单位出一个"中国好人"已经很不容易了，而重庆丰都县公安局城东派出所，近几年来走出了两位"中国好人"实属罕见。不管是白丽蓉还是王宇，他们都是名副其实的中国好人，他们在平凡的工作岗位上，做出了不平凡的举动。他们是践行道德的楷模，不愧为"中国好人"的光荣称号。他们之所以成为中国好人，是因为对事业的执着，对人民的忠诚，更重要的是在他们内心深处有一颗永不泯灭的崇德向善的道德之心。

学习建议

1. 学习本案例的目的和用途

本案例对重庆丰都县公安局城东派出所两位中国好人事迹的介绍，让我们明确了到底什么样的人才能成为真正的中国好人，让我们体会到在平凡的岗位上，从点滴做起，从细节做起，践行道德。更重要的是，让我们体会到，践行道德不是一句空话、套话，更应该落实到实际生活和工作中。

本案例可用于教材第四章第四节"加强社会主义道德建设"部分内容的辅助学习。

2. 学习本案例应注意的问题

学习本案例应该注意以下问题：第一，要注意体会两位民警成为"中国好人"不是偶然，而是有着深刻的原因；第二，要注意学习他们始终如一做好事、当好人，长久地坚守道德的精神品质。

案例八：平民英雄"美德范儿"

案例文本

"做一个好人，难吗？"这是网友在参与第四届全国道德模范评选活动时经常提到的一句话，是各大媒体讨论道德要时的一个常用命题，也是正在为实现中国梦不懈前行的中国人直面的一个道德思索。回答这个问题的，有这样一群人，他们有的往返在人头攒动的城市，有的行走在渺无人的山乡，他们有的第一次走进城市，有的第一次登上颁奖典礼；他们有的衣着并不时尚，有的眼睛里闪着泪花……第四届319名道德模范，年龄不同，上有九十多岁的高龄老人，下至十几二十岁的"90后""00后"；身份各异，其中87%以上是工人、农民、农民工、学生、医生、司机、教师、军人和社区居民。他们看似平凡，却温暖人心，他们数十年如一日地坚守良善，用自己的青春甚至生命诠释着人世间的真、善、美。

他们没有豪言壮语，却标志着道德建设的走向和刻度，诠释着道德领域里一张张漂亮的答卷。

平凡父母非凡坚守，感天动地写不尽"中国好爹娘"

在第四届全国道德模范事迹中，许张氏四十年如一日为瘫痪儿子延续生命，她说："我活一天，就护着他一天。"多年照顾全瘫智障儿子的张眼脯示无怨无悔；在她心里，军人的母亲就绝不给国家和部队添麻烦。"力量妈妈"李惠云八年来坚持背着身患进行性肌营养不良的儿子上学，将儿子从体重35千克背到65千克，从小学背到大学；殉信老爹吴乃宜、吴恒忠分别承受丧子之痛却坚持守信还债，只为不给孩子丢脸，苏宏运、薛亚波她俩分别把自己的智障孩子培养成将奥冠军和钢琴手……天下父母一般心，养儿育女皆是情，欲看此爱非凡处，唯有坚守情最美。

更有70岁老爹陶艳力役，贴承克16年抚养身患疾病的汉族女婴，"最美孕妇"彭伟平舍身救护胎儿放弃求生，邵其景34年养育瘫痪养婴……天下爹娘心的无私伟大莫过于"幼吾幼以及人之幼"，超越血缘，臻于大爱。

这些仅仅是"中国好爹娘"的一个缩影，在他们中间，有的是孩子身体缺陷，有的是养育着弃婴，在别人放弃对孩子的希望时，他们不离不弃，把这些孩子当成心肝宝贝养育成人。在"父母"角色上，他们豁达地面对生活的不公，坚强地承担起对生命的责任。中国好爹娘，天下爹娘心！

可爱可敬"中国好少年"，小小肩膀大担当

多难之家的顶梁柱何平，火中救人的"最美姑娘"叶霄雯，多舛面前维护正义的"正气哥"周传金，舍命救助他人的农民工王俊旺，一人守镇扛起一个家的吴林香，捐献肝脏的12岁女孩何玥……在常人眼中叛逆、独特、非主流的表象背后，我们看到那些行走在道德前线的"90后"甚至"00后"的身影。

他们没那么娇惯，能够只身一人撑起一个家；他们面对危险没有退缩，勇敢无畏；他们没那么自我，愿意付出使人新生……这就是中国的年轻一代，在生活面前坚韧不拔、不抛弃，在灾难面前不慌不乱，献血捐款、志愿行动、奔赴疆场，干得漂亮！

在309名道德模范中，"90后"高达24位。这群可爱可敬的"中国好少年"，以瘦弱稚嫩的肩膀，做出了许多人一辈子都无法做到的事。

路见不平一声吼，热心肠"中国好路人"

曾经，小悦悦的悲剧让中国路人成为了"冷漠"的代名词。今年7月，美丽女孩木斯的"天使女孩"明伊富救落水孩，反映着社会温暖的事情激起了社会强烈的振动。当我们还在指责路人冷漠、感叹社会世情时，"托举女孩"罗海丽一命悬救车瞬女子一条命，"私车公用大叔"艾尼瓦尔·芒素兔免费接送老弱病者……汇冢，沈星阳刚挺身而出勇救他人，拒做冷漠路人……这些素不相识的人用人性最温暖的道德照亮了我们，堪称"中国好路人"。

当无数人不愿、不敢对遇到困难的陌生人施以援手时，今年8月，成都七旬婆婆雨中迷路，被热心路人诚邀回家的新闻再次温暖众人心。网友"时鲜太白"说："路人甲，路人乙，常常是被看作打酱油的，而他们却成了真正的主角，精彩阐释了道德风尚的完美剧目。"

期待更多"中国好路人"，让"陌生人社会"不再陌生！

三尺讲台铸师魂，"最美教师"演绎"中国好师德"

奋力推开学生，自己却造成双腿高位截肢的最美女教师张丽莉；在学生人身受到侵害时，挺身而出勇斗歹徒的王月川；舍弃县城优厚薪资，用浓浓母爱温暖留守儿童的陈万霞；还有培养出邰丽华等众多聋哑生的特教老师杨小玲，被称为"瞎子校长"的李龙梅，"独臂校长"龚金川……"最美教师""老师妈妈"成了他们的代名词。

他们有的是聋哑人、盲人或留守儿童的老师，却让学生有尊严、有作为甚至惊艳海内外，用努力赢得人生的出彩机会。他们有的为护学生安全，本能地用身躯为学生竖起一道墙。因为责任，因为爱。于是为此奋斗付出，乐此不疲，无怨无悔。

网友评价说："灾难面前也不全是'跑跑'。"虽然道德败坏的伪教育者时有耳闻，但最美老师们以一颗赤诚之心诠释着"德高为师"的内涵。

不离不弃"好夫妻"，成就相濡以沫"好爱情"

愿得一人心，白首不相离。美丽的爱情一直是世人所向往的，但爱情不只是花前月下，更是风雨同舟。当生活触礁危难，当遭遇疾病、面临困苦，你能做到这些吗？

云南人段家福，陪在全身瘫痪的妻子身边，为她唱《花灯》、梳理头发、按摩手脚25年，从年轻小伙儿陪成了花甲老人；重庆人艾起20年如一日，背着妻子周月华走遍了方圆13平方千米的山岭，实现了自己当初的诺言；贵阳人李正磊用11年的真爱和辛劳把癌症妻子从死亡线上拉回……没有爱情片的轰轰烈烈，没有偶像剧的浪漫唯美，朴实平淡却触动了亿万中国人。

网友们纷纷微博转发点评："好夫妻让我们再次相信了'好爱情'！"好的爱情让双方互相扶持，不断成长，收获幸福，那些在苦难中依然坚守的动人"好爱情"，用美德践行着对爱的承诺，也越发地珍贵动人。

诚信食品人，捧中国好"粮"心，做中国好食品

有这样一群中国食品行业的从业者，他们捧的是中国好"粮"心，做的是"中国好食品"，与"染色花椒、毒生姜、镉大米、毒皮蛋"等劣质食品背道而驰，诚实为人，诚信为本，以一颗好"粮"心捍卫着这个时代的道德准则。

放心"油条哥"刘洪安使用一级大豆色拉油炸油条，且每天一换；西安爱菊粮油工业集团的当家人贾合义心中始终有"一杆秤"——"做粮食就是在做善事，做良心，

不能漠视生命"；还有种"良心菜"的农家女林水英，让孩子喝上放心奶的王景海，"傻子"粮油店店主曹伟……他们在一根葱、一袋奶、一粒米、一个馒头、一块姜中"斤斤计较"，有良知，讲良心，打破无奸不商的怪圈，守护中华民族代代传承的"美德范儿"。

……

是的，就是这样的一群人，第四届319名道德模范，平凡如尘，却是道德高地的"大腕儿"：无论是日复一日的坚守，还是关键时刻的抉择，他们在生活细节上秉承道德坚定信念，助人为乐、见义勇为、诚实守信、敬业奉献、孝老爱亲，演绎着"中国好路人""中国好爹娘"、中国好"粮"心、"中国好师德"、中国"好爱情"、中国好少年，还有中国好军人、中国好司机、基层好干部……N多个"中国好德行"勾勒着公民道德建设的中国"美德范儿"图景。

他们都是我们身边可亲可感的普通人，他们就在你我身边，笑容质朴，用自身行动践行着"中国好德行"。

因为他们，我们分享温暖，相信美好。

（资料来源：王楠．平民英雄"美德范儿"［EB/OL］．中国文明网，2013-09-25.）

案例点评

本案例讲述了近几年来，在神州大地上涌现出来的道德楷模的典型代表，他们是我们身边的崇德向善的典范，从他们身上我们看到了善的正能量。他们有的是好爹娘，有的是好夫妻，有的是好路人，有的是好老师，有的是好少年，有的是好"粮心"……他们将崇高的德行渗透到我们社会生活的方方面面。正是他们对道德的坚守，才成就了我们社会的好风气和好氛围。

学习建议

1. 学习本案例的目的和用途

本案例介绍了第四届道德楷模人物中的典型代表，使我们深受鼓舞，倍感自豪。神州大地涌现出一批批的道德楷模，使我们看到加强社会主义道德建设的重要性，感受到了社会主义道德的新风尚。

本案例可用于教材第四章第四节"加强社会主义道德建设"部分内容的辅助学习。

2. 学习本案例应注意的问题

学习本案例要注意以下问题：第一，需要思考大批道德楷模涌现的深层的原因是什么。第二，需要把道德楷模的事迹内化于心，用他们高尚的道德行为，引导我们成就崇德向善的道德理想。

思考练习

一、单项选择题

1. 道德的产生经历了一个漫长的历史过程，其产生的客观条件是（　）
   A. 人类的出现　　B. 社会关系的形成　　C. 阶级社会的产生　　D. 人类自我意识的形成与发展

2. 道德可以通过道德评价等方式指导和纠正人们的行为和实践活动，协调社会关系和人际关系，说明道德具有（　）
   A. 认识功能　　B. 导向功能　　C. 维护功能　　D. 调节功能

3. 道德产生的主客观调的统一于（　）
   A. 社会意识　　B. 生产实践　　C. 社会认可　　D. 风俗习惯

4. 两千多年前的《诗经》提出"夙夜在公"；西汉的贾谊提出"国而忘家，公而忘私"；宋代的范仲淹提出"先天下之忧而忧，后天下之乐而乐"；明代的顾炎武提出"天下兴亡，匹夫有责"等，这些都体现了中华民族传统美德中的（　）
   A. 重视国家利益，强调奉献精神　　B. 乐群贵和，强调人际和谐
   C. 勤劳勇敢，追求自由解放　　D. 求真务实，敬重诚实守信

5. 弘扬中国革命道德必须要（　）
   A. 与中华传统道德相结合　　B. 只弘扬中国革命道德
   C. 排斥中国的传统道德　　D. 只需要弘扬中华传统美德

6. 集体主义原则的核心内容是（　）
   A. 调节社会的各种利益关系　　B. 公私兼顾
   C. 集体利益高于个人利益　　D. 否认个人利益

7. 社会主义道德建设中的集体主义原则有着多层次的要求，包括最高层次的要求、较高层次的要求、最基本要求，其中，对我国公民最基本的道德要求是（　）
   A. 全心全意为人民服务　　B. 先公后私，先人后己
   C. 无私奉献，一心为公　　D. 公私兼顾，不损公肥私

8. 强调公民应忠于职守，克己奉公，服务社会，这是公民基本道德规范中（　）
   A. 爱国守法的要求　　B. 勤俭自强的要求
   C. 敬业奉献的要求　　D. 团结友善的要求

9. 人的自我修养应该是（　）
   A. 席坐而论道　　B. 知行统一　　C. 闭门造车　　D. 养成习惯

10. 衡量一个社会文明发展水平的主要标志是（　）
    A. 文化水平的提高　　B. 社会道德风尚

C. 生产进步程度　　　D. 国家进步程度

二、多项选择题

1. 道德的产生与发展经历了一个漫长的历史过程。下列说法中反映道德起源的是（　　）。

A. 社会关系的形成是道德产生的客观条件

B. 道德在社会生活中所起的作用越来越重要

C. 人类自我意识的形成和发展是道德产生的主观条件

D. 劳动是人类道德起源的第一个历史前提

2. 道德是（　　）。

A. 人类特有的现象，是社会意识形式之一

B. 一定社会调整人们个人与社会之间关系的行为准则和规范的总和

C. 规定人们行为"必须怎样做""不能怎样做"

D. 靠社会舆论、传统习惯和人们内心信念来维持

3. 道德的社会作用主要表现在（　　）。

A. 道德能够影响经济基础的形成、巩固和发展

B. 道德是影响社会生产力发展的一种重要的精神力量

C. 道德对社会意识形态的存在和发展有重大影响

D. 道德能够维护社会秩序和稳定

4. 继承和弘扬中华民族优良道德传统的重大意义有（　　）。

A. 继承和弘扬中华民族优良道德传统是社会主义现代化建设的客观需要

B. 继承和弘扬中华民族优良道德传统是加强社会主义道德建设的内在要求

C. 继承和弘扬中华民族优良道德传统是个人健康成长的重要条件

D. 继承和弘扬中华民族优良道德传统是建设改革开放的重要保证

5. 在对待传统道德的问题上，存在哪些错误的思潮？（　　）

A. 文化复古主义思潮　　B. 全盘西化主义思潮

C. 历史虚无主义思潮　　D. 全盘接受思潮

6. 为人民服务道德观的要求表现在（　　）。

A. 站在人民的立场上立身处世　　B. 放弃个人利益

C. 以人民的利益为宗旨的宗旨　　D. 尊重人民群众的主人翁地位

7. 培养诚信对大学生的成长有积极意义，其意义是（　　）。

A. 内心认同诚信就行　　B. 诚信是大学生树立理想信念的基础

C. 诚信是大学生全面发展的前提　　D. 诚信是大学生进入社会的"通行证"

8. 在我国社会主义道德建设中，提出和倡导公民基本道德规范的重要意义在于

公民基本道德规范（　　）。

　　A. 有利于对公民进行道德教育　　　B. 是对公民道德要求的高度概括

　　C. 体现了社会主义道德建设的要求　　D. 是用国家强制力保障实施的社会规范

　　9. 社会主义荣辱观，是社会主义社会中，对什么是光荣、什么是耻辱问题的根本看法和基本观点。社会主义荣辱观，可以引导人们（　　）。

　　A. 明辨是非、善恶、美丑　　　　　B. 形成正确的自我评价

　　C. 树立正确的行为导向　　　　　　D. 产生正确的价值激励

　　10. "一个人要求得进步，就必须下苦功夫，郑重其事地去进行自我修养。"自我修养的主要内容有（　　）。

　　A. 思想政治修养　　　　　　　　　B. 审美修养

　　C. 道德修养　　　　　　　　　　　D. 科学文化修养和心理修养

三、判断题

　　1. 道德产生的客观条件是社会关系的形成。　　　　　　　　　　　（　　）

　　2. 道德对经济关系的反映是消极的、被动的，而不是能动的。　　（　　）

　　3. 在道德的功能系统中，其认识功能和调节功能是主要的功能。　（　　）

　　4. 继承和弘扬中华民族优良道德传统是加强社会主义道德建设的内在要求。

　　　　　　　　　　　　　　　　　　　　　　　　　　　　　　　（　　）

　　5. 社会主义初级阶段的道德建设，要把先进性的要求和广泛性的要求结合起来。

　　　　　　　　　　　　　　　　　　　　　　　　　　　　　　　（　　）

　　6. 诚信是大学生进入社会的通行证。　　　　　　　　　　　　　（　　）

　　7. 中华民族优良道德传统注重整体利益，这里的"整体"概念与集体主义的概念是一样的。　　　　　　　　　　　　　　　　　　　　　　　　　（　　）

　　8. 道德是通过社会舆论、传统习俗和人们的内心信念来维系的一种社会意识。

　　　　　　　　　　　　　　　　　　　　　　　　　　　　　　　（　　）

　　9. 道德是人们内心存在的对人们的行为进行善恶评价的心理意识、原则规范和行为活动的总和。　　　　　　　　　　　　　　　　　　　　　　（　　）

　　10. 道德属于上层建筑的范畴，是一种特殊的社会意识。　　　　（　　）

四、材料分析题

习近平：广大青年一定要锤炼高尚品格

　　广大青年一定要锤炼高尚品格。中国特色社会主义是物质文明和精神文明全面发展的社会主义。一个没有精神力量的民族难以自立自强，一项没有文化支撑的事业难以持续长久。青年是引风气之先的社会力量。一个民族的文明素养很大程度上体现在

青年一代的道德水准和精神风貌上。

　　广大青年要把正确的道德认知、自觉的道德养成、积极的道德实践紧密结合起来，自觉树立和践行社会主义核心价值观，带头倡导良好社会风气。要加强思想道德修养，自觉弘扬爱国主义、集体主义、社会主义思想，积极倡导社会公德、职业道德、家庭美德。要牢记"从善如登，从恶如崩"的道理，始终保持积极的人生态度、良好的道德品质、健康的生活情趣。要倡导社会文明新风，带头学雷锋，积极参加志愿服务，主动承担社会责任，热诚关爱他人，多做扶贫济困、扶弱助残的实事好事，以实际行动促进社会进步。

　　结合所学理论与材料分析当代大学生应该怎样提高道德修养，锤炼高尚品格？

5 第五章

遵守道德规范　锤炼高尚品格

案例一：驱园中虎易，驱心中虎难

案例文本

2017 年 1 月 30 日长江日报报道，昨天（29 日）下午两点左右，宁波雅戈尔动物园发生老虎咬人事件。被老虎咬伤游客经抢救无效，不幸身亡。一只老虎已被击毙。当晚，宁波官方在通报中称：

死者张某（籍贯湖北）及妻子和两个孩子、李某某夫妇一行 6 人到雅戈尔动物园北门，张某妻子和两个孩子以及李某某妻子购票入园后，张某、李某某未买票，从动物园北门西侧翻越 3 米高的动物园外围墙，又无视警示标识钻过铁丝网，再爬上老虎散放区 3 米高的围墙（围墙外侧有明显的警示标识，顶部装有 70 厘米宽网格状铁栅栏）。张某进入老虎散放区。李某某未进入，爬下围墙。

鸡年春节，却被一只老虎抢了风头。在宁波，有人新年逛动物园，为逃票，不顾警示牌翻墙，被老虎咬死。人们很惊异，八达岭野生动物园老虎伤人事件似在昨日，那场惨剧的教训血迹未干，类似的惨剧为何竟这么快就重演？

其实，最应该问的问题是：它为什么会重演？答案是：它注定会重演！而且，这类惨剧还将在宁波之后，在不同的领域，以不同的方式，继续重演下去。至少在目前，我们还看不到它的终点在哪里。因为，在我们每一个人的日常生活习惯里，一直就潜伏着一头不守规则的老虎，并随时等待着一个触发的机会。当那一刻来临时，这头老虎就会跳出来，噬咬秩序，噬咬公德，噬咬良知，噬咬自己。

如果在一张动物园门票和一条生命之间作出选择，没有人会蠢到选择前者。

但只要心存侥幸，那张门票就会变成诱人的小便宜，而那点小便宜就足以触发心中的那头老虎，并让我们变得奋不顾身。在我们这个群体里，为逃一张门票而最终葬身虎口的人并非行为变异者，相反，他的选择完全符合我们这个群体的行为逻辑，他就是我们中的普通一员，甚至，他就是我们本身。只是，在这次事件的围观者中，我们只看得见他，却看不见我们自己。

每年因不遵守交通规则而殒命的人数以十万计，但这背后，还有百万千万从违反规则中侥幸得到一点便宜的人，那十万人的斑斑血迹又何曾影响到另外那群人的心存侥幸。以至于在我们的每一条道路上，每时每刻都在上演着各种违规，警示牌比动物园更多、更醒目，但有用么？

2016年10月，九寨沟，一批驴友为了追求与众不同的体验，不顾警示，不顾管理规定，竟然从未开发的野路铤而走险，结果被困，后虽经全力营救，仍有一人遇难。但几乎同一类型的驴友遇难事件，年年都在发生，这一次，也不过是重复。

但也有更多的人"赢了"。

假期到超市购物，果蔬称重台排起长队。有人理直气壮地插到第一个，被插队的人不满，争吵，插队者毫无愧色，舌战群众，他带的孩子也帮着向众人吐口水，最后，他赢了。

朋友圈今天又有人晒出小区停车不讲规则，堵住了仅有的出路，人人都很愤怒，但人人也都无奈。

如果说小便宜会让我们奋不顾身，那么，大一点的便宜则绝对会让人们走向集体的疯狂。重庆市的一个小镇——人和镇，竟然在2005年创造了世界上最不可思议的离婚记录。这个人口仅有2万人的小镇，短短一年时间里竟有1795对夫妇离婚，然后是假结婚、假再婚、复婚。据《南方周末》报道，该镇的老百姓无论年龄大小，纷纷踊跃加入离婚队伍。"村里老太爷、老太婆都来离婚了"，"七八十岁走不动路，儿孙扶着来的、背着来的都有，一大家人，有说有笑地排队"。这种疯狂的群体表演背后是一条规则的出台，当时重庆出台的一份征地补偿办法规定：①一对夫妻只能分一套房，但离了婚单独立户，就可以各分一套房，并以优惠的价格购买；②配偶为城镇户口且无住房，可以申请多分配一间屋，从一室一厅变为一室两厅。而对如此优惠、良好的保障制度，公众首先想到的是怎么去钻规则的空子。

如果说门票是一种规则，那么一面可以翻过的墙就是空子。那些排着长队的"离婚"人群，与那个翻过动物园墙头的人，在本质上有什么不同么？

2009年，合肥市体育场举办了一场保健品的发放活动，商家承诺每个人将免费获得一盒保健品、6个鸡蛋。排队的规则连五分钟都没维持住就变成了哄抢，最后三人受伤，被送进医院。

2013年，合肥天鹅湖南岸，几对即将踏入婚礼殿堂的情侣，为了能拍出与众不同的婚纱照片和婚前微电影，买来近百只白鸽做配景，拍摄完毕后，这些白鸽被"放生"。

就在拍摄团队刚离开时，"放生"的白鸽就遭了殃，许多民众疯抢起来，一位刚逮到一只白鸽的市民说："这是菜鸽，可以吃。"

2013 年，在宜凤高速路上，一辆运送水果的大货车侧翻，20 吨水果散落一地，结果是被附近村民哄抢一空。

你看，无论是在高楼大厦林立的繁华城市，还是在穷乡僻壤的山间田边，他们都为着自己心里的小算盘、小利益做精确的打算，想着的是那点便宜，如何才能最快、最有效地到达自己手里。至于规则，甚至法律，与我何干？

上面所说的所有人，都并不是大奸大恶的异类；相反，他们都是最普通的人，而且还是我们非常熟悉的普通人，在生活中，他们可能就是我们的同事、朋友、邻居，甚至是家人。对规则的集体无意识，已经让不守规则变成了普通大众一种近乎自然而然的集体行为习惯。这种集体行为习惯从来就有着无形却巨大的伤害力，正如法国心理学家勒庞所指出的，"现实社会中有一群这样的人，他们并没有犯什么伤天害理的罪行，为的只是图自己的小便宜，或是盲目从众，而最终的结果却是导致了整个社会群体的混乱、更大的丑恶，以及对整个社会造成极大的损害：信用损害，道德损害，秩序损害。"在我们当下的生活中，这样的损害几乎无所不在，我们每个人经历的还少么？但我们找不到罪魁祸首，因为阿伦特笔下的"庸常之恶"，从来就是大众的共谋。

其实，正是我们一起营造了这样一个无规则的丑陋公共日常空间，甚至，我们也知道是我们自己营造了这样一个无规则的丑陋公共日常空间，但我们却依旧无力驱赶心中那头不守规则的老虎，因为我们太自私，比人性所允许的自私还要自私。规则的精义是"我不例外"，大家都不准闯红灯，我自己也不闯。大家都不准随地吐痰，我自己就不吐一口。人人赞成法制，我就不要求特权。既然建立了制度，我就不破坏它。可是，在我们这里，就成了"只我例外"，我反对闯红灯，只是反对别人闯，我自己却可以闯那么一闯。我反对随地吐痰，只是反对别人吐，我自己却可以想怎么吐就怎么吐。我赞成法律面前人人平等，但我自己却不能跟别人平等。我赞成建立制度，但只希望你们遵守制度，我自己的聪明才智要高明得多，不能受那种拘束。如果不能例外，那活着还有啥劲儿？

所以，关于遵守最起码的规则，我们天天都能听到如响雷般的万众呼唤，耳朵都能听出老茧，但现实却仍是"然并卵"，全部奥秘就在于那个"除了我"。

宁波动物园事件中其实有两只老虎，在那头动物园里的老虎咬死那个翻墙者之前，他心中的那头老虎早就咬死了他的规则意识。所以，咬死他的其实是两只老虎，另一只更可怕！很多人不知道！据说，那只动物园里的老虎已被击毙。但那只潜伏在人们心中的老虎却仍然活着，它只是在等待下一个触发点。它永远不会失望，因为在与我们习性的较量中，它还从未失过手。

（资料来源：边冠峰.驱园中虎易，驱心中虎难 [EB/OL].搜狐教育，2017-02-03；佚名.湖北男子逃票被老虎咬死 死者家属：动物园有责任 [N/OL].长江网——长江日报，2017-01-31．有修改．）

案例点评

人虎两亡的惨剧发生在新春佳节之际，真是让人太唏嘘！去年8月，东北虎咬人事件还历历在目，时隔不到半年，惨剧再次发生，同样是因为私自进入老虎自由区。我们不禁再次面对"敬畏规则"，陷入了沉思。不由想起海恩法则，德国人帕布斯·海恩，涡轮机的发明者，提出一个在航空界关于飞行安全的法则。海恩法则指出：每一起严重事故的背后，必然有29次轻微事故和300起未遂先兆以及1000起事故隐患。法则强调两点：一是事故的发生是量的积累的结果；二是再好的技术，再完美的规章，在实际操作层面，也无法取代人自身的素质和责任心。翻墙入动物园者难道忘了老虎会咬人？发生了那么多次老虎咬人事件，却仍旧咬不醒这些不守规则的人，这或许是规则面临的最大困境。

学习建议

1.学习本案例的目的和用途

公共生活需要良好的公共秩序，公共秩序需要道德和法律共同维护。敬畏规则，往往也是种自我保护的方式，规则意识缺失背后连着的，往往是灾祸之始。学好此案例有助于加强大学生的安全意识、公德意识、秩序意识。

本案例可用于教材第五章第一节"社会公德"部分内容的辅助学习。

2.学习本案例应注意的问题

学习本案例应真正认识到公共秩序的重要性，达到入心的效果；注意学会知识的迁移，对不同公共领域的公共道德要以"无伤""不占便宜"为原则；从身边的小事做起，善良不能仅存于内心，做到"勿以恶小而为之，勿以善小而不为"。

案例二："熊猫烧香"背后的病毒人生

案例文本

如果不是因为再次入狱，李某恐怕早已被人遗忘。

2013年底，浙江丽水莲都区人民法院，涉及赌资高达7000万元以至于成为公安部督办大案的"网络赌博案"，正式开审。庭审足足进行了10多个小时，见过卷宗的人说，那些纸堆在一起，足有一米多高。而混杂在 26 名被告之中的李某，看上去并不显眼。

时间已经过去七年。这个曾因"熊猫烧香"病毒名震江湖，被追捧为"毒王"，继而锒铛入狱的年轻人，已经 31 岁了。曾发誓"浪子回头"的他，最终还是违背了自己的初衷，重入歧途。

他的人生就像是中了某种病毒，兜兜转转，循环往复。只是这一次，或许他更难做回普通人了。

"洗白"

当年被捕后，李某曾如此描述走进黑客世界的感觉，"在这个群里，只要你是高手，其他人都会佩服你，追捧你，崇拜你。我非常开心，就像小时候上数学课，被老师表扬了，我就盼望着能上数学课一样……我发现自己越来越离不开网络了，那里有我的自尊，有我的能力被认同的成就感……"

当年，李某自编"熊猫烧香"病毒，以自己出售和由他人代卖的方式，每次要价3000 元，将"熊猫烧香"病毒销售给 120 余人，非法获利 10 万余元。而经过病毒购买者进一步传播，这种病毒的各种变种在网上大面积扩散。据估算，被"熊猫烧香"病毒控制的"网络僵尸"数以百万计，其访问按访问流量付费的网站，一年下来累计可获利上千万元。相对的，损失估计高达上亿美元。这也为李某在网络江湖上赢得了"毒王"的称号。

在监狱里，他帮助狱警做电脑方面的工作，因此减刑一年。2009 年 12 月 24 日，平安夜，因编写发布"熊猫烧香"病毒被判四年有期徒刑的李某，提前出狱了。出狱后，他第一时间联系了自己的"师傅"雷磊——当年引他进入"黑客"之门的人。

2010 年元旦过后，在一个网站记者的说服下，李某与雷磊一起赴京求职。他们希望和一些大企业接触后能在 IT 业找到一份稳定的工作。但北京之行除了参观，就是被安排拍照，他觉得他们"被利用了"。这次行程，本就是门户网站与安全软件厂商的联合炒作。他们开始拒绝采访，终止拜访安全软件厂商的行程，最终结束了求职之路。

另一种选择

对于聘请李某，很多安全软件厂商自有顾忌：一方面，这些公司担心被同行指责自己制作病毒，再假装截获；另一方面，他们认为李某学历不高，技术并不出众，还不具备编写杀毒软件的水平。

不过这次找工作的经历，并没有让李某彻底沮丧。他认为自己"有手有脚有头脑，找个工作还是很简单的"。他急切地"希望找份体面的工作，好好干下去，给父母创造幸福的生活"。

然而朋友却说："除了编程我不知道李某还能做什么，这也是他的兴趣所在。他倒是也想往销售这个方向试试，可是他口才又不好。"

现实一再地让李某失望。2010年春节，困窘中急于挣钱的他，接受了狱友张顺的邀请，来到浙江丽水，成立一家网络公司，公司注册资金500万元，两人无须掏一分钱，还有15%的股份。然而创业哪是这么容易的事。事实上，李某一直没写出所谓"不一样的"防毒软件，他们希望能挣点小钱的小游戏也没能把钱挣回来。

创业者，不要怕手脏

与此同时，一向内向的李某，更渐渐感觉到了环境带来的不适。张某是个生意人，只关心能不能挣到钱。在"熊猫烧香"案中，他扮演的就是"地下黑客"产业链中的销售终端的角色。而当时，张某用他敏锐的"商人嗅觉"迅速捕捉到了新的盈利点——"金元宝"游戏。

操作很简单。在这款名为"金元宝"的棋牌游戏上线前期，他们对别的棋牌游戏进行网络攻击。游戏上线后，他们在该平台上设定"牛牛""梭哈""两张"等游戏以输赢游戏豆的方式供游戏玩家参与。一方面，他们用木马程序植入玩家电脑，相当于出老千，这样玩家必输无疑；另一方面，他们在游戏运行一段时间后，把游戏玩家的赢率"暗箱"做调整，先让你赢，到某个程度，就由游戏"机器人"自动把你的游戏豆全部赢回去。除此之外，他们还以"高售低收"的方式向玩家提供人民币兑换——也就是说，面上是游戏，私下其实是网络赌博。

从始至终，李某并未对此提出异议。尽管被捕后，他曾多次对提审他的网警说："这不是他想要的公司，他早就想走了。"事实上，早在李某和张某的公司创立之初，团队里就有人诈赌，还叫李某编写病毒，以窥取对方玩家的底牌。

就是在这样的日子里浸淫，李某开始学会"能闯过去，就是赢家；闯不过去，就做普通人"的人生哲学。他还曾转载过一则"创业者，不要怕手脏"的微博。不过，他似乎理解错了这句话的意思。病毒，已然侵入他的人生。

2013年新年的第一天，警方敲开了他的房门，公司里的其他人也陆续被警方逮捕。2014年1月8日，因开设网络赌场，李某被判处有期徒刑3年。

（资料来源：何西."熊猫烧香"背后的病毒人生[J].商界，2014-02-12.）

案例点评

如果说七年前，24岁的李某写下"惊世骇俗"的电脑病毒是因为年少轻狂，那七年后的今天，他参与涉案金额高达7000万元的"网络赌博案"，是因为什么呢？

利益、欲望、权力、被追捧……作为公司管理层，李某的收入不算低，每月的薪酬有六七千元，另外他可以报销各种费用，而且他和张某还各占公司7.5%的股份。这一年的游戏运作下来，李某还得到了不少"好处"。但李某的人生，最终走上了歧路。网络世界很大很大，但是网络生活仍然有自己的网络道德，不能伤害别人，伤害自己，伤害人类的健康发展。

最终，他没能让父母过上幸福的生活，而是让他们两次出现在法庭的旁听席上。这一次，两个已经退休的老人努力想要听懂"银商""服务器"之类的术语。就好像6年前，他们想要听懂"木马""肉鸡"一样。

学习建议

1. 学习本案例的目的和用途

通过本案例的学习，能帮助我们认识网络游戏的秘密，认清楚游戏的实质，从而远离网游上瘾。同时帮助我们认识网络世界也有道德和法律要求，并非完全的无约束。网络也有文明礼貌，也有网络秩序，也要尊重他人隐私，尊重他人合法利益，不能巧取豪夺，不能坑蒙拐骗。通过认识李某的病毒人生，帮助我们大学生自觉抵制不良诱惑，遵守道德和法律的基本要求。

本案例可用于教材第五章第一节"社会公德"部分内容的辅助学习。

2. 学习本案例应注意的问题

学习本案例应注意全面认清网络中的是非现象，探讨网络道德提升的具体实践。

案例三：住手，高空抛物者

案例文本

屡禁不止的高空抛物，引起了上海媒体的深度关注。据调查，近七成居民认为高空抛物现象普遍存在；高达92.5%的居民认为，居住人员的素质较低是高空抛物行为发生的主因。

如今，上海市民的居住条件普遍改善了，但相当一部分市民的素质并没有随之提高。香烟头、废纸、厨余垃圾、香蕉皮、塑料瓶，甚至啤酒瓶，常常随手从窗口扔出去，一扔为快。

有的高空抛物者为自己的行为辩护道："这是个人自由。"不对，这是任性。黑格尔说得好："人们往往也把任性叫作自由，但是任性只是非理性的自由。"个人的自由应当以尊重他人的自由为前提。你有了高抛啤酒瓶的自由，下面路过的行人就失去了安全行路的自由。

有的高空抛物者认为，无非是扔出一点垃圾，没什么大不了。其实不然。有人做过实验，一个鸡蛋如果从 8 楼扔出去，扔到路人头上，可以使他的头皮受伤；一枚铁钉从 18 楼扔出，扔到人的头上，可以造成脑损伤；一块西瓜皮从 28 楼扔到人的头上，可以使人当场死亡。高空抛物的命中率也许百分之一不到，但对受损害者则是百分之一百。面对这种危险，没有人享有"豁免权"，今天你是抛物者，明天你也可能被别人从高空扔下的垃圾砸中。

上海七成居民认为高空抛物现象普遍存在。这个数据非常值得关注。我们要向这些人大喝一声：住手，高抛者！你的行为是给上海这座国际大都市的脸上抹黑，你从高空抛出去的是人类的精神文明。高空抛物是"悬在城市上空的痛"，在上海"陋习排行榜"中，这种行为与"乱扔垃圾"并列第二。高空抛物已成为一种不文明行为的顽症，是对城市文明的亵渎，也是对城市法律和道德的挑战。

最近上海有家报纸登出一个公益广告，说要"向高空抛物顽症宣战"。我们支持这种宣战。良好的习惯是一种道德资本，不良的习惯将使你道德上背上还不清的债务。但是，光靠媒体上的道德宣战是不能彻底解决问题的。多数居民认为，约束高空抛物还是需要"硬性"措施：制定法律法规，重罚高抛者。唯有道德的探头和法律的重罚双管齐下、持之以恒，方能使高空抛物者束手。

（资料来源：吴兴人. 住手，高空抛物者 [N]. 解放日报，2015-07-30.）

案例点评

高空抛物，是一种不文明的行为，是"悬在城市上空的痛"，而且带来很大的社会危害。

2008 年 11 月 24 日 11 时许，巴南区农民袁正敏在重庆市石桥铺渝洲新城下面摆摊时，一根金属叉头的叉衣棍从高空坠落插入其右侧额顶部。2010 年 6 月 3 日，重庆市九龙坡区法院对备受社会关注的"天降叉衣棍伤人案"作出一审判决：原告袁正敏被空中坠落的叉衣棍致伤，因不能确定叉衣棍的实际所有人，根据社会日常生活经验，可以确定致伤原告的叉衣棍是从侵权行为发生地周围合理范围内的建筑物中坠落，而本案被告所有的房屋所在的位置均在这一合理范围内。除被告土艾堂有证据证明无责不承担赔偿责任外，其余 48 户各赔偿原告 4326 元。

2014 年 10 月，广东虎门才 33 岁的女子贺美艳被楼上一名 10 岁孩子丢下的砖头砸中头部不治身亡，令 2 个男孩骤然失去了妈妈。

2015 年 7 月 30 日 09:35《福州日报》报道了沈某酒喝多了不想下楼就将垃圾随意抛下，将楼下的车顶砸凹，车主和警察通过垃圾里的快递单揪出"肇事者"的事件。

高空抛物者赔偿车辆维修费 1700 元。

如果说行车抛物让城市道路变脏，加重环卫清洁工的工作量，那么高空抛物则更可能危及生命！据科学测算，一个 30 克的蛋从 4 楼抛下来会让人起肿包，从 18 楼抛下能砸破行人的头骨，从 25 楼抛下则会使人当场死亡。高空抛物的危害性可见一斑。高空抛物已经不是一个简单的公德问题，而是一个危及居民安全，容易酿成事故，引发邻里纠纷的社会问题。

学习建议

1. 学习本案例的目的和用途

通过学习本案例，可以帮助我们理解公共生活中的社会公德的重要性，养成文明行为，禁止高空抛物，禁止乱扔乱丢的不道德行为。

本案例可用于教材第五章第一节"社会公德"部分内容的辅助学习。

2. 学习本案例应注意的问题

本案例属于生活中很小的一个方面，但我们应以小见大，以此类推，在坐车、购物、旅游等各个方面要"己所不欲，勿施于人""己所若欲，先立于人"。真正把握住道德的内容，从而真正做到道德在我心中，不管什么样的环境，都能变通理解什么是公共的道德。

案例四：招聘两则

案例文本

招聘一：公司要招聘一位财务经理，三个人来面试

A：29 岁，财务工作 7 年，目前工资 5000 元／月；

B：32 岁，财务工作 10 年，目前工资 5500 元／月；

C：35 岁，财务工作 14 年，目前工资 6500 元／月。

当我约他们一起来做集体面试的时候，三个人都有些意外；当得知面试官不是财务总监，而是行政总监时，他们更惊讶了。

集体面试中问与答的奥秘

第一个问题："你业余时间最喜欢做什么？"

A：喜欢炒股

B：爱看文学杂志

C：中意看电视

第二个问题："平时看书多吗？"

A："不太看书了。"

B："我主要看文学书籍。"

C："比较少看，看也只看财务的专业书籍。"

我漫不经心地喝了口茶，接着问A："你如何来分析股市呢？"A答："比如，我最近比较注意生物、医药股票，因为日本地震、海啸之后的核辐射，会导致生物、医药类股票上涨。"我追问了一句："你这样的分析，相信大多数人都会得出类似的答案，能谈谈你个人独到的见解是什么吗？"A开始支吾，语焉不详。

我转头问B："文学类的书籍对我们的工作有什么帮助呢？"

B答："没有什么帮助，只是个人爱好而已。"

我将目光投向了C："看电视能够有什么收益呢？"C答："其实我看得比较杂，动画也看，是否有什么收益这个问题没想过。"

我面无表情，只是微笑地接着问，"在你们眼中，我们公司是怎样的呢？"这次，他们三个人的答案竟然是惊人的一致：从贵公司网站上得知，你们是一家代理某运动品牌的贸易公司。这回，轮到我惊讶了，公司网站上并没有注明是贸易公司呀。

我仍然不露声色，又抛出了一个问题："为什么离开原来的公司？"

A："公司太小，发展空间有限，我想寻找一个更好的发展机会。"

B："家里有事无法请长假，因此，我辞职回家办事，然后再来找工作。"

C："公司的董事之间各有各的想法，夹在中间很难做事，因此我想辞职。"

该是到最后一个问题的时候了吧，于是我问："你们三个人的背景基本相当，都没有拿到注册会计师的职称，工资水平线基本接近，年龄也基本接近，那你们个人认为自己比另外两个人更强的地方在哪呢？"

A："我最年轻。"——"最年轻是否意味着经验最不足呢？"，我笑着追问了一句，对方只好点头说"是"。

B："好像他们都比我强，我想我是最弱的。"

C："我最有经验。"——"那是不是意味着思维最僵化呢？"，我同样追问了一句，对方不好意思地笑了。

换一种思维方式

差不多了，我对今天的面试作个小结，"今天我们没有谈财务方面的问题，与其说是面试，不如说是聊天。如果今天我让各位就这样回去，你们肯定会在心里抱怨——这么大老远的让我来面试，就这样打发我？"事实上，我想跟你们分享一下，换一种思维方式的面试或许也能让你受益匪浅。

其实，我目前所在的公司是一家运动服饰的品牌与渠道运营公司，却不知三位求职者是如何从网站介绍中得出我们是一家贸易公司的结论。或许，网站上无法找到更多的资料，但可否对比一下同行李宁、安踏这样的公司呢？结果我们会发现，在激烈的竞争面前，李宁和安踏等知名品牌已占据足够的市场份额，那我们靠什么生存发展呢？显然，李宁与安踏不会给我们十年的时间去追上它们。这意味着，我们需要一种创新的运营模式。那这样的公司对财务管理会有什么要求呢？其实这也是你们来应聘财务经理该作好的初步准备。

想一想，三位求职者今天是来应聘财务经理，而不是一个普通的会计。"如果我单纯问你们如何做账未免太过低估你们专业水平了，毕竟财务经理所要做的是全盘统筹工作。这就比如，你们在来应聘前就应该思考这家公司的财务运行状况与要求。这个过程并不难，关键在于你是否作好充分准备。"我有些激动地说道。比如说从三位求职者此前的回答着手分析：

A. 喜欢炒股却不怎么看书，那理性判断从何而来？A认为自己原来的公司没有发展空间。可事实上，发展空间仅是老板给的吗？不是的，而是要站在公司的角度，去帮老板分析：是不是可以与同行的公司进行业务重组，形成更强的市场竞争力？是不是可以结合公司的自身要件，有没有更好的投资方向？这样一来，才有更好的发展机会。

B. 爱看小说对工作真的没有作用吗？小说里的人情世故应有尽有；小说里的商业思维层出不穷。如果将看的书作一些思想总结，与工作结合起来，也能将知识积累转变成职场生产力。

C. 看电视休闲放松没有错，看财务的专业书籍也很好。错的是，仅仅有这些还不够，还需要随着企业发展扩大知识面。比如，现在的企业上市有哪些模式？公司上市对于财务来讲有哪些硬指标？不同类型的公司，对于同现金流会有什么不同的要求？这些答案不是非要去多家企业实践才可得知，而是可以通过平常对企业管理的关注与学习来掌握。

换个角度，三位求职者来应聘之初，应该通过与同行的比较，大胆地站在财务经理的角度，去架构适应公司发展的财务管理体系。从企业的扩张到日常运营，设定运行的财务数据模型。哪怕假设的数据有误，也可让面试官看出你是下了一番功夫，也可在获得工作机会后大展身手。

归根结底，一个对企业管理有着比较全面认知的资深财务人员，一个具备与人沟通能力的管理者，一个热爱学习并不断反省自己的人，才具备干好财务经理的基本素养。

招聘二：最牛应聘人员

北京某房地产公司人事经理说，在一次招聘会上，他们本想招一个有丰富工作经验的资深会计人员，结果却破例招了一位刚毕业的女大学生。让他们改变主意的起因只是一个小小的细节：这个学生当场拿出了两块钱。

人事经理说，当时，女大学生因为没有工作经验，在面试第一关即遭到了拒绝，但她并没有气馁，一再坚持。她对主考官说："请再给我一次机会，让我参加完笔试。"主考官拗不过她，就答应了她的请求。结果，她通过了笔试，由人事经理亲自复试。

人事经理对她颇有好感，因她的笔试成绩最好，不过，女孩的话让经理有些失望。她说自己没工作过，唯一的经验是在学校掌管过学生会财务。找一个没有工作经验的人做财务会计不是他们的预期，经理决定收兵："今天就到这里，如有消息我会打电话通知你。"女孩从座位上站起来，向经理点点头，从口袋里掏出两块钱双手递给经理："不管是否录取，请都给我打个电话。"

经理从未见过这种情况，问："你怎么知道我不给没有录用的人打电话？""您刚才说有消息就打，那言下之意就是没录取就不打。"经理对这个女孩产生了浓厚的兴趣，问："如果你没被录取，我打电话，你想知道些什么呢？""请告诉我，在什么地方我不能达到你们的要求，在哪方面不够好，我好改进。""那两块钱……"女孩微笑道："给没有被录用的人打电话不属于公司的正常开支，所以由我付电话费，请您一定打。"经理也笑了，"请你把两块钱收回，我不会打电话了，我现在就通知你，你被录用了。"

记者问："仅凭两块钱就招了一个没有经验的人，是不是太感情用事了？"经理说："不是。这些面试细节反映了她作为财务人员具有良好的素质和人品，人品和素质有时比资历和经验更为重要。第一，她一开始便被拒绝，但却一再争取，说明她有坚毅的品格。财务是十分繁杂的工作，没有足够的耐心和毅力是不可能做好的。第二，她能坦言自己没有工作经验，显示了一种诚信，这对搞财务工作尤为重要。第三，即使不被录取，也希望能得到别人的评价，说明她有直面不足的勇气和敢于承担责任的上进心。员工不可能把每项工作都做得很完美，我们接受失误，却不能接受员工自满不前。第四，女孩自掏电话费，反映出她公私分明的良好品德，这更是财务工作不可或缺的。"

（资料来源：佚名. 招聘两则 [EB/OL]. 一品故事网，2010-3-10.）

案例点评

面对就业，不管是初次应聘还是多次跳槽，人们都会有很多看似天经地义的理由，于是抱怨，自认为怀才不遇，或者命运不佳，或者社会黑暗……然而，如果按照惯有的思维，很多职场人士工作多年，结果却只是量（工作年限）的增加，而没有质（阅历、经验、视野等）的改变。自然而然，也会始终在原地踏步，更何谈加薪升职呢？

准备进入职场的大学生，也需要问问自己：职场要我的理由是什么？我能为企业干什么，创造什么？

学习建议

1. 学习本案例的目的和用途

通过本案例帮助大学生站在另一个角度思考，认识自身的问题，认识社会的需要，看清职业发展的要求。帮助大学生坚定学好专业技能知识，加强自身软实力的学习和外化，从而能够调整自身态度、思维、行动，适应市场经济对人才的要求。

本案例可用于教材第五章第二节"职业道德"部分内容的辅助学习。

2. 学习本案例应注意的问题

学习本案例时应注意强化适应市场、社会需要的意识，据此引导自己在学校的专业学习、技能学习、拓展学习。尤其是作为一个准社会职业人，要加强职业道德、职业准则、职业精神及职业思维的培养，并且在学校就严格要求自己，进入准职业模式。走出自我个人中心，学习转换思维，站在他人、企业、社会、客户等的角度思考问题，解决问题。

案例五：北大毕业生卖猪肉

案例文本

陈生的第一桶金

陈生，广东湛江人，北京大学经济学学士，清华 EMBA。1984 年毕业分配至广州一个机关，三年后他毅然决定下海。谈及为何放弃这样一个人人羡慕的"铁饭碗"，陈生笑着说，学经济学的他发表的《中国迟早要进入自由经济》的论文竟到了上司手中。上司认为他的观念有问题。"当时可郁闷了，觉得自己在那里格格不入，也找不到职业优势。"他喜欢独立地对某些东西作出决定，但在那个工作环境中，他无法按照自己的个性行事，可以说"论文事件"促使他间接作出了辞职的决定。

辞职后陈生当起了"走鬼"——摆地摊卖衣服。卖了数月衣服后他赚了一点小钱。有一天他的农村亲戚抬着自己种的 100 多斤萝卜上街卖，因刮风下雨天气不佳，亲戚只卖出了 10 斤，赚了 10 元钱。村子里面其他农民的遭遇也相差无几，一群农民都很生气，坐在地上抱怨"明年再也不干了"。当时站在一边的陈生却受了这句话的启发。按照经济学原理，供小于求时价格会上升。于是，他便用倒卖衣服赚取的一点积蓄承包了 100 亩菜地，自己带着一些菜农来耕种。其间，他发现，除了供求关系外，蔬菜的价格受天气的影响最厉害。尤其是当西伯利亚寒流逼近广州地区的前一天，当天天气闷热，蔬菜的价格就特便宜。陈生就趁机将市场上能收购的蔬菜都收购了。到了降温那天正好过节，大多数农民都没有出来卖菜。"进价 1 毛钱一斤，我卖到 6 毛钱一斤。"陈生说，这笔倒卖让他赚到了人生第一桶金，一下子赚了十几万元。此后，他开始专做倒卖蔬菜的生意。而关于对天气影响价格的领悟，陈生笑着说他一直守口如瓶，直到时隔 8 年回去和当年的菜农们闲聊时才透露出去。

陈生创业

拿着赚到的第一桶金，1993 年陈生开始投身于湛江的房地产业。只用了三年时间，他做到了湛江房地产市场的前三名。考虑到房地产业涉及一些法律之外的不安全因素，陈生开始转行去制造饮料。"当时我想做一种纯碳酸饮料。"陈生说。两个朋友说："你不要再研发你的碳酸饮料了，这年头大家都流行喝醋饮料啦。"陈生跑到市面上调查了一番，发现大家都是直接用醋和雪碧在一起勾兑，却没有一种现成的醋饮料。随即，他大刀阔斧，拍板马上生产醋饮料。于是，1997 年中国第一家醋饮料便在陈生的手中诞生了。

北大学子与猪肉

决定"杀猪"是他去菜场买肉时突然决定的。他发现这个行业被别人误解，这个职业也被别人误解，很多东西都被别人误解了。广州的猪肉市场一年的销售额达几十亿元，为什么没人去做大？带着这样的疑问，憧憬着巨大的市场前景，陈生开始投资。他认为，越是被人忽视的行业机会就越大，第一个是市场，第二个是竞争对手。他解释说，假如他是卖电脑的，他得面临像联想等这些几百亿上千亿级的企业竞争，但是选择卖猪肉，跟他的竞争对手相比，他还是有优势的。他就要在这个职业里面干出一点伟大的事，比如人家卖一头猪、半头猪，而他能卖到十几头猪，这不是北大水平吗？

"卖猪肉比卖电脑还有技术含量"，陈生对此解释"卖电脑就是把各种硬件进行组装，然后卖给消费者。组装是一门技术，只要稍加学习便可。但是对于卖猪肉而言，肥肉、瘦肉、排骨等如何去分割、如何搭配，决定了卖猪肉的赢利还是亏损，其可变性很大。"比如瘦肉，全部是瘦的不好吃，太肥了，也不好。从口感上说，或许加上 3% 的肥肉最好，但操作起来没法教，可能就是靠手感，因此培养一个好的卖猪肉刀手就是技术含量的体现。于是 2006 年，陈生在湛江和广西交界处附近打造他的土猪养殖厂，2007 年开始在广州开猪肉档卖猪肉。在短短一年时间里，发展成为广州乃至广东最大的猪肉连锁店"壹号土猪"。

2008 年 11 月 28 日《广州日报》以"1500 硕士竞聘卖猪肉工作 据称包括海归人士"为题，介绍了陈生的企业以年薪 10 万元招聘 15 名刚从高校毕业的研究生当"猪肉佬"，一夜之间成为舆论焦点。2010 年 5 月据南方日报报道，14 人中只有 1 人离职，其他 13 人均当上该公司中层管理人员。

最新消息

2013 年 10 月 21 日《北京日报》报道了"北大猪肉佬"回京卖猪肉，计划办学传授"卖肉经"。

10 年前，一篇《北大毕业生长安卖肉》的报道让毕业于北京大学的陆步轩闻名全国。前天，他和师兄——同为"北大猪肉佬"的陈生杀回北京，开设 12 家"壹号土猪"档口。"没在北京卖猪肉，就还不算把猪肉卖出北大水平。"陈生说。

陆步轩 1989 年从北大中文系毕业后，干过多种职业，2003 年以"眼镜肉店老板"的身份闻名。陈生则是北大政治经济学专业毕业，他从政府机关辞职下海后，也从事过摆地摊、种菜、房地产、卖猪肉等多种行当。2009 年，两位"北大猪肉佬"开始合作。

前天上午一大早，位于新街口北大街物美超市大门口，一个铁笼子里竟有一头绑着大红花、重约 125 千克的活猪，瞬间引起市民围观。这就是陆步轩等人喂出的"壹号土猪"。北大学生卖猪肉果然不一般，他们竟然想出"答题免费送猪肉"的手段招揽顾客，题目全是他们饲养"土猪"的知识，既吸引了顾客，又推销了产品。

不到 1 个小时，商场地下二层的"壹号土猪"档口已被市民们围得水泄不通。陆步轩穿上工作服干起老本行。"来二两猪肉！"一位中年妇女说。陆步轩熟练地磨刀、切肉、上秤，不多不少，正好二两。

别看就是卖猪肉，北大学生也卖得很精细。陈生和陆步轩的猪肉摊，细分种类很多，有五花肉、后腿肉等 30 多个种类，连普通的猪蹄都被分为前蹄和后蹄。不过，猪肉价格也不便宜，最贵的肋排是 49.8 元一斤，比普通档口的售价高出一倍。陆步轩解释到，他们的猪是从广东本地运送过来的，生长期 11 个月，是普通猪的两倍，只喂食天然饲料，不仅口感好，也更安全。

在北京，跟随两位北大毕业生卖猪肉的员工有一百多位，一半以上都是大专、本科学历，其中还不乏海归，他们全都是陈生和陆步轩创办的"庖丁学堂"培养出来的。两人还打算把"庖丁学堂"开到北京，传授卖猪肉的生意经。不仅包括猪肉分割、销售、管理等知识，还包括"卖猪肉时要微笑""卖肉的同时还要推销产品，喊一些'壹号土猪，很土很香很健康'的口号"等营销手段。

两人计划今年内将档口扩充到 30 家，长远规划是在北京开档口 400 家。"从传统意义上看，北大学生不应该从事这个行业，但我们在做另外一方面的尝试，在时代变化的情况下，择业观也应该改变。"陆步轩说。

（资料来源：张丹羊，江飞雪 . 1500 硕士竞聘卖猪肉工作 [N]. 广州日报 . 2008-11-28；任敏 ."北大猪肉佬"回京卖猪肉 [N]. 北京日报，2013-10-21. 有删减和合并 .）

案例点评

2003 年北大出了个卖肉的陆步轩；2006 年北大出了一个卖糖葫芦的武小锋，"陪聊"的高健；2008 年出了卖肉的陈生。昔日的北大学子今日的"猪肉大王"，成为一个颇有意味的时代符号。透过这一符号，我们可以看到：其一，几年前，陆步轩的"眼镜肉店"引起过轩然大波，但随着人们就业观念的改变，人们越来越认识到，干什么并不重要，重要的在于思维，在于方式。财富多寡，也不是衡量成功的唯一标志。孔子说"君子不器"，就是要人不做功能单一的器皿。反之"允文允武"，才会是成功之道。其二，作为大学生，学问固不可少，专业固不可废，但最重要的，莫过于正确的思维方式，莫过于培养独到的研究思路。有了这些不仅能随时更新补充知识，还能从容面对错综复杂的社会环境，在万难中理出清晰的"解题"思路。陈生倘若不思变，就没有后来的"猪肉大王"和千万身价。如此看来"和而不同"，正是他在大学的最大财富。其三，在经济增速放缓的背景之下，不少企业为了生存，抓破脑袋思考各种办法，降价牌、质量牌、定制牌……期许以此更好地撬动市场。这其中，"变"是经济人最宝贵的职业品质，就是创新，就是探索，就是打破常规和敢于进取。如果不以变化的观点看待世界，如果不以变化的方法审时度势，要想立足市场取得成功，几乎是不可能的。

学习建议

1. 学习本案例的目的和用途

通过本案例的学习，帮助大学生认识大学学习的方向和特点，认识择业、创业的重要性，了解知识、能力等在未来职业生涯中各方面的要求，理性地选择职业生涯的方向，同时正确理解职业中的职业道德。

本案例可用于教材第五章第二节"职业道德"部分内容的辅助学习。

2. 学习本案例应注意的问题

关于北大学子的新闻很多，注意在运用的时候引导学生分享好的经验，吸取暂时不足的教训，以促进学生在大学的学习和自身培养。比如卖糖葫芦的北大医学生武小峰，性格上的问题、人际交往上的问题，面试训练不足的问题……

案例六：我们只想你能陪着说说话

案例文本

同学朋友聚会还没说几句就开始玩手机，情侣面对面却要在手机上"聊天"，老爸老妈一开始"啰唆"就埋头看手机……没错，手机已经成了我们的"情敌"，爱情的情敌、友情的情敌、亲情的情敌。日前，一位妈妈写给儿子的信在网上热传，妈妈看到回家的儿子不停翻手机感到失落，《我们只想你能陪我们说说话》这封信让网友心酸，网友倡议"关机一小时"，过年期间，亲们都关机哪怕一小时，陪陪爸妈吧！

母亲写信劝儿子：事情再多也不能天天抱手机呀

现在我们每天的大部分时间都被手机"绑架"，除了必要的工作联络和朋友交往，很多碎片时间也都被娱乐游戏、社交平台等手机的延伸功能占用了。日前，网上流传着一封母亲写给过年回家的儿子的信，信中充满了爱和失落。"亲爱的儿子：刚才，你打来电话说，中午在同学那儿吃饭，不回来了！看着早上准备好的菜，突然就一点也不想做了"，这个开头很多家长和孩子都很熟悉，孩子长大了，经常一句"我不回来了"把爸妈一颗热切的心搁在一旁，但爸爸妈妈的心情却很少去体会，这位母亲的信正好说出了很多父母的心里话，"去年过节，你在家待（了）不到 10 天。基本上除了去外面和朋友耍，就是玩电脑、玩手机。今年回来前两天基本上也都是这样。以前你还上学的时候，买肉买菜，贴对子，都是你的活儿。自从上了班，这些都又成了你爸的。"这位妈妈的感慨也都是很多父母想说的：我们心里最盼望的，不是你替我们做什么活儿，而是能多看到你。而这位孩子的问题也跟我们很多年轻人一样："不管是吃饭，还是什么时候，你总是不停地翻手机，接电话。妈知道，工作了，事情多，但是，再多也不能天天抱着呀。"妈妈的希望很简单："现在见你次数越来越少了，妈妈希望，你能抽出一点时间，陪我们好好说说话。"最后妈妈惆怅地表示说多了怕孩子又觉得烦，但还是叮嘱："回来要是没吃饱，就去厨房，饭还给你留着，自己热热再吃。"

网友纷纷掩面泪奔：看得眼湿湿的，可怜天下父母心

"唉，想想当年自己也曾经这么混蛋过，回到家就是同学、朋友瞎胡混，仿佛这些都大过父母兄弟姐妹亲情。羞愧！""看得眼湿湿的""感觉像在说我，回家没事就是玩手机、平板电脑、睡觉""父慈子孝，母贤女淑，可怜天下父母心""感触颇深。珍惜与家人团聚的机会，多点关心！不等到子欲养而亲不待再来后悔""回家干嘛要一天到晚抱手机，鄙视这种行为，以后父母离世了再抱也不迟""人在，心也请在。""手机、平板电脑什么时候都能玩，多陪家人聊聊天吧"……很多有相似经历

的网友看过这封信的第一感受是惭愧，瞬间联想到自己也疏忽了跟父母相处的亲情时间。当然也有部分网友客观分析这和父母与子女之间交流的代沟有关，"要是你父母老是把你和别人家的孩子比较你心里会舒服？父母老是想着控制孩子，根本就不顾及孩子的感受""我看这要分家庭情况了，有的家庭就是那么和谐，孩子和父母特别亲肯定就有说不完的话。那些家庭自打小就不和谐的，孩子肯定跟父母也就没那么深厚的感情""可是有时候真的是话不投机半句多"……还有比较另类的亲子关系，比如"我应该写封信给我妈，让她别顾着打麻将不理我么？！""其实，我妈也在平板上看韩剧"……

关机一小时：让亲情在过年时回归吧

不管是旅行还是挤公交车，不管是白天夜晚还是上厕所，现在很多人简直是寸步离不了手机。地铁上一眼望去全是"低头族"、同学朋友聚会还没说几句就开始玩手机，情侣面对面却要在手机上"聊天"，老爸老妈一开始"啰唆"就埋头看手机……现在很多年轻人都成了"低头族"，在看完这位母亲语重心长地写给儿子的信后，很多人感慨"手机联通了世界，但阻隔了亲情"，当然这也不是手机的错，很多人觉得父母和儿子之间沟通有问题导致手机成了年轻人逃避的借口。不想被问公司、人际关系，不想被催结婚生娃、不想和邻家那谁相比……父母们的爱有时候让年轻人承受不起，而年轻人却对这种沟通不做任何努力，直接转投手机中寻找"共鸣"，这正是很多人正面对的"过年综合征"。马年春节，年轻人又已经返家或正在踏上返家途中，网友倡议"关机一小时"，"让我们哪怕关机一小时，陪陪父母回归""一年就这么几天，工作一年也该歇歇了""过年回家就是为了团聚，如果不陪家人多聊聊而是一直盯着手机看，团聚的意义就大打折扣了""跟朋友哪天都能聊，游戏玩不玩无所谓，老爸老妈就图个春节团聚，陪陪他们吧""今年我一定要把我妈聊烦了为止！""陪老头多喝两杯，他心情就好了"……亲，要是过年期间你打朋友电话关机，他可能正在"关机一小时"享受亲情时间呢，要不你也关机陪老爸老妈聊聊家常呗！

《我们只想你能陪我们说说话》全文

亲爱的儿子：

刚才，你打来电话说，中午在同学那儿吃饭，不回来了！看着早上准备好的菜，突然就一点也不想做了。

你到家三天了。记得，那天回来第一眼看见你，发现比上次瘦了，尤其是脸，两边的骨头都凸出来了。本来想问问（你）是不是工作辛苦，但可能是坐车太累了，你倒头就睡着了。

去年过节，你在家待（了）不到10天。基本上除了去外面和朋友耍，就是玩电脑、玩手机。今年回来前两天基本上也都是这样。以前你还在上学的时候，感觉过年时间挺长的。买肉买菜、贴对子都是你的活儿。自从上了班，这些都又成了你爸的。其实，我们心里最盼望的，不是你替我们做什么活儿，而是能多看到你。

昨天晚上，你爸叫你别出去，有事儿和你谈，自你回来才第一次有时间坐下聊聊。但是，你的注意力都被电视给吸引住了，问你话回答总是心不在焉。你爸说了你几句，你倒是不抓遥控器了，又拿出手机来按。平时，你也总是这样，有事儿没事儿总是盯着（手机）看。我们几次问你话，也不知道是听了还是没听，都没一句回话。结果，惹你爸发了脾气。

你也不要怪他，他怪的是你的态度。你可能没有注意到，这几年过节，你很少像小时候一样，跟爸爸妈妈认认真真聊天了。不管是吃饭，还是什么时候，你总是不停地翻手机、接电话。妈知道，工作了，事情多，但是，再多也不能天天抱着（手机）呀。

现在见你次数越来越少了，妈妈希望，你能抽出一点时间，陪我们好好说说话。

好了，不说了。说多了，怕你又烦！回来要是没吃饱，就去厨房，饭还给你留着，自己热热再吃。

（资料来源：张艳. 母亲给儿子的一封信：我们只想你能陪我们说说话 [N]. 扬子晚报，2014-01-30.）

案例点评

谁没有父母？谁没有老的时候？截至 2014 年底，中国 60 岁以上老年人口已经达到 2.12 亿，占总人口的 15.5%。大学生如何对待自己的父母，如何对待老年人，将是我们这个社会面临的最大的社会问题之一。"尊老""孝亲"的道德既是社会公德也是家庭美德。

为此，爱心大使林依轮、孙悦演唱了新"二十四孝"歌曲《孝心住我家》："心中有爱才有家，要用真心关爱他，拂去岁月的苍老孤单，聆听内心的呼唤；心中有爱才有家，要用真情呵护他，让爱飞向心灵的港湾，关爱老年人，我们承担。"

对此，2012 年 8 月全国妇联老龄工作协调办、全国老龄办、全国心系系列活动组委会共同发布新"二十四孝"行动标准：

一、经常带着爱人、子女回家。

二、节假日尽量与父母共度。

三、为父母举办生日宴会。

四、亲自给父母做饭。

五、每周给父母打个电话。

六、父母的零花钱不能少。

七、为父母建立"关爱卡"。

八、仔细聆听父母的往事。

九、教父母学会上网。

十、经常为父母拍照。

十一、对父母的爱要说出口。

十二、打开父母的心结。

十三、支持父母的业余爱好。

十四、支持单身父母再婚。

十五、定期带父母做体检。

十六、为父母购买合适的保险。

十七、常跟父母做交心的沟通。

十八、带父母一起出席重要的活动。

十九、带父母参观你工作的地方。

二十、带父母去旅行或故地重游。

二十一、和父母一起锻炼身体。

二十二、适当参与父母的活动。

二十三、陪父母拜访他们的老朋友。

二十四、陪父母看一场老电影。

同学，你想到了吗？你准备做些什么呢？

学习建议

1. 学习本案例的目的和用途

本案例引导大学生去思考我们身边正在发生的社会病，并理性地反思我们自身的问题，调整我们的亲情关系、关注社会老人问题，提升相关的道德意识。

本案例可用于教材第五章第三节"家庭美德"部分内容的辅助学习。

2. 学习本案例应注意的问题

在学习本案例时应注意对心中纠结的两个问题的认识：一是对"尊老"问题的全面认识，尤其是面对部分老人的为老不尊，公交上强行要座等行为要有正确的对待方式；二是对于父母亲的一些不恰当行为和要求，应理性思考并正确对待。

案例七：2017"感动中国 2016 年度人物"颁奖词及人物事迹

案例文本

"2016 年感动中国人物"颁奖晚会在 2017 年 2 月 8 日播出，2017 感动中国颁奖晚会，感动你我，感动中国。"感动中国"年度人物评选活动是中央电视台的传统品牌栏目，由中央电视台新闻中心制作，活动创办于 2002 年，每年举办一次，评选活动在全国范围内评选出当年具有震撼人心、令人感动的人物。

过去 14 年间，"感动中国"共评选出了 160 多位各行各业的杰出人物，在观众中产生了强烈共鸣。其中，有徐本禹、高耀洁、田世国、丛飞、王顺友等来自民间的杰出人士；有成龙、濮存昕、刘翔、姚明等光彩耀人的明星；也有钟南山、袁隆平、桂希恩、黄伯云这样的睿智学者；更有张荣锁、魏青刚、洪战辉、黄久生这样的普通百姓；还有郑培民、梁雨润、牛玉儒、杨业功、刘金国这样的党政高官。每个人物身上都有一种让观众感到心灵震撼的精神力量。

经公众投票和最终评议，获得"2016 年度'感动中国'人物"荣誉的是：中国探月工程总设计师、中国科学院院士、"两弹一星"功勋科学家孙家栋；火海救人的英雄王锋；不忘初心深山执教 36 年的最美教师支月英；国际名校毕业却选择回国扎根乡村的"耶鲁村官"秦玥飞；壮烈牺牲的歼 -15 飞行员张超；"在平凡中非凡，在尽头处超越"的大国工匠李万君；帮助困难病人的好医生梁益建；红丝带学校的创办人郭小平；"新疆焦裕禄"阿布列林·阿布列孜，以及世界首颗量子科学实验卫星"墨子号"的首席科学家潘建伟。

下面我们来看看 2017 年"十大感动中国人物"吧。

1.功勋科学家 孙家栋

颁奖词：少年勤学，青年担纲，你是国家的栋梁。导弹、卫星、嫦娥、北斗，满天星斗璀璨，写下你的传奇。年过古稀未伏枥，犹向苍穹寄深情。

孙家栋，87 岁，中科院院士、探月工程总设计师。孙家栋的一生与中国航天的多个第一密切相连，他是中国第一枚导弹、第一颗人造地球卫星、第一颗遥感探测卫星、第一颗返回式卫星的技术负责人、总设计师；是中国通信卫星、气象卫星、资源探测卫星、北斗导航卫星等第二代应用卫星的工程总师；是中国探月工程总设计师、中国科学院院士、中国"两弹一星"功勋科学家。在他领导下所发射的卫星奇迹般地占整个中国航天飞行器的三分之一。2009 年，获得中国国家最高科技奖。

2.火海救人英雄 王锋

颁奖词：面对一千度的烈焰，没有犹豫，没有退缩，用生命助人火海逃生。小巷中带血的脚印，刻下你的无私和无畏，高贵的灵魂浴火涅槃，在人们的心中永生。

王锋，男，38岁，河南省南阳市方城县广阳镇古城村人。2016年5月18日凌晨，南阳市卧龙区西华村一栋民宅突发大火，浓烟迅速吞没了整栋楼房。租住在一楼的王锋发现火情后，义无反顾地三次冲入火场救人，20多位邻居无一伤亡。第三次从火场出来时，王锋已快被烧成"炭人"，浑身都是黑的，神志已不清醒。从住处到临近的张衡路口，五六十米的距离，一路上都留下了他血染的脚印。王锋的事迹被报道后，全国各地爱心人士纷纷慷慨解囊捐款相助，至5月底捐款达250余万元。2016年10月1日下午，王锋因多脏器衰竭离开了人世。

3.扎根乡村36年的最美教师 支月英

颁奖词：你跋涉了许多路，总是围绕大山。吃了很多苦，但给孩子们的都是甜。坚守才有希望，这是你的信念。36年，绚烂了两代人的童年，花白了你的麻花辫。

支月英，女，江西省宜春市奉新县澡下镇白洋教学点教师。1980年，江西省奉新县边远山村教师奇缺，时年只有19岁的南昌市进贤县姑娘支月英不顾家人反对，远离家乡，只身来到离家两百多千米，离乡镇45千米，海拔近千米且道路不通的泥洋小学，成了一名深山女教师。36年来支月英坚守在偏远的山村讲台，从"支姐姐"到"支妈妈"，教育了大山深处的两代人。

4.大学生村官 秦玥飞

颁奖词：在殿堂和田垄之间，你选择后者。脚踏泥泞，俯首躬行，在荆棘和贫穷中拓荒，洒下的汗水是青春，埋下的种子叫理想。守在悉心耕耘的大地，静待收获的时节。

秦玥飞，耶鲁大学毕业，现任湖南省衡山县福田铺乡白云村大学生村官、黑土麦田公益（Serve for China）联合发起人。大学毕业时，秦玥飞选择回到祖国服务农村，至今已是第六个年头。

2011年，秦玥飞到衡山县贺家乡任大学生村官，为当地改善水利灌溉系统，硬化道路，安装路灯，修建现代化敬老院，为乡村师生配备平板电脑，开展信息化教学……2013年被评为央视"最美村官"，立个人一等功一次。2014年服务期满，秦玥飞认为"输血"并非最可持续的乡村发展模式，放弃提拔机会，转至白云村续任大学生村官，用"造血"建设乡村。

5.壮烈牺牲的歼—15飞行员 张超

颁奖词：那4.4秒，祖国失去了优秀的儿子，你循着英雄的传奇而来，向着大海的方向去降落。你对准航母的跑道，再次起飞，你是战友的航标。

张超，男，30岁，海军某舰载航空兵部队正营职中队长，一级飞行员。2016年4月27日，张超在驾驶舰载战斗机进行陆基模拟着舰接地时，突发电传故障，危急关头，他果断处置，尽最大努力保住战机，推杆无效、被迫跳伞，坠地受重伤，经抢救无效壮烈牺牲。此前，张超是"海空卫士"王伟生前所在部队优秀的三代机飞行员，全团6名"尖刀"队员中最年轻的一员，曾数十次带弹紧急起飞驱离外军飞机。

6. 大国工匠 李万君

颁奖词：你是兄弟，是老师，是院士，是这个时代的中流砥柱。表里如一，坚固耐压，鬼斧神工，在平凡中非凡，在尽头处超越。这是你的人生，也是你的杰作。

李万君，中车长客股份公司高级技师。2016年被中组部授予"全国优秀共产党员"荣誉称号。为了在外国对我国高铁技术封锁面前实现"技术突围"，李万君凭着一股不服输的钻劲儿、韧劲儿，一次又一次地试验，取得了一批重要的核心试制数据，积极参与填补国内空白的几十种高速车、铁路客车、城铁车转向架焊接规范及操作方法，先后进行技术攻关100余项。如今，中车长春轨道客车股份有限公司的转向架年产量超过9000个，比庞巴迪、西门子和阿尔斯通等世界三大轨道车辆制造巨头的总和还多。

7. 四川爱心医生 梁益建

颁奖词：自诩"小医生"，却站上医学的巅峰，四处奔走募集善款，打开那些被折叠的人生。你用两根支架，矫正患者的脊梁，一根是妙手，一根是仁心。

梁益建，医学博士，四川省成都市第三人民医院骨科主任。梁益建多年前学成回国，参与"驼背"手术3000多例，亲自主刀挽救上千个极重度脊柱畸形患者的生命，成为国内首屈一指的极重度脊柱畸形矫正专家。尽可能地为患者着想，是梁益建的工作守则。到医院求治的病人，很多经济条件都不好。为了让患者尽快得到治疗，他除了处处为病人节省费用外，还常常向经济困难的患者捐钱，四处募捐。碰到有钱的朋友，他会直接开口寻求帮助，甚至尝试过在茶馆募捐。据不完全统计，目前获得帮助的患者接近200位，金额近500万元。

8. 红丝带学校创办人 郭小平

颁奖词：瘦弱的孩子需要关爱，这间病房改成的教室是温暖的避难所。你用十二年艰辛，呵护孩子，也融化人心。郭校长，你是风雨中张开羽翼的强者！

2004年，临汾第三人民医院院长郭小平看到艾滋病区的几个孩子到了上学年龄却没法上学，便和同事一起办起了"爱心小课堂"。在社会各界的帮助和支持下，2006年9月1日，临汾红丝带学校正式挂牌成立，2011年学校被列入正式国民教育序列。临汾红丝带学校是国内唯一一所艾滋病患儿学校，郭小平目前担任临汾市红丝带学校校长，艾滋病感染儿童在这里接受治疗的同时也能安心接受与正常孩子一样的教育。多年来，郭小平创建红丝带学校一事，在社会上也受到不少争议，郭小平一直在艰难中努力坚持。

9. 新疆焦裕禄 阿布列林

颁奖词：在细碎的时光中守望使命，以奋斗的精神拥抱生活。执法无私，立身有责，恪尽职守，勤勉为公。在这片土地上，红柳凝聚水土，你滋润心灵。

阿布列林·阿布列孜，男，维吾尔族，新疆哈密地区中级人民法院退休干部。1968年，阿布列林曾经在途经河南时访问兰考焦裕禄故居，这次兰考之行影响了他一生。工作46年来，阿布列林不管是当农民、当工人、当检察官，还是在其他任何岗位，都踏踏实实、勤勤恳恳地工作，像一颗螺丝钉，拧到哪儿都不会松扣，他坚持依法公正廉洁办案，维护民族团结，努力做焦裕禄式的好党员、好干部，曾被评为全国民族团结进步模范个人，被最高人民法院授予一等功。

10. 量子通信科研带头人 潘建伟

颁奖词：嗅每一片落叶的味道，对世界保持着孩童般的好奇，只是和科学纠缠，保持与名利的距离。站在世界的最前排，和宇宙对话，以先贤的名义，做前无古人的事业。

潘建伟，46岁，物理学家，中科院院士。2016年8月16日，由我国科学家自主研制的世界首颗量子科学实验卫星"墨子号"在酒泉卫星发射中心成功发射，它将在世界上首次实现卫星和地面之间的量子通信。这将是跨度最大、史上最安全的通信网络。这个项目的首席科学家正是潘建伟。其研究成果曾6次入选两院院士评选的"中国年度十大科技进展新闻"、5次入选欧洲物理学会评选的"年度物理学重大进展"、4次入选美国物理学会评选的"年度物理学重大事件"。

11. 特别致敬

中国女排，北京时间8月21日，巴西里约热内卢小马拉卡纳球场，中国女排以3:1击败塞尔维亚队，时隔12年历史上第三次捧起奥运会冠军奖杯。

郎平和她的队员们在小组赛出师不利的情况下上演"绝地反击"，东道主巴西、小组赛曾战胜自己的荷兰和塞尔维亚都没能挡住她们前进的脚步。

对于向来有"女排情结"的中国人而言，这个冠军重于千钧，五星红旗飘扬的那一刻，《义勇军进行曲》响起的那一刻，激动与幸福的泪水美于一切。

感动，是一种力量，它总能直抵灵魂，温润心灵。

"感动中国"的意义之一就是给所有的观看者以信心：不要沮丧，不要失望，也不要去抱怨，有很多能让你感动的人，一直就在你的身边。

（资料来源：2017"感动中国2016年度人物"颁奖词大全人物简介[EB/OL]. 中国青年网，海峡都市报电子版，2017-02-09. ）

案例点评

他们或为航天事业，或为航母事业，或为农村发展，或为深山教育，或为残疾医疗，或为科研事业，或为政务公仆，或为邻里守望相助，他们把助人为乐、见义勇为、诚实守信、敬业奉献、顽强拼搏、共同富裕等中国文化精神在当代发扬光大。他们是我们生命之路上的道德榜样，更是我们身边的平凡人。他们的故事折射了时代的光芒，书写着时代的感动！他们有平凡的名字、平凡的面容，却有着不平凡的勇敢和坚持！他们用自己的行动感召着社会，用自己的行为诠释着道德的真谛，他们以一己之力，为这个社会带来融化在手心里的温暖，流淌在身边的感动！他们像前进路上的明灯，引领整个社会在道德之路上前行。

正是有了他们，才看到了中华的脊梁，看到了未来的希望。让我们以他们为榜样，见贤思齐，完善自身，奋勇前行。

学习建议

1.学习本案例的目的和用途

本案例帮助大学生去感受生活中的模范和榜样，充分发挥榜样的作用。他们不是全人，也非圣人，他们就是我们身边的平凡人，但是他们又是那么难能可贵，令人肃然起敬。本案例帮助大学生从感性认知到内心的内化和认同，再到行为的模仿和追求。

本案例可用于教材第五章第四节"个人品德"部分内容的辅助学习。

2.学习本案例应注意的问题

学习本案例时，应注重情感的共鸣，让道德人物更加接地气，成就生活中的"平凡中不平凡人格"，让我们大学生能够真正做到"修身、养性""齐家、安居""治国、乐业"。

思考练习

一、单项选择题

1.我国自古就有"君子成人之美""为善最乐""博施济众"等广为流传的格言，把帮助别人视为自己应做之事，看作自己的快乐。这是社会公德中（　　）。

A. 保护环境的要求　　　　B. 遵纪守法的要求

C. 爱护公物的要求　　　　D. 助人为乐的要求

2.社会公德最基本的要求是（　　）。

A. 文明礼貌　　　　B. 助人为乐

C. 遵纪守法　　　　D. 爱护公物

3.乘车登机坐船应主动购票，自觉排队；出行应自觉遵守交通规则，不闯红灯；游览、购物、提款应按先后顺序，不插队。这是社会公德中（　　）。

A. 保护环境的要求　　　　B. 文明礼貌的要求

C. 助人为乐的要求　　　D. 爱护公物的要求

4. 我国社会主义职业道德的最高层次的要求是（　　）。

A. 诚实守信　　　　　　B. 办事公道

C. 服务群众　　　　　　D. 奉献社会

5. 要求从业人员不损公肥私、不以权谋私、不假公济私，以公道之心办事，体现了社会主义职业道德的什么要求？（　　）

A. 爱岗敬业　　　　　　B. 诚实守信

C. 办事公道　　　　　　D. 平等交换

6. 四川省凉山山区邮递员王顺友，24 年跋涉 26 万千米，没有丢过一份邮件；航空发动机专家吴大观，几十年如一日，88 岁高龄才离开科研一线。他们的行为"感动中国"，他们诠释的职业道德规范是（　　）。

A. 办事公道　　　　　　B. 诚实守信

C. 爱岗敬业　　　　　　D. 助人为乐

7. 下列选项中，既是做人的原则，也是对从业者职业道德要求的是（　　）。

A. 助人为乐　　　　　　B. 邻里团结

C. 诚实守信　　　　　　D. 尊老爱幼

8. 婚姻家庭的本质属性是婚姻家庭的（　　）。

A. 自然属性　　　　　　B. 社会属性

C. 道德属性　　　　　　D. 法律属性

9. 下列选项，既属于家庭美德的基本规范之一，同时也是我国的法律原则和基本国策的是（　　）。

A. 尊老爱幼　　　　　　B. 男女平等

C. 勤俭持家　　　　　　D. 邻里团结

10. 即使在个人单处、无人监督时，也坚守自己的道德信念，对自己的言行小心谨慎，不做任何不道德的事。这种道德修养方法是（　　）。

A. 学思并重的修养方法　　　B. 省察克治的修养方法

C. 积善成德的修养方法　　　D. 慎独自律的修养方法

二、多项选择题

1. 公共生活需要秩序，有序的公共生活是（　　）。

A. 构建和谐社会的重要条件

B. 社会生产活动的必要基础

C. 提高社会成员生活质量的基本保障

D. 国家现代化和文明程度的重要标志

2. 当代社会公共生活的特征主要表现在（　　）。

A. 活动范围的广泛性

B. 活动内容的开放性

C. 交往对象的复杂性

D. 活动方式的多样性

3. 社会公德是指人们在社会交往和公共生活中应该遵守的行为准则，是维护公共利益、公共秩序、社会和谐稳定的起码道德要求。自觉遵守社会公德，应该（　　）。

A. 敦促他人遵守社会公德

B. 认真学习社会公德规范

C. 自觉培养社会公德意识

D. 努力提高践行社会公德的能力

4. 近年来，随着人们对手机、网络社交的依赖越来越强，"朋友圈"作为一个网络熟人社会，逐渐渗透到生活的各个角落。但由于"朋友圈"自我纠错能力弱，广告、谣言便充斥其间，严重污染了"朋友圈"的社交生态。从道德层面来看，和谐的网络生活需要我们（　　）。

A. 正确使用网络工具

B. 健康进行网络交往

C. 自觉避免沉迷网络

D. 养成网络自律精神

5. 马克思曾经说过："如果我们选择了最能为人类福利而劳动的职业，那么重担就不能把我们压倒，因为这是为大家而献身；那时我们所感到的就不是可怜的、有限的、自私的乐趣，我们的幸福将属于千百万人，我们的事业将默默地，但是永恒发挥作用地存在下去，而面对我们的骨灰，高尚的人们将洒下热泪。"这句话反映了（　　）。

A. 奉献社会的职业道德要求

B. 服务群众的职业道德要求

C. 社会主义职业道德的最高目标指向

D. 所有社会形态下职业道德的最高目标指向

6. 自"大众创业，万众创新"成为中国的国家战略之后，从中央到地方政府陆续出台一系列优惠政策支持创业创新。大学生的创业热情也一浪高过一浪。大学生应当树立的正确创业观是（　　）。

A. 要有积极创业的思想准备

B. 要有敢于创业的勇气

C. 要提高创业的能力

D. 要有天衣无缝的创业规划

7. 爱情的产生和发展通常表现为恋爱。男女恋爱中的基本道德要求有（　　）。

A. 尊重人格平等

B. 自觉承担责任

C. 朝秦暮楚

D. 文明相亲相爱

8. 下列选项中，除了尊老爱幼外，应该大力提倡的家庭美德还有（　　）。

A. 勤俭持家

B. 男女平等

C. 夫妻和睦

D. 邻里团结

9. 个人品德是集中表现了道德认知、道德情感、道德意志和道德行为的内在统一。其作用在于（　　）。

A. 对道德和法律作用的发挥具有重要的推动作用

B. 是个人实现自我完善的内在根据

C. 是经济社会发展进程中重要的主体精神力量

D. 具有实践性、综合性和稳定性

10. 个人品德的养成，需要（　　）。

A. 加强个人道德修养的自觉性

B. 采取积极有效的道德修养方法

C. 自觉向道德模范学习

D. 积极参与社会实践

三、判断题

1. 社会公德包含了人与人、人与社会、人与自然之间的关系。　　　　（　　）

2. 社会公德是指在社会交往和公共生活中公民应该遵守的道德准则。　（　　）

3. 职业道德的最基本要求是爱岗敬业。　　　　　　　　　　　　　（　　）

4. "不随地吐痰""不乱穿马路"等公德规范体现了社会公德的简明性。（　　）

5. 公共生活中法律与道德追求的目标是一致的，都是通过规范人们的行为来维护公共生活中的秩序。　　　　　　　　　　　　　　　　　　　　　（　　）

6. 网络世界是虚拟世界，人们可以在其中任意发表言论，不受约束。（　　）

7. 友谊之花可以遍地开放，而爱情之果只能两个人品尝。　　　　　（　　）

8. 友情具有相容性，而爱情则具有排他性。　　　　　　　　　　　（　　）

9. 专业知识的学习，职业道德素质与法律素质的提高，都是大学生从事未来职业活动所必需的。   （   ）

10. 家庭属于个人生活空间,因此在自己家里个人的行为不受社会规范的限制。
                                                        （   ）

四、材料分析题

《中国教育报》报道说,当前一些大学生思想活跃,志向远大,却对身边的一些所谓"小事"视若无睹:教室脏得无法进入,课间无人擦黑板,宿舍脏、乱、臭无人清理,"窃书不算偷"的现象比较普遍,毁书撕书的现象防不胜防……总之,大学生社会公德意识及基础文明修养的欠缺,正成为大学校园里一道令人不忍目睹的"风景"。记者不由得发出疑问:一屋不扫何以扫天下?

某高校在调查中发现,大学校园里有一个奇怪的现象:100%的学生强烈反对校园里的不文明行为,但是,这100%的学生也承认,校园里的种种不文明行为就发生在自己或同学身上。

阅读材料后,回答以下问题:

1. 依次写出令你深恶痛绝的10种校园不道德现象。

2. 试以"成就大事不可以不拘小节"为线索,阐述自己的观点。

6 第六章

学习宪法法律　建设法治体系

案例一：中国古代法律文化

案例文本

　　在人类所创造的各种精神文明和物质文明的成果之中，法律制度是一种伟大的创造，因为法律制度最能集中突出地反映一个民族、一个社会的基本价值观念，体现当时人民对自然、社会和人生的看法与做法。在具体的法律制度、法律条文背后，有着极为复杂和丰富的社会因素。所以说，法律制度是一个国家在一定时期内的物质生活条件的反映，是当时社会的整体折射。在人类历史上，自从有了阶级分化，有了国家之后便开始产生了法律，中国作为四大文明古国之一，更是有着灿烂的法律文明和独特的法律文化。

　　以公元前 21 世纪夏王朝的建立为起点，中国古代法制伴随着国家发展而开始了不断积累、不断发展的辉煌历程。在夏、商、周三代漫长的时间里，在不成文的习惯法占据主导地位的同时，中国早期的成文制定法的种子也在孕育之中。到春秋中后期以后，公开、成文的制定法终于破茧而出，春秋末期，郑国的子产首先创制了成文法，并将法律条文刻在鼎上，公布于众，史称"铸刑鼎"。从此以后，具有成文法系基本特征的中国封建法制开始迅猛发展。经过几千年的积累与回旋，中国古代的法律体制，也就是我们所说的"中国古代法律制度"，从早期幼稚粗略的简单法条，发展成了体系完整、内容全面、风格独特、义理精深的庞大法律体系。就立法而言，自秦汉至明清数千年之间，各朝各代、各全国性主要政权，以及一些有影响力的局部政治集团，在建立之初几乎无一例外地都制定过大而全的基本法典，以作为国家法制的基础，并作为"祖宗成宪"而垂范后世。除基本法典以外，还先后出现过令、格、式、比等多

167 <<<

种多样的法律形式，作为成文法典的补充，去全面规范和调节各方面的社会关系。这种样式繁多的法律形式是成文法发展的必然。在成文法发展的历史过程中，出现了《法经》《唐律疏议》等重要的封建法典，对后代立法产生了深远、积极的影响。

特别值得一提的是，由于儒家学说与实际政治的相互作用，一系列富有浓郁东方农耕社会特色的道德价值观念逐渐被渗透到中国传统法律之中，由此形成了一系列具有中国特色的法律指导和规范，塑造了一种富有特色的"伦理法"性格，礼与法紧密地结合在一起。

中国古代关于财产权的法律很不发达，这是有社会原因的。梁漱溟说："中国法律早发达到极其精详的地步。……但各国法典所致详之物权债权问题，中国几千年却一直是忽略的。盖正为社会组织从伦理情谊出发，人情为重，财物斯轻，此其一。伦理因情而有义，中国法律一切基于义务观念而立，不基于权利观念，此其二。明乎此，则对于物权债权之轻忽从略，自是当然。"在中国古代社会的人们看来，人与人之间的社会关系主要是一种伦理关系。随着个人年龄和生活开展。而渐有其四面八方若近若远数不尽的关系。是关系，皆是伦理；伦理始于家庭，而不止于家庭。这种伦理本位精神表现于经济生活，即为伦理主导型的经济生活，人们之间的经济关系服从亲情伦理的调整，表现为一种伦理关系。正是由于人们从伦理角度看待财产关系，而不是从个人权利的角度看待财产关系，使得中国古代的法律关于财产权的制度很不发达。

在政治上，中国古代的政治为"伦理的政治"，统治者把宗教、法律、风俗、礼仪都混在一起。所有这些东西都是道德，都是品德。这四者的箴规，就是所谓的礼教。中国的统治者就是因为严格遵守这种礼教而获得了成功。在法律方面，中国的法律属于伦理型法律。这种伦理刑法律的基本特点是以礼统法，礼法合一，或者说道德的法律化、法律的道德化。

西周的"周礼"，把礼作为治理国家的准绳。在西周时期，"孝"和"忠"既是伦理道德规范，又是法律规范。汉朝实行"罢黜百家，独尊儒术"，在指导思想上结合了儒家的理论，使儒学成为官方的、正统的政治理论，汉朝以后的中国古代法律，都是沿着汉代儒家化的方向逐渐发展，一直到隋唐发展到顶峰。以《唐律疏议》的制定完成为标志，"礼法结合"的过程基本完成，儒家学派的一些基本主张被精巧地纳入成文法典之中，中国传统社会的"法律道德化，道德法律化"的特征得到了充分的体现。

中国古代是一个中央集权高度发达的国家，君主的统治是专制统治，而古代君主的专制统治很多是暴力的，这一点体现在刑法体系的完善上。

中国的刑法体系十分发达完善，是一个发达的成文法国家，古代的法典沿革清晰、一脉相承，无论是《吕刑》还是《法经》，或《唐律疏议》《宋刑统》等，都是刑法典。

中国所谓的法，一方面就是刑法；另一方面则是官僚机制统治机构的组织法，由行政的执行规则以及针对违反规则行为的罚则所构成。中国的传统法律文化可以说是公法文化。虽然其中确有关于民事、经济、婚姻、家庭、诉讼等方面的规定，但这些规定都是刑法化的，它们在性质上可归属于刑法之列。例如，西周时期民事活动方面的法律规定，当时的契约主要是借贷和买卖。违反契约规定，不按时交付利息者，要受到刑罚的制裁，即所谓："凡民同货财者，令以国法行之，犯令者，刑罚之。"此外，因买卖或租赁而发生的契约纠纷，最终也是以刑罚手段来处理。这种民事内容刑事处罚的特点，自西周而成为一种传统，一直到清末仍未有根本的变化。这是民法刑法化的体现。

刑法在古代如此"普及"渗透到生活的方方面面，在古代人观念里的刑法是个什么概念呢？在古代中国人的观念里，刑即法，法即律。其次是惩罚（制裁犯罪），而中国传统思维里的刑法重在惩罚（报复），轻在教育（警戒）。这是因为，法即刑，刑即杀。杀戮的目的不是为了别的，而是为了报复。因此，中国传统法律的性质被刑法化了。

按照马克思主义的基本原理，一定社会制度的形成和发展都与当时的社会文化、经济基础分不开。

法律制度是一定社会文化条件下的产物。在具体的法律规范、法律条文背后，有着深刻的社会思想因素。中国历史上的法律制度，是在中国几千年文化背景下形成和发展的，所以无疑明显地带有时代和民族的烙印。这就体现在上述的伦理法特征和刑法体系的发达上。

法律制度作为社会上层建筑的重要组成部分，是由当时所处的社会物质生活条件所决定的，是一定的现实社会关系的反映。法律制度的产生、发展、形成，都与当时的政治、经济、文化、风俗、传统等社会条件密切相关。所以说不同的文明造就了不同的法律制度。在中国古代社会中，自理耕作的农耕生产方式，一家一户、自给自足的小农经济，中央集权的政治制度，独特的自然和地理条件，共同构成了中国传统法律文化的独特土壤。这些社会因素是形成中国传统法律制度基本特色的真正原因。

中国传统法律文化不仅是中华文明的一笔宝贵精神财富，对于当代法律创制实施的借鉴意义也十分重大。我们在总结历史经验的基础上，完善今天的法律，为建立法治国家和和谐社会提供有力的法律保障。

（资料来源：张晋藩．浅议中国古代法律文化．[J] 南京大学法律评论，2012-10-23.）

案例点评

本案例讲述了中国传统法律文化的发展历程，以夏王朝为起点到隋唐时期已经发展到了顶峰状态。同时也详细地介绍了我国古代的刑法体系，中国古代刑民不分，中国传统法律的性质被刑法化了。这样的一种法律文化现象与我国当时的社会经济基础是分不开的。

学习建议

1. 学习本案例的目的和用途

本案例通过对中国传统法律文化的发展历程的讲解，让大学生了解中国法律的起源以及早期的法律思想。从中国传统的法律文化中就可以看出中国古代法律的几个特点：一是德法结合，即道德与法律结合、德治与法治结合，"明于五刑，以弼五教"就说明了这个道理；二是民本思想，即强调重民、爱民、惠民，关注民生，听取民意，"安民则惠，黎民怀之""天聪明，自我民聪明"等即说明此理；三是司法公正，公平公正是皋陶司法的终极目标，獬豸断狱的故事实质上是神化了皋陶铁面无私、秉公执法、断案如神的司法活动；四是天人合一，皋陶所言"天秩有礼""天命有德""天讨有罪"等实际上是强调了自然秩序（天）与人间秩序（人）的神秘统一性，认为后者当以前者为法才是正常健康的。学习此案例可以帮助学生了解我国法律发展的渊源，从而正确理解当前我国依法治国等基本方略的内容与意义。

本案例可用于教材第六章第一节"法律的概念及发展"部分内容的辅助学习。

2. 学习本案例应注意的问题

法律制度作为社会上层建筑的重要组成部分，是由当时社会物质生活条件所决定的，是一定的现实社会关系的反映。在中国古代社会中，自理耕作的农耕生产方式，一家一户、自给自足的小农经济，中央集权的政治制度，独特的自然和地理条件，共同构成了中国传统法律文化的独特土壤。这些社会因素是形成中国传统法律制度基本特色的真正原因。

案例二："神医演员"医药违法广告所联想到的……

案例文本

2017 年 6 月 23 日，国家工商行政管理总局针对"医药广告表演专家"事件，部署全国工商和市场监管部门依法查处。工商总局表示，发挥整治虚假违法广告部际联席会议机制作用，已与新闻出版广电总局、食药监总局、卫生计生委、中医药管理局、公安部等成员单位专题研究，各部门将根据各自职能依法调查处理。工商总局将及时公布查处结果，回应社会关切。

估计刘洪斌作为虚假广告"表演专业户"，她的职业生涯可以结束了。但是，人们对这位"演员"的愤怒之火却无法平息，对她背后的黑色产业链和利益链感到担忧。

"这回真是开眼了，电视上有名有姓有单位的专家，居然是扮演的！这么骗人咋就没人管，如果哪味药吃出人命，她是不是要负主要责任？"北京一位"朝阳群众"感到不解，广告里的"医学专家"，真实身份怎么认定？真的可以找演员来"扮"吗？

还有不少群众表示看不懂：虚假广告到底是怎么界定的？电视里卖假药坑害消费者，肯定是虚假广告；那如果是真药、好药，用"假专家"来忽悠消费者，是不是也算虚假广告？虚假广告是谁制作的，怎么就能在电视上一再播出？

记者第一时间采访有关部门和专家，得出的结论是：这个广告不是一处违法，而是多处违法！而且从违法严重程度上看，"假专家"这一条还不是最大问题。

以介绍养生知识等形式，变相发布医药保健品广告就是违法

"这些都是省台播的节目，专家看着挺有来头，有些还有患者分享疗效，我当然容易信了。"哈尔滨市市民张雅兰就曾看着节目买了治疗糖尿病的药。省级电视台信用背书，健康养生节目没标明"广告"具有迷惑性，知名专家的身份自带权威光环……这套组合拳下来，足以让很多普通观众信以为真。

业内人士介绍，一些养生节目实际上是药厂请媒体制作公司拍摄的广告，以"专题片"的形式购买地方电视台的时段播出。那么，广告能不能拍成"专题片"在电视上播放？答案是：不可以！

2015年实施的新《广告法》明确规定，电视台不得以介绍健康、养生知识等形式，变相发布医疗、药品、医疗器械、保健食品广告。

"无论专家真假，无论专题片是否标明'广告'，这种变相医药广告就违法。"中央财经大学法学教授刘双舟强调，节目是节目，广告是广告，不能把广告"包装"成介绍健康、养生知识的节目，在电视里播出。

"消费者看到养生节目里推荐药品或保健品，提到功能疗效，就要提高警惕。在一些养生节目中，有虚假身份的'专家'推荐药品、保健品，承诺不存在的疗效。这些以虚假或者引人误解的内容欺骗、误导消费者，就构成了虚假广告。"刘双舟说。

真专家也不能给药品、保健品代言，冒充的专家就更离谱了

2014年至2017年，刘洪斌以"苗医传承人""北大专家""蒙医后人"等身份推荐多种药品、保健品。很多人不解，专家可以在广告里为药品、保健品代言吗？真

专家、假专家的身份由谁来鉴定？

说专家之前，咱先弄清楚啥叫广告代言人。广告代言人是指广告主以外的，在广告中以自己的名义或者形象对商品和服务作推荐、证明的自然人、法人或者其他组织。老百姓最熟悉的广告代言人，就是演艺明星或体育明星，洗发水、香水之类的，差不多全是明星代言；也有一些知名度很高的企业家，比如王石、董明珠等，为自己企业或其他企业产品代言。

"新《广告法》的一大亮点，就是对广告代言做了具体规定。医疗、药品、医疗器械、保健食品广告，不得利用广告代言人作推荐、证明。也就是说真专家也不能给药品、保健品代言，冒充的专家就更离谱了。"刘双舟说。

无论真专家还是假专家，代言药品、保健品都是违法的！所以，也就不存在对"专家"身份真实性认定的问题了，反正都在"不得"之列。

如果出现了违规代言行为，将面临什么处罚？依据《广告法》，在医疗、药品、医疗器械和保健食品广告中作推荐、证明的；为其未使用过的商品或者未接受过的服务作推荐、证明的；明知或者应知广告虚假仍在广告中对商品、服务作推荐、证明的，由工商行政管理部门没收违法所得，并处违法所得一倍以上二倍以下的罚款。

上面这个条款是针对"代言人"的，可是人们的担心又来了：这位"刘洪斌"只是个群演，并不是几百万元出场费的大明星。有媒体报道，这位群演拍一场"广告戏"报酬只有 2000 元，就算没收违法所得并处以罚款也没几个钱，能刹得住虚假广告的歪风吗？

大家的担心并非空穴来风。自从刘洪斌被曝光以来，一些媒体又爆出多位"医药广告表演专家"，网友戏称"著名虚假医药广告表演艺术家"。目前，虚假医药保健品广告已经形成了灰色产业链，药厂作为广告主，雇佣影视制作公司等广告经营者拍摄广告，再到电视台发布，影视制作公司负责请主持人、专家、观众、患者等。

那么，这个链条上各方责任该如何界定？"发布虚假广告欺骗、误导消费者，使消费者的合法权益受到损害的，由广告主依法承担民事责任，也是首要责任。广告经营者、广告发布者、广告代言人，明知或者应知是虚假广告的，应当与广告主承担连带责任。"刘双舟认为。

也就是说，冒充专家代言是违法行为，但虚假医疗广告的病根，是在广告主身上！

依据《广告法》，对发布虚假广告的广告主，最高可以处以广告费用五倍以上十倍以下的罚款，或一百万元以上二百万元以下的罚款。医疗机构违法行为情节严重的，除由工商行政管理部门处罚外，卫生行政部门可以吊销诊疗科目或者吊销医疗机构执业许可证。

治理虚假医药保健品广告，没有法律空白却有监管空白

新《广告法》2015年开始实施的时候，被称为"史上最严广告法"，对虚假广告、医药保健品广告、广告代言等均给出了明确规定，并不存在法律空白。但为什么2015年以后，"刘洪斌们"还能活跃在各大卫视呢？

"整个虚假广告链条上的参与者都有利可图，存在动机。特别是近年来，互联网广告发展迅速，传统电视广告份额降低，一些地方台的生存压力加大，给这类广告以一定的生存空间。"刘双舟说。

整治医药保健品广告，涉及多个监管部门。比如，药品、医疗器械和保健食品广告需要经过食药监局等部门的审批才能投放，工商部门负责对发布的广告进行监管。变相的医药保健品广告，通常以访谈节目、养生保健节目的形式播出，这些虚假广告带有隐蔽性，给监管部门识别和监控带来了难度。

《广告法》很严，但执法不严，可能是导致虚假广告乱象的一个重要原因。医药保健品，事关人民群众生命健康，必须要严起来！"消费者如果受到虚假违法广告侵害，要保存好购买小票等证据，向工商部门或消费者协会举报，身体受到伤害的还可以申请民事立案。"刘双舟说。

（资料来源：麻辣财经工作室. 变相医药广告，专家无论真假都违法！[EB/OL]. 人民网，2017-06-25.）

案例点评

本案例讲述了一位身兼数职的刘姓"专家"拍摄虚假广告，最终被发现并调查的事情。在信息通达的社会，这类不良广告能堂而皇之登上一些地方卫视，"百变"专家们换个身份换个地方就能"忽悠"万千观众，究其原因是播出平台在专家资格审查和广告内容审核上存在漏洞。根据相关法律规定，广告不得含有虚假或引人误解的内容，不得欺骗、误导消费者。但是事实上，这些要求形同虚设，最大的原因便是监管不力、执法不力。

学习建议

1. 学习本案例的目的和用途

本案例通过对最近几年在电视上频频露面的某刘姓"专家"的虚假广告的揭露，提出这是当前我国相关领域的法律制度健全但监管不力、执法不严而产生的结果。一方面缘于商业利益的"绑架"。近年来电视台等传统媒体遭遇经营困境，广告锐减，保健品推销广告成为支撑其收入的重要来源，一些播出平台在经营压力下丧失了底线。

另一方面是前期审查乏力。根据相关规定，广告发布者应查验有关证明文件，核对广告内容，对内容不符或者证明文件不全的广告，广告经营者不得提供设计、制作、代理服务，广告发布者不得发布。可见，前期的审查责任主要在发布者，可不少发布者早已被利益蒙蔽了双眼。而工商等监管部门多是"事后查处"。学习此案例可以帮助学生理解法律的运行，立法、执法、司法、守法，要环环相扣，从而自觉地去学习和遵守法律。

本案例可用于教材第六章第二节"我国社会主义法律"部分内容的辅助学习。

2.学习本案例应该注意的问题

从有法可依到有法必依，这中间就差着"认真"二字。就监管部门来说，是否"认真"就要看当法律没有空白的时候，监管是否存在空白。今天在社会舆论的高度关注之下，监管部门可以迅速介入"较真"；可怎么来阻止明天这些虚假医药广告改头换面卷土重来？这就需要相关部门认真总结并汲取此次事件的教训，研究对策堵住监管漏洞，还人民群众以清朗的广告环境。

案例三：内蒙古三个少数民族自治旗建立始末

案例文本

根据《中国人民政治协商会议共同纲领》规定，20世纪50年代，在民族识别基础上，内蒙古自治区先后成立了鄂伦春、鄂温克、达斡尔三个少数民族自治旗，充分证明我国实行的民族区域自治制度，既尊重和保障少数民族自主管理本民族内部事务的权利，又坚持各民族平等、团结和共同繁荣的原则。

鄂伦春人，从原始社会一步跨入社会主义社会

鄂伦春人世代漂泊于大兴安岭原始森林中，过着原始社会末期与世隔绝的森林游猎生活。1950年12月，中共呼伦贝尔纳文慕仁盟地委在海拉尔市召集分散在布特哈旗、莫力达瓦旗、喜桂图旗、额尔古纳旗的10个鄂伦春部落代表开会，代表们一致要求成立鄂伦春旗。之后，大兴安岭林区的鄂伦春族代表也要求成立鄂伦春旗。呼伦贝尔纳文慕仁盟地委尊重鄂伦春族人民实现民族区域自治的愿望，向内蒙古东部区党委正式递交报告，并拟订方案，呈报给中央人民政府。1951年4月7日，中央人民政府政务院批准成立鄂伦春旗。1951年10月31日，鄂伦春自治旗成立，这是我国最早成立的县级建制的少数民族自治旗。后经中央人民政府内务部批准，鄂伦春族人民把建旗纪念日改为中华人民共和国成立的日子。1952年5月31日，鄂伦春旗人民政府更名为鄂伦春自治旗人民政府。

鄂伦春自治旗成立时，全旗只有鄂伦春族人 774 名，并且几乎都是文盲，40％的人患有结核病。为使鄂伦春族群众告别原始、落后的生产生活方式，国家对鄂伦春族群众实行免费医疗，子女免费上学，鼓励猎民定居，每人每月给 36 元的护林津贴和 70 元的禁猎补贴，帮助猎民三次更新了住房。50 多年来，鄂伦春人先后实现了从原始社会一步跨入社会主义社会，再由游居转向定居，继而实行全面禁猎三次历史性跨越，走上了发展农业、工业、旅游业等现代产业之路。1996 年 1 月，鄂伦春自治旗颁布《禁猎通告》，在境内全面实行禁猎，并封存了猎民的枪支弹药。从此，猎民们的生产生活方式发生了根本性的转变。

取消 3 个部族名称，恢复使用鄂温克统一族称

鄂温克民族起源于乌苏里江、绥芬河、图们江下游等流域，并向西迁徙，大致于公元 590 至 591 年前后移居呼伦贝尔地区，这已被诸多历史资料所证实。在内蒙古东北部的呼伦贝尔境内，乃至俄罗斯远东的西伯利亚地区，两个不同的国界内，生活着自古以来以鄂温克自称的人们。他们拥有共同的语言、共同的文化习俗、渊源的历史关系，他们就是人们通常所说的鄂温克人。

鄂温克族历史上由"通古斯""雅库特""索伦"3 个部族组成。1956 年，在内蒙古自治区第四届人民代表大会上，鄂温克族人民代表提出了在原索伦旗的基础上成立鄂温克族自治旗的议案。自治区党委、政府很重视，立即派出调查组到索伦旗进行社会调查与研究，广泛征求鄂温克族人民的意见要求，3 个部族一致要求取消原"通古斯""雅库特""索伦"部族名称，恢复使用鄂温克统一族称。1958 年 3 月，自治区党委、政府决定统一其民族称谓为鄂温克，并与建立鄂温克族自治旗方案一起上报国务院。1958 年 5 月，国务院在第 77 次全体会议上批准了这一报告。1958 年 8 月 1 日，鄂温克族自治旗成立。

我国的鄂温克民族虽然人数较少，但形成了传统的狩猎业、牧业、农业等自然经济文化形态。俄罗斯境内的鄂温克人，散居在西伯利亚 700 万平方千米的土地上，活动的区域一度占有西伯利亚全境的十分之七。

根据本民族意愿，统一定名为达斡尔

达斡尔族历史悠久，"耕耘者"是达斡尔人的自称，最早见于元末明初。《蒙古源流》中提到的一个部落名称——"达奇鄂尔"据考证是"达斡尔"的汉文译写形式。清康熙初年，出现了"打虎儿"的译名，以后又常译为"达胡""达虎里""达呼尔"等，中华人民共和国成立后，根据本民族意愿，统一定名为达斡尔。

根据历史学家的考证、研究，达斡尔族起源于大兴安岭南麓的洮儿河。关于达斡尔族的族源中外学者有不同的说法，归纳起来主要有三种：一是蒙古分支说；二是契

丹后裔说；三是当地原住民说等。目前人们普遍认为达斡尔族人源于辽契丹族。关于达斡尔族的历史记载始于 17 世纪初，清朝政府把达斡尔族编入八旗，并不断派遣其镇守边关，主要集中在新疆，因而除东北外在新疆塔城外还有数千名达斡尔族人。

历史上，达斡尔族被称为"蒙系人"或"达呼尔蒙古"。中华人民共和国成立后，颁布了《民族区域自治实施纲要》，内蒙古自治区有关部门专门调查了民族的族源、族称及其历史发展等问题。在此基础上，1956 年，党和国家正式确认达斡尔族是我国民族大家庭中的一个独立的单一民族，族称也被正式确定为达斡尔族，同时开始以原莫力达瓦旗为基础筹备建立自治旗。1958 年 5 月，国务院第 77 次全体会议正式批准撤销莫力达瓦旗建制，在原莫力达瓦旗行政区域内建立莫力达瓦达斡尔族自治旗。1958 年 8 月 15 日，莫力达瓦达斡尔族自治旗正式成立。

达斡尔族现有人口约 12 万人，其中约 7.4 万人聚居在内蒙古自治区莫力达瓦达斡尔族自治旗、鄂温克族自治旗、黑龙江省齐齐哈尔市梅里斯达斡尔族区及附近县，只有少数居住在新疆维吾尔自治区塔城县。

（资料来源：简汲 . 内蒙古三个少数民族自治旗建立始末 [J]. 实践：思想理论版，2013-5-30.）

案例点评

本案例讲述了我国内蒙古三个少数民族自治旗建立的过程。我国的民族区域自治制度，是指在国家统一领导下，各少数民族聚居的地方实行区域自治，设立自治机关，行使自治权的制度。民族区域自治制度是我国的基本政治制度之一，是建设中国特色社会主义政治的重要内容。案例中的这三个少数民族建立自治旗也是我国民族区域自治制度的一种体现。

学习建议

1. 学习本案例的目的和用途

本案例通过对我国内蒙古三个少数民族自治旗建立的过程的描写，体现我国民族区域自治制度在现实中的应用。中华人民共和国成立后中国共产党对国情认识的不断深化，逐步明确提出了符合我国国情的民族区域自治制度，作为解决中国民族问题的基本政策。1949 年《中国人民政治协商会议共同纲领》明确规定："各少数民族聚居的地区，实行民族区域自治，按照民族聚居的人口多少和区域大小，分别建立各种民族自治机关。"后来，民族区域自治又明确载入历次宪法，成为我国的一项重要政治制度。

本案例可用于教材第六章第三节"我国的宪法与法律部门"部分内容的辅助学习。

2. 学习本案例应注意的问题

民族区域自治制度中，自治区相当于省级行政单位，自治州是介于自治区与自治县之间的民族区域，自治县相当于县级行政单位。民族自治地方的行政地位，原则上是依据各自治地方的地域大小和人口多少决定的。自治区与省同级，自治州与地级市同级，自治县与县同级。

案例四：　2016 年度中国十大宪法事例发布

案例文本

2016 年 12 月 30 日下午，2016 年度中国十大宪法事例发布暨研讨会在中国人民大学法学院 601 徐建国际报告厅正式召开。会议计有来自全国各知名高校与研究机构的四十余位学者参与。新华社、《人民日报》《法制日报》《检察日报》《法制晚报》等多家媒体到会报道。

2016 年度中国十大宪法事例的评选活动于 2016 年 11 月 1 日正式拉开帷幕，组委会通过中国宪政网及其微信公众平台发布了年度宪法十大事例评选活动的通知，收到了社会各界推荐的宪法事例 40 多件。2016 年 12 月 11 日，组委会召开初评会，对事例进行初步遴选。12 月 12 日至 20 日，中国宪政网微信公众号平台发起了网络投票，先后共计 29 余万人次参与投票。12 月 21 日下午，组委会召开终评会，结合网络投票情况，并以事例的学术性、影响性和典型性为考核标准，遴选出了最终的 2016 年度中国十大宪法事例。十大宪法事例依次如下：

辽宁贿选案

2016 年 9 月 17 日，辽宁省第十二届人大第七次会议筹备组发布公告称，辽宁省第十二届人民代表大会第一次会议选举全国人大代表过程中，有 45 名当选的全国人大代表拉票贿选，总计有 523 名辽宁省人大代表涉及此案。9 月 13 日闭幕的第十二届全国人大常委会第二十三次会议通过了《关于辽宁省人大选举产生的部分十二届全国人大代表当选无效的报告》，确定 45 名全国人大代表因拉票贿选当选无效。

聂树斌案

1995 年 4 月 25 日，河北省鹿泉县人聂树斌因故意杀人、强奸妇女被判处死刑，剥夺政治权利终身，同年 4 月 27 日被执行死刑。2016 年 12 月 2 日，最高人民法院第二巡回法庭对原审被告人聂树斌故意杀人、强奸妇女再审案公开宣判，认为全案缺乏能够锁定聂树斌作案的客观证据，原审认定的聂树斌犯故意杀人罪、故意强奸罪事实不清，证据不足，宣告撤销原审判决，改判聂树斌无罪。

全国人大常委会解释《香港基本法》第 104 条

香港立法会选举后，候任议员梁颂恒及游蕙祯等宣誓时辱国并宣扬"港独"，引起了爱国民众极大的愤慨。11 月 7 日上午，十二届全国人大常委会第二十四次会议全票通过了《全国人大常委会关于香港特别行政区基本法第一百零四条的解释》，明确了宣誓的法律意义，对宣示的形式、内容要求与效力问题作了清晰说明。

国家监察体制改革试点

2016 年 11 月，中共中央办公厅印发《关于在北京市、山西省、浙江省开展国家监察体制改革试点方案》，部署在 3 省市设立各级监察委员会，从体制机制、制度建设上先行先试，探索实践，为在全国推广积累经验。定于 12 月 19 日至 25 日召开的十二届全国人大常委会第二十五次会议，将审议全国人大常委会委员长会议关于提请审议关于在北京市、山西省、浙江省开展国家监察体制改革试点工作的决定草案的议案。

全面放开二孩

中共十八届五中全会公报指出：促进人口均衡发展，坚持计划生育的基本国策，完善人口发展战略，全面实施一对夫妇可生育两个孩子政策，积极开展应对人口老龄化行动。2016 年 1 月 1 日，新修订的《人口与计划生育法》正式施行，该法第十八条明确规定："国家提倡一对夫妻生育两个子女。"据推算，此次全面放开二孩政策影响到的目标育龄妇女人数在 8000 万人左右，政策实施第 1 年带来的新增人口大致为 500 万。

住宅用地使用权争议

2016 年 4 月，温州一批 20 年产权住宅土地使用权到期，地方政府要求续期须按一定比例缴费。实践中，各地使用权期限不一，出让金补交方法各异，引发了极大争议。11 月 27 日，中央发布《中共中央、国务院关于完善产权保护制度依法保护产权的意见》，明确要"研究住宅建设用地等土地使用权到期后续期的法律安排，推动形成全社会对公民财产长久受保护的良好和稳定预期"。

同性恋者申请婚姻登记第一案

2016 年 4 月 13 日，全国首例同性恋婚姻维权案在长沙开庭。当事人孙文麟、胡明亮认为，《婚姻法》的原文并不是"一男一女"，而是"一夫一妻"，"一夫一妻"并非单指一男一女的异性恋。湖南长沙芙蓉区人民法院经审理认为，一夫一妻需为一男一女，现行法律没有为同性恋登记婚姻的规定，行政机关只能依据法律行政，因此芙蓉区民政局做出的行政行为程序合法，适用法律正确，遂判决驳回原告诉讼请求。

快播案

2016 年 9 月 13 日，快播传播淫秽物品牟利案宣判，快播公司被罚一千万元，CEO 王某被判刑 3 年 6 个月并罚一百万元。法院认定快播公司负有网络视频信息服务提供者应当承担的网络安全管理义务，具备承担义务的现实可能但拒不履行。各被告人均明知快播网络系统内大量存在淫秽视频却放任其传播，行为有非法牟利目的，构成传播淫秽物品牟利罪的单位犯罪。该案对电子数据证据的审查判断引发热议。10 月 1 日起，最高人民法院、最高人民检察院、公安部《关于办理刑事案件收集提取和审查判断电子数据若干问题的规定》正式施行，引起社会广泛关注。

国务院推进中央与地方财政事权与支出责任划分改革

2016 年 8 月 24 日，针对现行中央与地方财政事权和支出责任划分不清晰、不合理、不规范的现状，国务院发布《国务院关于推进中央与地方财政事权和支出责任划分改革的指导意见》。该意见明确，改革主要在中央与地方财政事权划分，完善中央与地方支出责任划分，加快省以下财政事权和支出责任划分等领域推进。这对建立事权和支出责任相适应的制度、适度加强中央事权和支出责任、推进各级政府事权规范化法律化具有重大意义。

网约车新政

2016 年 7 月 27 日，交通运输部、工信部等 7 部委联合发布《网络预约出租汽车经营服务管理暂行办法》，对网约车平台公司、网约车车辆和驾驶员、网约车经营行为、监督检查、法律责任等诸多方面作出规定。针对网约车这一新兴产业及其背后所代表的"共享经济"等新理念，各地新政亦相继出台，"京人京车"、兰州网约车新政均引起各方热议。

本次发布暨研讨会在中国人民大学法学院举行，十大宪法事例评选活动于去年 11 月 1 日开始发布通知，共计 29 余万人次参与，12 月 21 日下午，组委会结合网络投票情况，并以事例的学术性、影响性和典型性为考核标准，遴选出了最终的 2016 年度中国十大宪法事例，聂树斌案、全国人大常委会解释《香港基本法》第 104 条、国家监察体制改革试点、全面放开二孩、住宅用地使用权争议、快播案、国务院推进中央与地方财政事权与支出责任划分改革、网约车新政等入选。

中国人民大学法学院院长韩大元指出，研讨会通过事例的发布体现研究宪法问题的方法，这能够使民众信仰宪法，并演化成人们的生活方式。中国人民大学宪政与行政法治研究中心副教授王旭认为，此次研讨会向公众宣扬了宪法的价值观念和研究宪法问题的方法，这对提高宪法的生命力和公信力很有意义。

自 2005 年以来，中国人民大学宪政与行政法治研究中心开始举办一年一度的中国十大宪法事例评选活动，会议的影响力每年都在扩大，推动了宪法学研究与中国法治的发展。

（资料来源：佚名．2016 年度中国十大宪法事例发布［EB/OL］．新华网，2016-12-04.）

案例点评

本案例讲述了我国 2016 年在宪法领域有较强学术性和影响力的十大案例。从案例中可以看出宪法与我们平常老百姓的工作、生活有着密切关系。宪法作为我国的母法，是所有法律颁布的基础，也是规定了公民最基本权利和义务的法律。所以，尽管宪法很少用于我们实际的司法过程，但它又确实和我们有紧密联系。

学习建议

1. 学习本案例的目的和用途

本案例对我国 2016 年在宪法领域有较强学术性和影响力的十大案例进行了详细的阐述。学习此案例可以帮助学生理解我国社会主义法律的作用，明白宪法是我国所有法律制定的基础，也是规定了公民权利和义务的根本大法。

本案例可用于教材第六章第三节"我国的宪法与法律部门"部分内容的辅助学习。

2. 学习本案例应注意的问题

宪法一般很少用于我们实际的司法工作，这就容易给人造成假象，以为宪法高高在上，和我们关系不大。这个观念是非常错误的。同时，权利的行使是和义务的履行相对应的。宪法规定的权利也是如此。我们不要一味强调要行使权利，而忽略了自己该履行的义务。

案例五：明星吸毒

案例文本

2014 年 8 月 14 日，房某、柯某因涉嫌吸毒被抓，警方在房某住所内搜到 100 多克大麻，二人对吸食毒品大麻的违法行为供认不讳。房某因涉嫌容留他人吸毒罪被刑拘。2014 年 9 月 10 日，北京市公安局东城分局以房某涉嫌容留他人吸毒罪提请北京市东城区人民检察院审查批捕。经东城区人民检察院依法审查，于 9 月 17 日以涉嫌容留他人吸毒罪对房某批准逮捕。

2014 年 12 月 22 日，北京市东城区人民检察院以容留他人吸毒罪对房某依法提起公诉。

在房某进入法庭之后，他主动承认了自己的犯罪事实。而当审判员问他："如果认罪你将承担法律后果，你考虑清楚了么？"他回答，"是的，我考虑清楚了。"声音虽不高，但态度很好。

而公诉机关出具的证据也显示，在 2014 年 8 月 14 日，北京市公安局禁毒总队接到群众举报称，孙某有吸毒嫌疑。民警于当日 23 时许，在某足疗店内将孙某抓获，并将与其同行的房某、柯某以及李某某等人带至派出所进行讯问。

法庭上，房某谈及吸毒当天，他曾和柯某等人一起被抓。被抓两小时后，房某在派出所中交代家中有大麻，"我不知道他们想要什么，我就给他们资料，是我自己交代的，（因为）我不知道怎么处理大麻，想交给国家。"

此外，房某还表示，他总共容留他人吸毒 4 次，其中和明星柯某 3 次，"2012 年中旬一次，2014 年 7 月一次，8 月 13 日一次，都在家里房间和洗手间。"还有 1 次是容留女星李某吸毒，时间是 2014 年 8 月 14 日，地点为家里的洗手间。而据他供述，毒品都是助理孙某帮他购买的。对于在内地吸食大麻，他表示知道这是违法的。

庭审过程中，公诉人也表达了公诉意见：房某的行为构成容留他人吸毒罪。同时应认定为自首，建议减轻处罚。不过，公诉人也指出被告人作为公众人物，和普通人相比具有更大的影响力，希望他能认识到自己的错误，迷途知返，树立阳光健康的形象。

而房某的辩护人则认为，房某有自首情节，且主观恶性小，悔罪态度好，建议从轻处罚。

在庭上，房某本人也作了最后陈述，表示自己不会再犯，"我犯了法，应该受到惩罚。回到社会后，我绝对不会再犯，因为我让家里和朋友又多了一次失望。虽然，我得到了应有的惩罚，但未必就代表得到了宽恕和原谅。我希望在今后用我的行动来获得谅解，传递正能量。"

而最终，经过一个半小时的审理，法庭也当庭作出判决：认定被告人房某构成容留他人吸食毒品罪，判处有期徒刑六个月，并处罚金人民币两千元。

为何和李某因同样罪名获刑，房某的判决结果较轻？因为房某在案发后主动交代了犯罪行为，态度良好，具有一定的减轻情节。相对于此前李某因同样罪名获刑九个月的结果来看，两案的最终判决之所以出现差别，是因为本案中房某具有多种减轻或从轻情节，因此相对李某的判决结果较轻。

为什么此前房某的父亲不能探视房某而柯某已经和家人见过面？因为房某受到的是刑事拘留，这是一种刑事强制措施，根据法律规定，亲属一般是不能探视的。而柯某受到的是行政拘留，这是一种行政处罚，亲属是可以探视的。

同样是涉毒类犯罪，尹某、张某、李某案与房某案有何不同？容留他人吸毒罪和非法持有毒品罪是不同的毒品犯罪，犯罪构成和刑罚也均有区分，根据法律规定，容留他人吸食、注射毒品的，处三年以下有期徒刑、拘役或者管制，并处罚金。

（资料来源：佚名．明星吸毒［EB/OL］．腾讯网，2015-1-09．有删减．）

案例点评

本案例讲述了房某等明星吸毒被抓并接受法律审判的过程。明星作为公众人物，有着很大的社会影响力和号召力。而出现吸毒这样的丑闻，显然对社会会产生很大的消极影响，尤其是对青少年的负面影响更大。房某的父亲作为国际影星，影响范围更广。但法律面前人人平等，在本案例中我们可以看到无论是谁，只要触犯了法律，无论是法律的程序还是法律的适用都是一律平等的。

学习建议

1.学习本案例的目的和用途

本案例通过对近几年的明星吸毒事件的回顾和庭审现场的记录，让大学生明白法律的平等性。法律面前人人平等绝不会是一句空话。通过对几件不同明星吸毒藏毒事件的比较，了解不同类型事件的处理方式。所有的违法事件均按照法律规定程序走，没有任何一个人可以搞特殊化。学习此案例可以帮助学生了解我国程序法的平等性，从而正确理解当前我国依法治国等基本方略的内容与意义。

本案例可用于教材第六章第三节"我国的宪法与法律部门"部分内容的辅助学习。

2.学习本案例应注意的问题

明星吸毒事件不仅仅是明星个人的丑闻，更是典型的违法事件。我们不应当因为喜爱某个明星，而否认他吸毒的违法事实。

案例六：一个街道的"法治"故事与梦想

案例文本

雄踞长沙西大门的望城坡曾是典型的城乡结合部，人流、物流、信息流汇聚于此。摩肩接踵的人潮给望城坡带来了发展契机，也为这一区域的社会治安和城市管理带来了巨大的压力。近年来，随着城市化进程的推进，法治建设也有逐步深化，遵纪守法的意识在居民心中渐渐深入。执法者将法律奉为标尺，震慑一切违法行为。

10月31日，记者走进望城坡街道，在13万人中寻访其中6人，分享这片土地上的现代法治故事。

司法所副所长黄启纯：普法宣传点亮法治明灯

两年前，黄启纯来到望城坡时，所里正在筹备人人乐广场附近的一场法制宣传活动。

活动当天突降大雨。本以为只能草草收场，却不想活动一开始，人们就打着伞陆陆续续地过来了。一上午，宣传手册被群众争先恐后地领完了。

当时，黄启纯很惊讶望城坡的居民对了解法律知识的热情这么高。

后来，所长告诉她，以前望城坡的居民也缺乏法律知识。这些年，所里组织律师、法律工作者对基层干部开展法律知识讲座，还常常采取群众喜闻乐见的广场宣传活动进行法制宣传。潜移默化中，人们参与普法的积极性就得到了提高，法律意识也就跟着增强了。

每天到司法所询问法律相关知识的居民越来越多，有些流动人口碰到法律上的难题，也通常被这里的居民带到司法所来。黄启纯说，有个姓王的白胡子老爷爷一个星期来这里 3 次，了解法律知识，现在他都快成了自己居住小区的法律宣传员了。

法治的氛围浓了，邻里之间多了许多关于法治的交流和提醒。

今年年初，望城坡街道司法所的全体人员对辖区范围内的矫正对象和服刑后的施教人员进行了核对排查和管理监控，将重新犯罪率控制在了 1% 以内。

派出所副所长尚天：人们有了纠纷都愿意来找 110

3 年前，尚天刚到望城坡派出所，有同事好心提醒他：在望城坡，要达到和别的地方一样的管理效果，你得付出几倍的努力。

果然，当时的望城坡，当街持刀、打架群殴事件比比皆是。如今，这种情况已经很少出现了。

流动人口来到城市，往往心生彷徨。他们不适应陌生的城市生活和人际关系，一有不顺遂，就暴力相向。近几年，派出所增加辅警，通过加派警力来提升出警速度，让局势尽快得到控制；另一方面，人们法律意识增强了以后，有了纠纷都愿意来找 110，私了斗殴的情况越来越少了。

刑事案件得到控制后，更多侵财犯罪事件凸显了出来。在望城坡，此类案件的比重占到了一半。

去年，派出所平均每天都要处理一起山地车盗窃案件。今年，通过调取监控视频，利用偷盗者的"习惯性心理路线"，蹲点抓到了老贼，并连根拔除了整个犯罪团队。此后，街道高端型自行车偷盗发案率，几乎降到了零。

党政办副主任彭够：直面黑车问题，"干"字当先

从学校毕业后，彭够进入了望城坡街道办工作。望城坡地处交通枢纽，有很多"老大难"问题，其中汽车西站周边非法营运一直是他们的心头大患。

以前，有很多人不太理解也不支持他们的工作，觉得黑车价格便宜，搭乘也很方便。因此质疑查处黑车的意义何在。

"黑车为了等客拉客，常常造成堵塞。由于没有一套正规的价格体系，乘客与黑车司机讨价还价中很容易引起冲突。更重要的是，搭乘黑车没有安全保障，最近频繁出现的一些刑事案件，很多都是因为搭乘黑车引起的。"彭够欣慰地说，经过这么些年的宣传引导，百姓对黑车的危害总算有了一定的认识。

直面黑车问题，必须"干"字当先。除了宣传普法工作，整治行动更是刻不容缓。

近几年，街道联手公安、交警、交通等职能部门，就汽车西站周边的非法营运进行联合打击。现在去西站，你会发现的士通道里排队等候的都是正规运营的出租车，搭乘非常安全方便。

竹马塘社区主任李毅：居民自治的战斗力可不弱

2006 年，李毅进入竹马塘社区工作。当时，大部分小区没有正规的物业管理，居民里流动人口占了很大比重。这让管理工作举步维艰。社区曾经在一个星期内，连续发生 7 起案件。

为此，居民们自发组织了一个 30 多人的义务巡逻小队，一到晚上就带上小喇叭四处巡逻。60 多岁的刘爹是社区的一个积极分子。有天晚上，刘爹发现一个年轻人鬼鬼祟祟很可疑，于是他叫上邻近的几个爹爹娭毑尾随查看。在小偷实行偷盗时，他们一拥而上把小偷抓起来送到了派出所。

事后，社区里的人无不感慨，说这几个老同志的战斗力可不弱。

对于李毅他们来说，维护社区稳定不过是分内之事。常常令他感叹的是街道的这些自治志愿者，他们无偿协助工作人员开展各类工作。现在社区建设取得长足进步，有大半是他们的功劳。这样的志愿者在望城坡的每个小区都至少有 10 个。李毅说："有这么一群可爱的人民群众，望城坡的治安肯定会越来越好。"

商贸城经营户程建祥：环境整改了，最终是你好我也好

刚搬来商贸城时，程建祥用为数不多的积蓄租了一间十几个平方米的门面贩卖百货，当时店前污水横流，乱搭乱建的现象也很严重。经过 10 多年的经营，程建祥的店面扩充了，望城坡也越变越好。

商贸城过去几年治安条件很差。2008 年，程建祥的店铺在一个月内被小偷光顾了 3 次。本以为加固了防盗门以后，情况会有所好转，没想到门都被撬烂了。

"后来，商贸城开始出现民警全天 24 小时的巡防，商贸城到处布满了监控，商会也施行了节假日值班制度。从那以后，铺面是再也没遭过贼了。"程建祥对社区的变化感到十分高兴。

治安变好了以后，街道开始整治环境，每一户都实行门前责任"三包"。不规范的店外经营全部要整改，商品必须正正规规地按一条线摆放。"刚开始实施的时候有些经营户很不服气，觉得干涉了他们的经营自由。但其实以前不规范的店外经营常常导致交通堵塞，店铺面貌也显得不整洁，这'吓'走了一部分客人。如今环境整改了，大家愿意来买东西，生意反而还好些了。"跟大多数经营户一样，程建祥从环境治理中获得了实实在在的益处。

商贸城居民谷翠娥：对下一代的教育尤为重要

以前的望城坡，给人最深刻的印象就是"脏、乱、差"。打架、吵架、偷盗、吸毒等各种恶劣事件层数不穷。谷翠娥感叹，多亏了街道，在这方面开展了很多教育工作。她说，只要一个人的法律素养提高了，整个家庭的素质都能跟着提高，所以这些活动她从不落下。

学了法、懂了法以后，就能拿这些知识来教育下一代。谷翠娥见过很多疏于教育的孩子，因为违法犯罪被关了起来。这令人心痛，也时刻给她警醒。

谷翠娥分享了这样一个故事：记得街道有个十几岁年轻小伙，早年沾上了摇头丸，街道的工作人员耐心给他做工作，帮助他完成就业。现在这个年轻人已经改头换面，走上了正轨。

"社区的关心下一代协会常常在暑假组织青少年上普法教育课，参加的小孩很多。"谷翠娥说，这些课程通过举反例、说道理来教育年轻的一代，效果挺不错。

现在，谷翠娥参加了志愿者活动，也在闲暇时间多付出点精力来带头做好志愿工作。在她心里啊，只要这个地区的人都平平安安的，生活就别提有多幸福了。

（资料来源：李曼斯，吴希．一个街道的"法治"故事与梦想 [N]．湖南日报，2014-11-17．）

案例点评

本案例讲述了长沙某个社区的几个老百姓的故事，用他们的日常生活和真实想法体现我国当前依法治国策略的必要性和正确性。2015 年是全面深化改革的关键之年，是全面推进依法治国的开局之年。2015 年依法治国的全面推进和深入实施，正在并且必将深刻影响和改变老百姓的生活。

学习建议

1. 学习本案例的目的和用途

本案例通过讲述长沙某个社区的几个老百姓的日常故事来凸显我国当前依法治国

方略给人们生活带来的好的转变。法律是公民人身和财产安全的保障，是立国之本，全面推进依法治国可以给百姓更稳定的社会环境，也可以让百姓在日常生活中有法可依，有法可守，可以更好地做一个合法、守法的公民。学习此案例可以帮助学生了解我国依法治国的必要性，从而正确理解当前我国依法治国等基本方略的内容与意义。

本案例可用于教材第六章第四节"建设中国特色社会主义法治体系"部分内容的辅助学习。

2. 学习本案例应注意的问题

十八届四中全会通过《中共中央关于全面推进依法治国若干重大问题的决定》，有人可能会说，这都是国家的事，跟咱们老百姓关系不大。其实关系很大，只是可能不那么直接影响到每个人，但会间接地影响国家中的每个人。依法治国，体现了平等和公正，体现了文明和进步，所有的事情都将依法依规，社会正常的秩序不会随意被扰乱，也会让人心畅气顺，全社会风清气正，所以对国家和社会未来各方面的发展和稳定都将产生重要而深远的影响。

案例七：检察监督让公平正义"看得见"

——记上海市"基层民事行政检察推进年"专项活动

案例文本

对法院生效的民事、行政判决当事人不服，找谁来提供救济？发现法院在民事行政执行活动中有违法情形怎么办？发现审判人员在审判活动中有违法行为怎么办？民事行政检察监督，为公平正义提供最后一道防线。

2016年4月，上海检察机关启动"基层民事行政检察工作推进年"专项活动，"亮剑"民事行政检察监督，通过各项机制"补短板"，不断强化法律监督，维护社会公平正义，目前已取得阶段性成果。

记者了解到，专项活动将一直持续至今年4月。

聚焦

专项监督维护高铁沿线安全

临近春节，高铁沿线的运行安全关系到民生大计。

记者了解到，上海铁路检察机关正全面开展"维护高铁沿线安全"专项检察监督活动。上海两级铁路检察院针对辖区里高铁安全隐患，依法运用检察建议等监督方式，督促相关责任人、责任单位和行政责任部门有效排除辖区高铁沿线安全隐患，建立健全维护铁路安全的长效工作机制，保障华东铁路大动脉安全畅通。

高铁沿线一些非法侵占铁路用地停车、采砂、堆放废弃物，不符合安全标准的跨越高铁高压电线、通信线路以及危树、危险广告牌等，都对高速行驶的列车安全构成危险。近日，上海铁路检察机关与上海铁路局工务、供电部门和上海铁路公安局联合开展专项排查。

据悉，活动将一直持续至今年 11 月底。

这无疑是本市检察部门不断丰富检察监督方式，参与社会综合治理，构建多元化监督新格局的生动案例，也是上海铁路检察机关"亮剑"民事行政检察监督，推动专项活动的一个缩影。

做法

1.畅通案源渠道　案件数同比增逾六成

记者了解到，本市民事行政检察部门成立于 1990 年。市检察院副检察长龚培华在 2016 年 7 月举行的新闻发布会上坦言，虽然民事行政检察工作经过了 26 年的发展，但这项工作依然存在着社会知晓度不够高、当事人通过民事行政检察工作维护自身权益意识不够强、在法律监督中的地位作用未得到充分体现等问题。

特别是 2013 年正式施行的修改后的《民事诉讼法》，对民事诉讼监督工作作出调整，要求提出民事诉讼监督申请必须经过再审，对民事行政检察案源产生了一定影响。除监督案源匮乏外，个别基层检察院民事行政检察工作还面临着监督理念陈旧、监督手段滞后、监督力量分散、监督机制不畅等问题，制约了该项工作的深入开展。

为此，本市民事行政检察部门积极探索，畅通案源渠道。比如，金山区检察院起草《金山区院关于民事行政检察监督案件线索双向移送机制》，从制度上建立与侦监、公诉部门信息互通的机制，对刑事案件中涉及污染环境、损害消费者权益等损害公益的案件，适时介入、有序跟进。

此外，民事行政检察部门还通过加强与外单位的协调沟通，形成工作机制。比如，虹口区检察院针对律师代理申诉案件偏少的问题，走访区司法局和法律援助中心，对法律援助中心接待与检察机关申诉受理工作衔接的可行性开展调研。通过强化宣传，拓展渠道，案源数量明显增加。

据悉，在正式开展推进年活动以来的 4 个月内（6—9 月），上海检察机关民事行政检察部门案件受理数由 2015 年的 515 件，上升至 2016 年的 842 件，同比增长了63.5%。

2.七旬老太不服判决申请监督　检察院抗诉被采纳

对法院生效的民事、行政判决不服，找谁来提供救济？可以向检察机关民事行政检察部门申请监督。

日前，年逾七旬的市民李老太就遇到了这样的问题。原来，李老太乘坐公交车，到站从前门下车时，车下另一名乘客吴某突然从前门靠右侧冲出跨步上车，与李老太发生身体碰擦，导致李老太摔倒在车外站台，多处骨折。经鉴定，李老太已构成八级伤残。

因双方就赔偿问题协商不成，李老太将吴某告上法庭。一审法院审理后，认为吴某显然存在过错，但李老太未能正确全面判断自身身体状况，下车时未紧抓车门扶手，亦存在过错。因此，判决吴某承担60%的赔偿责任，李老太自己承担40%。

判决后，李老太和吴某均不服并提出上诉。二审法院审理后驳回上诉，维持原判。李老太随后向更高一级法院申诉也被驳回。李老太仍不服判，找到市检察院第二分院申请监督。

受理案件后，检察官季庆随即开展了认真细致的调查核实。"我们当时走访了涉案公交车队，发现该车属有人售票车辆，事发时并无'前门上客后门下客'的硬性规定，且没有播报提示。"季庆随后又查阅了相关法律法规，发现也无其他相关硬性规定。季庆从车队工作人员口中获知，公交车上的警示标志也是事发之后才贴上去的。因此，李老太当时从前门下车的行为并无违规之处。

季庆还调取查看了当时的监控录像。"从录像上看，李老太下车过程中右手一直紧扶前门边侧，已尽到一般人所应当具有的必要安全注意义务。"季庆告诉记者，反而吴某的行为明显违反了《上海市公共汽车和电车乘坐规则》"依次先下后上"的规定，过错明显，理应承担全部赔偿责任。

检察机关认为，法院对李老太损害后果的原因认定失当，致使责任比例认定有误，适用法律有误，致判决有误，向法院提出抗诉。最终，法院再审后采纳了检察机关的抗诉意见，经过调解，吴某追加了相应赔偿，双方达成和解。

季庆告诉记者，越是小的案件，在审理过程中越容易忽视一些细节，而这些细节有时往往是决定性因素。

正是秉承着这样的理念，从律师转做检察官的季庆，高效地办理了400余个民事监督类案件。今年，他还获评全国检察机关民事行政检察业务能手。

案件评查"补短板"4月内检察建议采纳率100%。

相对而言，公众对审判监督的感受更直观。案件质量是民事行政检察工作的生命线。

记者在采访中了解到，为了提升基层办案质量和效果，上海检察机关全面开展了案件评查活动，提高诉讼监督质量。市检察院民行处通过案件评查活动，严抓严管基层办案质量和工作规范，提升基层院办案能力和水平。对全市在 2014 年 12 月 26 日至 2015 年 12 月 25 日受理并办结的生效判决、裁定、调解书监督案件共 111 件进行评查，补齐基层院案件承办人在案件承办中出现的短板和不足。

此外，民事行政部门还不断提高案件监督的质效。结合基层工作推进年，严格执行"一案一合议"制度，并结合司法改革，强化检察官办案责任。

民行部门相关负责人告诉记者，通过上述措施，基层院办案质量明显提高。在正式开展推进年活动以来的 4 个月内（6—9 月），上海检察机关提出检察建议回函采纳率为 100%，与 2015 年相比，同比增加了 38.24%。

3. 铆牢"愿打愿挨假官司"　加大"打假"力度

2016 年，本市检察机关积极"打假"，加大对虚假调解等违法调解的监督力度。

在挖掘虚假诉讼案件线索方面，浦东新区检察院作了很好的探索。该院聚焦民间借贷、交通事故理赔和房产交易等领域，从中深挖案源线索。

2014 年 9 月，沈某因交通事故受伤，后委托"黄牛"张某、朱某代为向保险公司索赔。

为了骗取更多的保险赔偿金，沈某夸大了自己遇到车祸时的"惨状"。尽管当时沈某并未因车祸昏迷，但经与张某、朱某预谋后，找到了某医院医务科的工作人员违规修改病历，将其伤势记录由"无昏迷"修改为"昏迷数分钟""脑震荡"等。

正是由于这份被夸大的病历，造成司法鉴定中心依据病历认定沈某为交通事故十级伤残。随后，沈某还依据伤残鉴定结果到法院提起诉讼。最终，经调解，沈某获得了保险公司的赔偿金 8.4 万余元。

沈某等三人的骗保行为最终露馅，并涉嫌保险诈骗罪被移送司法机关审查起诉。经浦东新区检察院审查，沈某的实际伤情应获得保险赔偿金额为 1.7 万余元。

检察官认为，沈某在此次交通事故中，并未构成十级伤残，但为获取非法利益，他们采取伪造证据、虚构损害后果的方法向法院提起诉讼，致使法院作出错误的民事调解，扰乱了司法机关的正常诉讼活动和秩序。

据悉，2016 年，通过民事行政检察监督办理虚假诉讼案件 3 件，其中法院已再审改判 1 件，实现了零的突破。

机制

探索建设一体化工作机制

针对"上级院案多人少，基层院人少案多"的倒三角情况，本市检察机关还探索建立了三级院检察工作一体化的工作模式，并撰写《对改革背景下民行检察工作一体化建设的思考》的专家课题，探索合理分工市分院和基层院的工作职能，实现检察工作纵向合理分配。

与此同时，基层检察院也横向开展一体化工作机制的探索。如黄浦区检察院民行科在"加强检察工作一体化建设"主题下，自觉将民事行政检察工作融入检察工作全面发展的有机整体，借助"全院工作一盘棋"的整体作用力带动民事行政检察工作局部发力，制定了《黄浦区人民检察院民事行政检察与职务犯罪侦查、侦查监督、公诉部门协作机制的意见》等内部协作机制。

多元化人才培养机制

在 2016 年举行的第二届全国民事行政检察业务竞赛中，市检察二分院的季庆和市检察一分院的王卓脱颖而出，获得"全国民行检察业务能手"称号。

这得益于民事行政检察的多元化人才培养机制。以市检察二分院为例，"我们在抓办案业务的同时，还注重业务培训。有年度计划和月度计划，既有集体培训也有个性化培训，培训的内容和形式也丰富多样。"市检察院二分院民事行政检察处处长戴子平告诉记者，不仅有案件讲评，还邀请专家学者等来院授课，对检察实务中碰到的疑难问题即时与专家交流、探讨。"民事审判中，法律法规政策纷繁复杂，较常遇到新类型案件，这也要求我们的办案人员必须善于学习，不断提升业务水平、办案能力和办案质量。"戴子平说。

（资料来源：胡蝶飞.检察监督让公平正义"看得见"[N].上海法治报，2017-01-13.）

案例点评

本案例讲述了上海检察机关启动"基层民事行政检察工作推进年"专项活动，"亮剑"民事行政检察监督，通过各项机制"补短板"，不断强化法律监督，维护社会公平正义。

学习建议

1.学习本案例的目的和用途

本案例通过讲述上海检察机关启动"基层民事行政检察工作推进年"专项活动，说明基层的检察监督与老百姓的生活息息相关，对于维护社会公平正义的作用很重要。学习此案例可以帮助学生了解我国依法治国过程中法治监督的重要性，从而明白依法行政不是孤立的，它需要权力机关加强立法和必要的授权，需要司法机关的保障，更需要全国人民有良好的法律素养以及来自各方面的监督。

本案例可用于教材第六章第四节"建设中国特色社会主义法治体系"部分内容的辅助学习。

2.学习本案例应注意的问题

老百姓的事情无大小，只要是他们关心的事情就是大事。越是小的案件，在审理过程中越容易忽视一些细节，而这些细节有时往往是决定性因素。因此，依法治国过程中的法治监督十分重要。

思考练习

一、单项选择题

1. 从基本内容来看，法律权利意味着人们可以依法（　　）一定的行为，可以依法要求他人做或不做一定的行为。

A. 做　　　　B. 不做　　　　C. 做或者不做　　　　D. 放弃

2. 公民在法律面前一律平等，是我国（　　）。

A. 社会主义法律的基础　　　　　　B. 社会主义法律的基本原则

C. 社会主义法律适用的基本原则　　D. 宪法总的指导思想

3. 我国专门的法律监督机关是（　　）。

A. 全国人大法律委员会　　　　B. 检察机关

C. 监察机关　　　　　　　　　D. 党的纪律检查委员会

4. 提出"依法治国，建设社会主义法治国家"的治国基本方略是在（　　）。

A.《1982 年宪法》　　　　　　B. 1978 年党的十一届三中全会

C. 党的十三大　　　　　　　　D. 党的十五大

5. 社会主义法制的基本要求是"有法可依，有法必依，执法必严，违法必究。"其中，社会主义法制的前提和基础是（　　）。

A. 有法可依　　　　　　　B. 有法必依

C. 执法必严　　　　　　　D. 违法必究

6. 诉讼证据必须符合法律要求的形式，并按法定程序搜集、提供和运用。这体现了诉讼证据的（　　）。

A. 客观性　　　B. 合法性　　　C. 关联性　　　D. 合理性

7. 任何公民只要是违反了法律，都必须受到追究，法律面前人人平等。这说明的是我国社会主义法制的基本要求中（　　）。

A. 有法可依的含义　　　　　B. 有法必依的含义

C. 执法必严的含　　　　　　D. 违法必究的含义

8. 下列有关社会主义法律与社会主义道德一致性的叙述中，错误的是（　　）。

A. 二者都是社会主义经济基础的产物

B. 二者都是由国家强制力保证实施的

C. 二者都是调节人们相互关系的行为规范

D. 二者都是工人阶级和广大人民群体意志和利益的体现

9. 法律的一般含义是（　　）。

A. 法律是由国家创制并保证实施的行为规范

B. 法律是被统治阶级意志的体现

C. 法律由社会物质生活条件决定

D. 法律由社会精神生活条件决定

10. 法律主要是（　　）。

A. 全民的　　　　　　B. 统治阶级的　　　　C. 政党的　　　　D. 整个社会的

二、多项选择题

1. 法产生的原因是（　　）。

A. 阶级的出现　　　　　　B. 国家的出现

C. 私有制的出现　　　　　D. 生产力的发展

2. 法律区别于其他社会规范的最本质的特征是（　　）。

A. 法律具有规范性　　　B. 法律由国家制定或认可

C. 法律由国家强制力保证实施　　　D. 法律对全社会具有普遍约束力

3. 我国社会主义民主是社会主义法治的（　　）。

A. 前提　　　　　B. 基础　　　　　C. 体现　　　　　D. 手段

4. 社会主义法治是社会主义民主的（　　）。

A. 体现　　　　　B. 前提　　　　　C. 基础　　　　　D. 保障

5. 依法治国与以德治国作为治理国家的两种根本手段，是一个紧密结合、不可分割的统一整体。其中，法治属于（　　）。

A. 政治建设　　　B. 思想建设　　　C. 政治文明　　　D. 精神文明

6. 国家安全的一般法律制度包括（　　）。

A.《国家安全法》　　B.《国防法》　　C.《刑法》　　D.《反分裂国家法》

7. 社会主义法的适用遵循的原则有（　　）。

A. 以事实为依据，以法律为准绳　　　　　B. 公民在法律适用上一律平等

C. 司法机关依法独立行使职权　　　　　　D. 专门机关与群众路线相结合

8. 培养法律思维方式的途径有（　　）。

A. 学习法律知识　　B. 掌握法律手段　　C. 培养法律意识　　D. 参与法律实践

9. 法律权威的树立主要依靠（　　）。

A. 法律的外在强制力　　　　B. 法律的内在说服力

C. 立法者的法理功底　　　　D. 公众的法律实践

10. 维护社会主义法律权威，应该做到（　　）。

A. 努力树立法律信仰　　　　B. 积极宣传法律知识

C. 提高立法水平　　　　　　D. 敢于同违法犯罪行为作斗争

三、判断题

1. 法制是一种治理社会的理论、原则、理念和方法，是一种社会意识。　（　　）

2. 只要有法律和法规存在就有法制存在，但不一定就是实行法治。　（　　）

3. 法律义务中的作为义务要求人们依法不得做出一定行为。　（　　）

4. 法律面前人人平等观念在近代资产阶级革命过程中首先提出，并在资本主义法制中首先确立。　（　　）

5. 在社会主义国家，不承认有任何享受特权的公民，可以承认有免除法律义务的公民。　（　　）

6. 当代大学生只要具有社会主义法律常识就行了，无须加强法律修养。　（　　）

7. 在对法律问题的思考与处理上，道德思维应当优先，不能用道德的原则和评价取代法律的规则和评价。　（　　）

8. 人们感觉到法律明显不合理，可以抛弃或搁置法律。　（　　）

9. 一项法律规定，就算是不合理的，只要它没有被修改或废除，就是有效的，人们就有义务遵守或执行。　（　　）

10. 法律思维的任务不仅是获得处理法律问题的结论，而且更为重要的是提供法律结论的理由。　（　　）

四、材料分析题

李某，男，17 周岁。在本镇的啤酒厂做临时工，每月有 2000 元收入。一天，他到商场以 800 元购买了一辆山地车。其父母得知后非常生气，坚决要求商场退货，商场不肯，遂发生纠纷。问：李某父母的要求能否得到法院支持？

7 第七章

树立法治观念　尊重法律权威

案例一：孙志刚事件始末——前进中的法治中国

案例文本

事件经过

孙志刚，男，2003 年 27 岁，刚从大学毕业两年。

2003 年 3 月 17 日晚 10 点，他像往常一样出门去上网。在其后的 3 天中，他经历了此前不曾去过的 3 个地方：广州黄村街派出所、广州市收容遣送中转站和广州市收容人员救治站。先被带至派出所，后被送往收容站，再被送往收容人员救治站，之后不治身亡。

孙志刚来广州才 20 多天。2001 年，他毕业于武汉科技学院，之后在深圳一家公司工作，20 多天前，他应聘来到广州一家服装公司。

因为刚来广州，孙志刚还没办理暂住证，当晚他出门时，也没随身携带身份证。

当晚 11 点左右，与他同住的成先生（化名）接到了一个手机打来的电话，孙志刚在电话中说，他因为没有暂住证而被带到了黄村街派出所。

在一份《城市收容"三无"人员询问登记表》中，孙志刚是这样填写的："我在东圃黄村街上逛街，被治安人员盘问后发现没有办理暂住证，后被带到黄村街派出所。"

孙志刚在电话中让成先生"带着身份证和钱"去保释他，于是，成先生和另一个同事立刻赶往黄村街派出所，到达时已接近晚上 12 点。

出于某种现在不为人所知的原因，成先生被警方告知"孙志刚有身份证也不能保释"。在那里，成先生亲眼看到许多人被陆续保了出来，但他先后找了两名警察希望保人，但那两名警察在看到正在被讯问的孙志刚后，都说"这个人不行"，但并没解释原因。

成先生说，其中一个警察还让他去看有关条例，说他们有权力收容谁。

成先生很纳闷，于是打电话给广州本地的朋友，他的朋友告诉他，之所以警方不愿保释，可能有两种情况：一是孙志刚"犯了事"；二是"顶了嘴"。

成先生回忆说，他后来在派出所的一个办公窗口看到了孙志刚，于是偷偷跟过去问他："怎么被抓的，有没有不合作。"孙回答说："没干什么，才出来就被抓了。"成先生说："他（孙志刚）承认跟警察顶过嘴，但他认为自己说的话不是很严重。"

警察随后让孙志刚写材料，成先生和孙志刚从此再没见过面。

第二天，孙的另一个朋友接到孙从收容站里打出的电话，据他回忆，孙在电话中"有些结巴，说话速度很快，感觉他非常恐惧"。于是，他通知孙志刚所在公司的老板去收容站保人。之后，孙的一个同事去了一次，但被告知保人手续不全，在开好各种证明以后，公司老板亲自赶到广州市收容遣送中转站，但收容站那时要下班了，要保人得等到第二天。

3月19日，孙志刚的朋友打电话询问收容站，这才知道孙志刚已经被送到医院（广州收容人员救治站）去了。在护理记录上，医院接收的时间是18日晚11点30分。

成先生说，当时他们想去医院见孙志刚，又被医生告知不能见，而且必须是孙志刚亲属才能前来保人。

20日中午，当孙的朋友再次打电话询问时，得到的回答让他们至今难以相信：孙志刚死了，死因是心脏病。

护理记录表明，入院时，孙志刚"失眠、心慌、尿频、恶心呕吐，意识清醒，表现安静"，之后住院的时间，孙志刚几乎一直"睡眠"：直到3月20日早上10点，护士查房时发现孙志刚"病情迅速变化，面色苍白、不语不动，呼吸微弱，血压已经测不到"。医生在10点15分采取注射肾上腺素等治疗手段，10分钟后，宣布停止一切治疗。孙志刚走完了他27年的人生路。

医院让孙志刚的朋友去殡仪馆等着。孙志刚的朋友赶到殡仪馆后又过了两个小时，尸体运到。

护理记录上，孙的死亡时间是2003年3月20日10点25分。

此后，孙志刚的亲人在广州到处奔走，找了几十个部门，但没有人告诉他们，他们的儿子为何而死，谁又该为此负责？

4月3日，孙志刚的尸体被送到中山医学院法医鉴定中心解剖。尸体表面上看不出致命伤痕，但是在切开腰背部以后，一条黑线显现出来，切下第二刀时，显现出一团团的黑血块。从肩到臀部，全是暗红色，还有很多长条状伤痕，整个背部全是出血区。尸检结果表明：孙志刚死亡原因是背部被钝物打击的大面积内伤。

4 月 18 日，经法医鉴定孙志刚系遭毒打致死。

4 月 25 日，《南方都市报》发表《被收容者孙志刚之死》，消息爆出，舆论哗然。

2003 年 4 月 26 日《北京青年报》刊发详细信息报道。

2003 年 5 月 13 日，新华社以《孙志刚被故意伤害致死案 13 名疑犯被缉捕》为题报道该案疑犯已被缉捕的消息。消息称，党中央、国务院和广东省委高度重视此案，公安部派工作组赴广东督办，由广东省、广州市成立多部门组成的联合调查组和联合专案组进行调查侦破。

2003 年 5 月 16 日，俞江（华中科技大学法学院）、腾彪（中国政法大学法学院）、许志永（北京邮电大学文法学院）三名法学博士因为孙志刚案向全国人大常委会递交建议书，要求对 1982 年出台的《城市流浪乞讨人员收容遣送办法》有关条款进行审查，认为该收容遣送办法中限制公民人身自由的规定，与中国宪法和有关法律相抵触，应予以改变或撤销。

2003 年 5 月 23 日，北京大学法学院教授贺卫方、盛洪、沈岿、萧瀚、何海波 5 位著名法学家以中国公民的名义，联合上书全国人大常委会，就孙志刚案及收容遣送制度实施状况提请启动特别调查程序。

6 月 5 日至 6 日，广州法院开庭审理孙志刚案。广州市中级人民法院经审理查明：2003 年 3 月 17 日晚，被害人孙志刚被广州市公安局天河区分局黄村街派出所错误收容并送至广州市民政局收容遣送中转站；3 月 18 日晚，孙志刚自称有心脏病被送至广州市卫生局主管的收容人员救治站诊治。3 月 19 日晚，因孙志刚大声叫喊求助，引起被告人乔燕琴（救治站护工）的不满。乔燕琴便与被告人吕二鹏、乔志军、胡金艳（均为救治站护工）商量将孙志刚从 201 室调到 206 室，乔燕琴、吕二鹏分别到 206 室窗边授意该室内的李海婴等 8 名被告人（均为被收治人员）殴打孙志刚。随后，乔燕琴、吕二鹏与乔志军、胡金艳一起将孙志刚调到 206 室。3 月 20 日凌晨 1 时许，被告人李海婴、钟辽国、周利伟、张明君、李龙生、韦延良、何家红、李文星等 8 人先后两度对孙志刚进行轮番殴打。20 日上午孙志刚被发现昏迷不醒，经抢救无效死亡。根据后来法医鉴定，孙志刚系因背部遭受钝性暴力反复打击，造成大面积软组织损伤致创伤性休克死亡。

2003 年 6 月 9 日下午 4 时，广州市中级人民法院就孙志刚被故意伤害致死案作出一审判决，主犯乔燕琴被判处死刑；第二主犯李海婴被判处死刑，缓期两年执行；其余十名罪犯分别被判处有期徒刑 3 年至无期徒刑。

孙志刚案涉及的其他违反党纪政纪的有关责任人共有 23 名广州政府官员，经广州市委、市政府同意，已由广州市纪委、市监察局和有关单位给予党纪、政纪严肃处分。

2003 年 6 月 20 日，时任中华人民共和国国务院总理温家宝签署国务院令，公布《城市生活无着的流浪乞讨人员救助管理办法》，6 月 22 日，经国务院第 12 次常务会议通过的《城市生活无着的流浪乞讨人员救助管理办法》正式公布，并于 2003 年 8 月 1 日起施行，1982 年 5 月 12 日国务院发布的《城市流浪乞讨人员收容遣送办法》同时废止。

孙志刚——以生命镌刻墓志

2003 年 12 月 10 日晨，天空突降小雨，荆楚大地笼罩在一片烟雾迷蒙之中。由湖北黄冈市到黄州区陶店乡幸福村 4 组——孙志刚家的路上，淅淅沥沥的细雨中又飘起了片片雪花。这是今冬湖北地区降下的第一场雪。

陶店乡在黄冈市区十几千米外，而从陶店坐"麻木"（一种小三轮车）到幸福村，接下来又要走约 4 千米的路，这条坎坷泥泞的小路，孙志刚生前不知走了多少遍。孙志刚的父亲孙禄松回忆道："志刚生前爱运动，暑假一回家来就跑步，经常从家里跑到陶店去。"

小路一侧，距孙家约半里地的荒坡上，一座大墓已经建成，其体积据称"整个黄冈地区也少见"。墓碑上刻着几个字：孙志刚之墓。

2003 年 6 月 9 日，目睹了加害孙志刚的恶徒受惩之后，在广州为儿子的死奔波了 80 多天的孙禄松回到家中，要做的第一件事，就是给儿子修墓。"当初我本想把他安葬在黄冈市公墓，但念及志刚生前一直在外漂泊，非常思念家乡，便决定把他葬在家乡。开始我也没有想到要把儿子的墓修得这么大，后来想，儿子的死对我们是一个伤害，他的死也为我们国家的法治进步作出了贡献，所以我决定修得大一些，有点纪念性，也给家人一个安慰。"孙禄松说。

孙志刚墓的设计出自孙禄松一人之手，几个月来，他一直奔走在家与儿子的墓地之间。孙禄松说，当初广州共赔偿了孙家 50 万元，而修墓要花去六七万元。

幸福村 4 组共有 200 多人。孙禄松是个木匠，常年外出打工或帮人做活，但他家几乎一直是村里最穷困的一户。孙禄松说，这都是因为培养儿子读书的缘故，孙志刚是这个村民组里的第一个大学生。孙志刚的母亲因丧子之痛受了刺激，至今还经常跟孙禄松吵闹，说当初不应该送志刚读书，如果在家种田，儿子还活得好好的。

孙志刚家里的电话现在成了"热线"。经常有一些广州、深圳、上海、武汉等地的打工者辗转找到孙家的号码打来。他们多有曾被收容的经历，打电话来，只是想问候孙志刚的家人。他们说，孙志刚的死，使千千万万像他一样的打工者不再受收容之罪。

在孙志刚的墓碑上，对于孙志刚之死，有着这样两段话：

"逝者已逝，众恶徒已正法，然天下居庙堂者与处江湖者，当以此为鉴，牢记生命之重，人权之重，民主之重，法治之重，无使天下善良百姓，徒为鱼肉。"

"人之死，有轻于鸿毛者，亦有重于泰山者，志刚君生前亦有大志，不想竟以生命之代价，换取恶法之终结，其死虽难言为舍生取义，然于国于民于法，均可比重于泰山。"

在建设孙志刚墓之初，就墓地上的文字，孙禄松广泛征求各方意见。全国各地的专家、学者以及打工者等，纷纷把悼词或碑文由网上传来，其中不乏激烈之词。孙禄松从中挑选了语言平实有力者，镌刻在大理石碑之上。其中，《孙志刚墓志铭》的文字是这样的：

一九七六年七月二十九日：出生于湖北黄冈；

二零零一年：武汉科技学院染美本科毕业；

二零零三年二月：就职于广州某公司任美术平面设计师；

同年三月十七日：因无暂住证被非法收容；

同年三月二十日：死亡，终年二十七岁；

同年四月十八日：经法医鉴定其系遭毒打致死；

同年四月二十五日：《南方都市报》发表《被收容者孙志刚之死》；

同年四至六月：孙志刚的悲剧引起全国各地乃至海外各界人士的强烈反响，通过互联网及报纸杂志各媒体，民众呼吁严惩凶手，要求违宪审查；

同年六月五日：广州当地法院开庭审理孙志刚案；

同年六月二十日：《城市生活无着的流浪乞讨人员救助管理办法》公布；

同年八月一日：一九八二年《城市流浪乞讨人员收容遣送办法》废止。

《墓志铭》最下方还有两行字：

以生命为代价推动中国法治进程，

值得纪念的人——孙志刚。

（资料来源：王雷，陈峰. 被收容者孙志刚之死 [N]. 南方都市报，2003-04-25；刘志明，邱焰. 孙志刚以生命镌刻墓志 [J/OL]. 中国新闻周刊，2003-12-18；王丽丽，吴济海，曹典. 孙志刚等事件助推中国法制进程不可复制 [EB/OL]. 新华网，2014-10-17. 有删减合并）

案例点评

2003 年发生的令人心碎的著名的孙志刚事件，导致了一项适用了 21 年之久的法规的废止，更引发了全国性的对于人权以及法治、宪政等问题的关注，其中不少问题至今尚萦绕在人们的心中。

孙志刚墓碑上有这样一段话："逝者已逝，众恶徒已正法，然天下居庙堂者与处江湖者，当以此为鉴，牢记生命之重，人权之重，民主之重，法治之重，无使天下善良百姓，徒为鱼肉。"这段碑铭有一种震撼人心的力量！

当年孙志刚案件经媒体披露后在法学界引起了巨大波澜，法学界展开了一场关于

"良法"之治的大讨论。大家一致认为如果不从法律制度本身去解决问题，今后还会有李志刚、刘志刚等被收容被致死！不要让孙志刚的血白流，不要让类似的悲剧重演，要从这次事件中吸取教训，以此为契机，使其成为推动中国依法治国实现社会主义法治国家进程的里程碑。

圣哲亚里士多德在定义法治时说，法治应包含两重意义：已成立的法律获得普遍的服从，而大家所服从的法律又应该是制定得良好的法律。亚里士多德是提出"良法"之治思想的第一人，以后经过自然法学派和其他学派的不断经营和发展，今天就现代社会来说，"良法"之治中的"良法"至少应当包括：（1）法律必须体现人民主权原则，必须是人民根本利益和共同意志的反映，并且是以维护和促进全体人民的综合利益为目标的。（2）法律必须承认、尊重和保护人民的权利和自由。（3）法律面前一律平等。（4）法律承认利益的多元化，对一切正当利益施以无歧视性差别的保护。

经过30多年的民主法治建设，中国业已基本上确立了一个囊括社会各方面的法律体系框架，在法治道路上也得到越来越多的社会认同。然而我们的法律甚至包括宪法在内的制定法应有的权威却始终未能确立，凌驾于法律之上的权力、模糊法律界限的人情、腐蚀法律尊严的金钱……现实中仍有不少的事物高于法、大于法、外于法。立法过程中还未广泛采用调查、听证等公开化、民主化方式，特别是一些层次较低的地方性立法和部门立法与社会公益之间的关系，表现为权力色彩、地方和部门利益气息过于浓厚，使得这些立法用普遍的法治原则乃至宪法和一些国家基本法律进行衡量，都很难称得上"法"，与法治理想中的"良法"之治相比，形势亦然严峻。党的十八届四中全会作出了《中共中央关于全面推进依法治国若干重大问题的决定》，再次吹响了建设法治中国的号角。我们应该清醒地认识到，要建成法治中国还任重道远，需要我们每个社会成员共同努力！

学习建议

1. 学习本案例的目的和用途

本案例介绍了2003年引起全国乃至世界极大关注的孙志刚事件。通过本案例可以使我们更加冷静地思考我国法治建设中存在的问题，同时，也使我们认识到我国法治建设和社会文明进步的步伐进一步加快的紧迫性。

本案例可用于教材第七章第一节"树立社会主义法治观念"部分内容的辅助学习。

2. 学习本案例应注意的问题

世界上任何国家的法治建设，社会的文明进步，都是一个逐步发展的历史过程，不可能一蹴而就。学习本案例，我们大学生要客观地认识到我国近年来的法治建设和社会文明的进步成就，并认真思考：作为一名大学生，如何以主人翁的态度积极参与和推动我国的法治建设，积极投身到建设社会主义法治国家的伟大事业中去。

案例二：法与人们的生活

案例文本

（一）

人们常说，法律是空气、水，或者是面包，是人们一刻也不能离开的东西。法律本来是生活本质的呈现，直接决定了人们的生活态度和行为方式。为证明这一说法，请听一则所罗门的故事。

据希伯来传说，神赐给所罗门王极大的智慧，"如同海沙不可测量"。天下列王都差人听他的智语。《圣经·列王纪上》记载了这样一件事：一日，两女争夺孩子，久执不下。所罗门王令人将孩子一劈为二，各与半，一女愿劈，一女不愿，宁送子与彼。王遂判子归后者。在故事中，所罗门王判案的依据是什么呢？

所罗门王依据的是一种生活常识与生活经验——生母一般比其他人对孩子有更深厚的感情，舍不得让孩子被劈而死。这种生活常识与生活经验是世世代代积累下来的，可以超越时空岁月，为后世人们所用。所以说，法律与我们的生活息息相关，伴随我们从摇篮走向坟墓。从出生时起我们就穿上法律的外衣，直到临近死亡脱下法律的外衣并通过遗嘱加以处置，法律伴随我们人生的始终。

（二）

卢某系北京某大学计算机专业的学生。2000 年 6 月，从网上下载了黑客软件，破译并盗取某公司上网账号与密码。并且向好友与同学广泛传播此账号与密码，还得意地告诉他们"这账号是黑下来的，不付钱就可以上。"致使 1000 多人使用该账号，造成该公司 16 万多元的经济损失。当卢某因涉嫌盗窃罪被刑事追究时，他竟以并没有偷东西为由替自己辩解。

大学生孙某，平时钻研侦探小说，颇有心得，决定要与警察一比高低。于是，孙某开始盗窃宿舍财物。他每次作案都控制财物的价值量，在法律规定的数额较大的标准以下，以免构成盗窃罪。并在每次作案时，都戴上手套，用拖把抹去足迹。当他被抓，警察告诉他，他多次作案，累计盗窃金额巨大，已构成盗窃罪时，悔之晚矣。

（三）

2014 年 3 月，有网友发帖称，宁夏石嘴山市实验中学出台了一项新规，要求"凡我校女教师，在我校工作满 3 年后方可怀孕，否则由此产生的休假一律按事假对待（年满 27 周岁的女教师不受此限制）"。该校称此举是"为了进一步加强学校管理，增强教职工主人翁责任感，充分调动教职工的工作积极性。"随后，石嘴山市教育局回应，称经调查核实，实验中学2014年3月17日出台了《关于教师怀孕的规定》。该规定违反了相关法律法规和政策，市教育局已责成该校立即废止该规定，并对学校进行了严厉的批评。

2013年4月，高邮市第二中学出台规定：为了保证正常教学，每学期每个学科只能有一名女教师有生育指标，已婚女教师要根据学校的教学工作安排，做到有计划怀孕。准备怀孕的女教师必须提前一学期向校长办公室提出书面申请，经学校行政会议（研究），校长审批签字方可怀孕。该校一名负责人回应，只针对二胎情况，原因是担心课程排不过来。该市教育局随即叫停这一规定，并将此事在系统内通报。

（四）

2004年2月13日至15日，云南大学生命科学学院生物技术专业22岁的大四学生马某因生活琐事矛盾积怨已久，到五金店购买铁锤先后将同班的唐某、邵某、杨某、龚某等4名同学逐一杀害，并藏匿于宿舍衣柜内后逃匿。经公安部通缉，马某3月15日晚在海南三亚落网。4月24日，昆明市中级人民法院一审判处马某死刑，剥夺政治权利终身。

2010年10月20日晚，西安音乐学院2008级学生药某，深夜驾着私家车看望女友，返回途中撞倒骑电动自行车的女服务员张某，下车后发现张某在看自己的车牌号，药某便拿出刀子，对张某连捅8刀，致其死亡。2011年4月，西安市中级人民法院对此案作出一审判决，以故意杀人罪判处药某死刑，剥夺政治权利终身，并赔偿被害人家人经济损失费；药某随后提起上诉。2011年5月，二审判决宣布维持原判；2011年6月7日，药某被依法执行注射死刑。

2013年，复旦大学上海医学院2010级硕士研究生黄某中毒身亡，而涉嫌投毒的犯罪嫌疑人恰恰是被害人黄某的舍友——林某。2013年4月25日，黄浦区检察院以涉嫌故意杀人罪对林某批准逮捕。11月27日，法院开庭审理此案，林某称自己看不惯黄某，决定投毒出于愚人节整人的想法。2014年2月18日上午10点半，该案在上海市第二中级人民法院依法公开一审宣判，被告人林某犯故意杀人罪被判死刑，剥夺政治权利终身。25日上午，被告人林某委托辩护律师正式向上海二中院提起上诉。2014年12月8日上海高院二审，2015年1月8日10时在上海市高级人民法院二审宣判，被告人林某被裁定驳回上诉，维持原判。按照刑事诉讼法的规定，对林某的死刑判决将依法报请最高法院核准。

（五）

李某在某高校收发室工作。他利用工作之便，隐匿、毁弃和拆开学生信件数百封，并在学生中传播扩散了信件中的隐私内容，将大学生张某（女）的一封信件拆阅后涂改内容，写上淫秽语言，画上淫秽图像装入信内，不但使这个学生与亲人的联系中断，而且造成很坏影响。

（六）

有人向律师法律咨询：我有一个 10 岁的男孩十分顽皮。今年 3 月，孩子把我妻子刚买的一块进口手表偷出去，以五元钱的价格卖掉，我妻子几经追问才找到买主，耐心向对方说明情况，要求返还手表，并退回他五元钱。但对方却说手表是买的，又不是骗来的，怎么能退呢？请问，我们可以要求买方返还手表吗？

（七）

杨某 4 岁的女儿入某幼儿园日托，2012 年 3 月的一天，在保育员带领下做游戏时被小朋友明明推倒，面部撞在花盆上，造成鼻骨骨折，经住院手术和治疗花去医药费8000 余元。幼儿园的领导认为医药费应由明明的父母承担，明明的父母认为应由杨某承担，请问，这笔医药费由谁承担？

（八）

在德国柏林西南郊外，有一个叫波茨坦的美丽小城，两条清澈的小河在这里交汇。在城里，有一个隐藏在密林里的著名宫殿——桑苏西宫。

这座宫殿建于 17 世纪，是普鲁士大公国（德国的前身）国王的一座行宫，它是普鲁士先祖腓特列大帝命人按照法国凡尔赛宫的样子建造的。他的后代威廉一世，是世界历史上声名显赫的国王，在德国历史上的地位，可与中国的秦始皇、俄国的彼得大帝相比。威廉一世就任国王后，就对邻国发动了数次战争，连战连捷，开疆万里。1866 年 10 月 13 日，刚从维也纳凯旋的威廉一世，在大队御林军的簇拥下，兴致勃勃地来到这里，在宫殿的窗台上眺望着远处美丽的风景。

突然，一座破旧的大风车磨坊映入了他的眼帘，挡住了眺望全城的视线，威廉顿时兴致大减。

"拆掉它！"盛怒之下，威廉发出了命令。

"是，陛下！"一个大臣飞跑而去。不久就回来报告："笔下，那是一座私人的磨坊……"

"花钱把它买下，然后拆掉它。"国王命令道。

之后，大臣复命道："陛下，不管给多少钱，磨坊主死活不卖，他说那是他爷爷留下的，世代靠它为生，价值无法计算！"

国王震怒了，"马上派人去给我拆掉，谁敢抗拒，格杀勿论！"顷刻间，老磨坊被夷为平地。

磨坊主——一个又穷又倔的老头，在万般无奈之下，以"私有财产神圣不可侵犯"为由，一纸诉状将国王威廉一世告上了普鲁士最高法院，要求恢复原状，赔偿损失。

这是当时历史上绝无仅有的一件"平民告国王"案件，整个普鲁士为之震惊，甚至整个欧洲都倍感震惊。可是，傲慢的国王并不出庭应诉。针对此案，当时最高法院的三位大法官，在经过了激烈的思想斗争之后，毅然作出了裁决："被告擅用王权，侵犯原告的财产权，触犯了《帝国宪法》第79条第6款。现判决如下：责成被告威廉一世在原址重建一座同样的磨坊，并赔偿原告误工等损失。"

判决的宣告带来了一片欢呼。而此时的威廉一世方才醒悟到：如果他践踏法律，将会带来法律可以不被遵守的恶果，而一旦法律可以不被遵守，最终危害的，将是秩序和王权。经过痛苦的权衡，威廉国王履行了该判决——在原址上重建一座磨坊。

但故事还没有结束。几十年后，威廉一世与老磨坊主都已经先后去世，威廉的孙子继承了王位，老磨坊主的儿子承继父业，继续经营着老磨坊。

第二代磨坊主赶上了经济萧条，眼看残破的老磨坊无法继续经营下去，遂写信给威廉二世，决定将这座老磨坊卖给国王。威廉二世接信后，亲自给磨坊主写了回信。信中写道：老磨坊象征着德意志人民的法治传统，也说明了王室对至高无上的法律的尊重，因此，老磨坊是德意志民族法律精神的一座丰碑，不能将它卖掉，仍应保留在主人的手中，随信赠给磨坊主6000元钱，以助其渡过难关。

这个平民与国王、公理与强权的故事，千百年来向世人昭示着一个不变的真理：在一个法制的国家，法律才是国王。这个古老的法律故事，使我们体会到"风能进，雨能进，国王的脚步不能进"这句话所蕴含的私权的神圣与高贵。

（资料来源：王璞．国王与磨坊主［EB/OL］．新浪网，2012-02-08；现代快报，2015-02-06；中国法院网、法制网等．有删减．）

案例点评

法律是维护国家稳定、社会秩序的利器。从国家到人民，从社区到居民，都离不开法。法是国家经济是否健康快速发展、国家是否长治久安的重要保障；是世界上任何一个民族体现先进和优劣的象征，是维护民族团结、民族尊严的保障！

人们的生活与法律紧密相连。俗话说："没有规矩，不成方圆"。宇宙中的星球都按照各自的轨道运行，否则就会发生天体大碰撞；马路上的车辆必须遵守交通规则，不然就会发生交通事故。我们生活在社会上，也必须受到法律的约束，任何人在任何情况下，一旦违反法律，也会被追究法律责任。

大学生在学好专业文化课的同时，应认真学好法的理论和知识，懂得什么是可以做的，什么是不可以做的，哪些行为是合法的，哪些行为是非法的。学习法律后，大学生要自觉养成按照法律思考、分析和解决法律问题的习惯，注重提升自己的法律素养。将守法与做人结合起来，既可以避免上述数则案例中在校大学生出现的种种悲剧现象，更重要的是对今后的事业、婚姻与家庭、为人处世有着极为重要的引导作用。

学习建议

1. 学习本案例的目的和用途

现实中，有些大学生重视专业文化知识的学习，却忽视了法的理论知识的学习和掌握。尽管有些同学读了硕士、博士，却仍然是法盲。上面所选数则案例意在引导大学生懂得法与我们生活不可分离，必须学法、懂法、守法，才能成才、成功，才能创造幸福的人生，才能创造成功的事业。

本案例可用于教材第七章第一节"树立社会主义法治观念"部分内容的辅助学习。

2. 学习本案例应注意的问题

阅读以上几则案例，应联系教材，只有拓宽学习法律知识，才能对案中涉及的问题有正确的分析和理解。

案例三：依法治国　破除传统陋习——治理酒驾顽疾启示录

案例文本

1995年，笑星洛某，酒后驾车，撞上停在路旁修理的大货车，当场身亡，其主持的收视率颇高的综艺节目从此曲终人散。

2004年，演员牛某，醉酒驾驶，追尾前方大货车，当场死亡。车祸前10天，他刚过完48岁的生日。

2008年，成都孙某，醉酒无证驾驶，造成4死1伤，29岁的年轻人被判处无期徒刑。

2009年，南京张某，醉酒驾车造成6人死亡，包括一个被撞出母体的胎儿，这个孩子甚至还没来得及看一眼这个世界。

醉驾的案例不胜枚举。据公安交管部门统计，2008年至2010年，全国平均每年因酒后驾驶导致交通事故死亡2500余人。这一数字背后，隐藏着的是残酷血腥的场面，隐藏着的是失去亲人的痛楚。平安是人民群众的民生需要和幸福追求，也是社会经济发展所需具备的基本环境。猛药去疴，重典治乱。重拳出击打击酒驾，保障人民生命财产安全，成为公安交管部门义不容辞的责任。

酒驾、醉驾问题是长期影响我国道路交通安全的一大"顽症"，历来为社会所诟病。2011年酒驾"入刑"后，各地严厉整治酒后驾驶违法行为。当前，"开车不喝酒、喝酒不开车"观念深入人心。

在党的十八届四中全会召开前夕，新华社记者走访了多位法律界专家、官员和基层干部群众，他们认为，依法治理酒驾、醉驾是民主与法治进程中的成功典范，证明传统陋习可以通过法治有效破解。

"一升一降"反映酒驾治理成效明显

酒后驾驶被列为车祸致死的主要原因，世界卫生组织的一份事故调查显示，全世界50％～60％的交通事故与酒后驾驶有关。我国是人情社会，几千年的酒文化根深蒂固，酒后驾车更成为一种常见的违法行为。2009年我国各城市频繁发生因酒后驾车而导致的恶性交通事故，造成严重的人身伤亡，引起了有关部门的高度重视。公安部在全国范围内部署了为期两个月的严打酒驾专项行动。当年全国查处酒后驾驶案件31.3万起，其中醉酒驾驶4.2万起，可见酒驾严重程度。

"这几年我国酒驾治理是比较成功的，法律动真格，违法行为才能得到有效遏制。"中国社科院法学所所长李林说。在新华社记者的采访中，很多专家学者、干部群众都对酒驾治理成效表示肯定，认为在当前群体性违法行为多发时期，酒驾作为一项顽疾能取得当前的治理效果不容易。

公安部交管局公布的"一升一降"两个数据也验证了李林等人的观点。近年来，我国汽车保有量快速增长，年均保持10％以上的增长，但酒驾导致的交通事故却呈明显下降趋势。据统计，截至2013年底，我国汽车保有量达1.37亿辆，2013年全年增加1651万辆，增长了13.7％，与此同时，酒驾、醉驾导致的交通事故起数、死亡人数，同比分别下降11.7％和5.7％。

"两法修正案"（《刑法》和《道路交通安全法》）实施三年来，全国因酒驾、醉驾导致交通事故起数和死亡人数较"两法修正案"实施前三年分别下降25％和39.3％。

当前，酒驾已成为"过街老鼠"，公安部门对其形成高压查处态势。节假日等重点时段全国性的整治酒驾、醉驾专项行动和统一行动持续开展。除了专项行动外，相关部门对酒驾整治已形成常态化机制。

更大的变化在于观念改变。福建省晋江市交管大队一中队中队长丁扬声说,醉驾"入刑"刚开始,有些人不是很理解,对酒驾违法嫌疑人还很同情。后来看到酒驾整治带来的社会效果,便逐渐认可我们的工作。现在最支持查处酒驾行为的是那些当事人的亲属和朋友。

"环环相扣"的法治环节让酒驾"说情无门"

酒驾整治之所以取得这样的效果,在于立法、执法、司法、普法等环节有机衔接。

2011年2月26日,全国人大常委会表决通过刑法修正案,首次将飙车、醉驾列入犯罪行为,醉驾一旦被查获,将面临最高半年拘役的处罚。当年4月22日,全国人大常委会又审议通过道路交通安全法修正案,加大了对醉驾的处罚力度。

执法与司法"无缝对接",更加凸显法治公平正义。丁扬声说,晋江市建立了醉酒驾驶案件"7天办结制",即公安局2日内将案件移送检察院审查起诉,检察院2日内将案件起诉到法院,法院3日内作出判决,"无缝对接"让醉驾相关人员说情无门。

北京市交管局负责人说,受人情压力、权力压力等影响,治理酒驾工作困难重重。"为确保严格执法、取信于民,我们专门建立了酒后驾车'严查快处'机制,对检测为饮酒驾车且当事人无异议的,一律当场处罚";检测为醉酒驾车的,当场传唤当事人履行法定程序并立即送拘。同时,北京市交管局成立了专业酒精检测室,对醉酒嫌疑的当场抽血送检,不超3个小时即可出检测结果,确定为醉酒驾车的,当场传唤当事人履行法定程序并立即执行拘留,有效压缩了说情空间。

福建元一律师事务所律师郭承恩说,"两法修正案"实施三年来,一些名人、官员酒驾被查起到了很好的普法作用。这昭示社会,无论涉及什么人,不管什么理由,酒后驾驶都是不能碰、不敢碰的"高压线"。

酒驾整治为法治社会建设带来启示

中国社科院法学所所长李林、湖南省政府法制办主任陈雪楚等人认为,酒驾整治为当前如何治理"中国式过马路""中国式违建"等陋习提供了借鉴。

启示一:良法力行能有效治理传统陋习。目前,路面上存在大量交通违法行为,比如行人闯红灯、非机动车带人、机动车不系安全带等。由于人们始终怀有"罚不责众"的想法,导致这些传统陋习难以改变。酒驾治理的成功经验表明,没有规矩不成方圆,通过完善法律法规,加大处罚力度,传统陋习治理难题是完全可以通过法治破解的。

启示二:法律一定要顺应民意,可操作性强。法律一定要呼应群众关注的热点和难点问题,具有可操作性,不能只是一些原则性的规定。关于酒驾法律法规就有很好的民意基础,且定性和定量的标准非常明晰。对于执法者来说,依法查处酒驾"腰杆子硬"，有理有据。

启示三：酒驾查处"一刀切"是解决"中国式违法"的良药。上海市闵行区有关负责人说，公正制裁酒驾者让人们感受到了公平正义。一方面，整治行动常态化，常规检查，突袭检查，异地用警等多种检查手段令酒驾者防不胜防、心惊胆战；另一方面，严惩违法行为，酒驾的标准是统一的，当场检测血液中的酒精含量，锁定证据，马上处理。无论是名人还是权贵，酒驾被查都是"一刀切"，没有法外豁免权，谁犯了法都要受到法律的制裁。

启示四：普法方式与时俱进培养法治意识。专家认为，酒驾普法成功的一个原因就是借助电视、互联网等渠道以案说法，通过分析具体案例，对整个社会起到警示教育作用，让酒后不开车的理念深入人心。当前我国已进入"六五"普法时期，传统普法方式大多是发宣传册、贴海报、喊口号、做试题，效果不佳。在新形势下，普法的内容和方式必须不断创新，与时俱进，这样才能真正培养人们的法治意识，树立法治信仰。（资料来源：康淼，肖春飞，谭剑，等 . 依法治国破除传统陋习——治理酒驾顽疾启示录 [EB/OL]. 新华网，2014-10-19.）

案例点评

现实生活中，存在许多顽症。顽症必须下决心治理。

酒驾是顽疾，千夫指万人唾。在社会舆论力促之下，终于亮出"酒驾入刑"这把利剑。自"酒驾入刑"以来，酒驾人数锐减。这一事实充分说明：治理顽疾，除道德规范外，还需一把利刃，这把利剑就是法律。

除酒驾以外，现实中的顽疾还有随地吐痰，乱扔、乱倒垃圾，占道经营，占道停车，公共场所吸烟，随处贴广告、写广告，行人不走斑马线等。这些顽疾虽然不像酒驾那样带有血腥味，但同样令人作呕，同样会产生不良甚至恶劣的社会后果，是美丽中国的"绊脚石"。当前，在建设法治中国的大背景下，这些顽疾必将一一得到整治。

学习建议

1. 学习本案例的目的和用途

本案例可用于教材第七章第二节"培育社会主义法治思维"部分内容的辅助学习。

2. 学习本案例应注意的问题

学习本案例时，可结合《道路交通管理条例》和《道路交通安全法》相关内容进行学习。

案例四：邱少华诉孙杰、加多宝（中国）饮料有限公司 一般人格权纠纷案

案例文本

（一）基本案情

2013年5月22日，被告孙杰在新浪微博通过用户名为"作业本"的账号发文称："由于邱少云趴在火堆里一动不动最终食客们拒绝为半面熟买单，他们纷纷表示还是赖宁的烤肉较好。"作为新浪微博知名博主，孙杰当时已有603万余个"粉丝"。该文发布后不久就被转发即达662次，点赞78次，评论884次。

2013年5月23日凌晨，该篇微博博文被删除。

2015年4月，加多宝（中国）饮料有限公司（以下简称"加多宝公司"）在其举办的"加多宝凉茶2014年再次销量夺金"的"多谢"活动中，通过"加多宝活动"微博发布了近300条"多谢"海报，感谢对象包括新闻媒体、合作伙伴、消费者及部分知名人士。被告孙杰作为新浪微博知名博主也是加多宝公司感谢对象之一。加多宝公司于2015年4月16日以该公司新浪微博账号"加多宝活动"发博文称："多谢@作业本，恭喜你与烧烤齐名。作为凉茶，我们力挺你成为烧烤摊CEO，开店十万罐，说到做到^_^#多谢行动#"，并配了一张与文字内容一致的图片。孙杰用"作业本"账号于2015年4月16日转发并公开回应："多谢你这十万罐，我一定会开烧烤店，只是没定哪天，反正在此留言者，进店就是免费喝！！！"该互动微博在短时间内被大量转发并受到广大网友的批评，在网络上引起了较大反响。

烈士邱少云之弟邱少华以孙杰的前述博文对邱少云烈士进行侮辱、丑化，加多宝公司以违背社会公德的方式贬损烈士形象，用于市场营销的低俗行为，在社会上造成了极其恶劣的影响为由，起诉至北京市大兴区人民法院，请求判令二被告立即停止侵害、消除影响、赔礼道歉，赔偿精神损失费1元。

（二）裁判结果

北京市大兴区人民法院一审认为，根据《中华人民共和国侵权责任法》第三条、《最高人民法院关于适用〈中华人民共和国民事诉讼法〉的解释》第六十九条以及《最高人民法院关于确定民事侵权精神损害赔偿责任若干问题的解释》第三条之规定，邱少云烈士生前的人格利益应受法律保护，邱少华作为邱少云的近亲属，有权提起本案诉讼。孙杰发表的言论将"邱少云烈士在烈火中英勇献身"比作"半边熟的烤肉"，是对邱少云烈士的人格贬损和侮辱，属于故意的侵权行为，且该言论通过公众网络平台

快速传播，已经造成了严重的社会影响，伤害了社会公众的民族和历史感情，同时损害了公共利益，也给邱少云烈士的亲属带来了精神伤害。虽然孙杰发表的侵权言论的原始微博文章已经删除且孙杰通过微博予以致歉，但侵权言论通过微博已经被大量转载，在网络上广泛流传，已经造成了严重的社会影响，因此，应在全国性媒体刊物上予以正式公开道歉，消除侵权言论造成的不良社会影响。加多宝公司发表的涉案言论在客观方面系与孙杰的侵权言论相互呼应且传播迅速，产生了较大负面影响；主观上，加多宝公司在其策划的商业活动中应尽到审慎的注意义务，加多宝公司应当对孙杰发表的影响较大的不当言论进行审查而未审查，存有过错，因此，亦应承担侵权责任。但是，由于孙杰和加多宝公司已经主动删除原始侵权言论，因此只能通过赔礼道歉、消除影响的方式消除侵权所造成的后果，判决：孙杰、加多宝公司于判决生效后三日内公开发布赔礼道歉公告，公告须连续刊登五日；孙杰、加多宝公司连带赔偿邱少华精神损害抚慰金1元。一审判决后，双方当事人均未上诉。

（资料来源：佚名．邱少华诉孙杰、加多宝（中国）饮料有限公司一般人格权纠纷案［EB/OL］．中国法院网，2016-10-19．）

案例点评

本案是恶意诋毁、侮辱民族英雄和革命先烈，侵害其人格利益的典型案件。本案的特点是，先有网络名人恶意侮辱、诋毁民族英雄，再有商业公司借助不法言论恶意炒作获得商业推广效果，两者行为的结合造成了同一损害后果。本案判决在如下方面值得赞同：一是对侵权言论的分析上，结合其语境及侵权言论的传播和舆论反应，认定侵权人的主观恶意和损害后果；二是对多个行为人共同侵权的把握上，注意分析多个言论的关联性及互动性，准确把握多个行为人的主观关联性及损害后果的同一性；三是在责任形态上，认定多个侵权人之间的连带责任；四是在责任方式上，根据侵权人事后删除侵权言论的事实，判决其承担赔礼道歉、消除影响和精神损害抚慰金的责任，责任形式妥当。这一判决，维护了民族英雄和革命先烈的合法权益，对于以侮辱、诋毁民族英雄和革命先烈的人格为手段，恶意进行商业炒作获得不法利益的侵权行为，具有鲜明的警示意义。

学习建议

1. 学习本案例的目的和用途

本案例可用于教材第七章第二节"培养社会主义法治思维"部分内容的辅助学习。

2.学习本案例应注意的问题

阅读本案例意在提示同学们结合教材拓展对具体法律法规的学习，积极关注社会生活中的法律问题，践行社会主义核心价值观，培养自身的法律意识，勇于参与法治实践，增强维护自己的合法权益的能力。

案例五：呼格吉勒图案

案例文本

1996年4月9日，内蒙古自治区呼和浩特市毛纺厂年仅18周岁的职工呼格吉勒图被认定为一起奸杀案凶手。案发仅仅61天后，法院判决呼格吉勒图死刑，并立即执行（又称4·09毛纺厂女厕女尸案）。2005年，被媒体称为"杀人恶魔"的内蒙古系列强奸杀人案凶手赵志红落网。其交代的第一起杀人案就是4·09毛纺厂女厕女尸案，从而引发媒体和社会的广泛关注。

案情回顾

1996年4月9日，呼和浩特卷烟厂工人呼格吉勒图和工友闫峰向警方报案，在烟厂附近的公厕内发现一具下身赤裸的女尸。48小时后，负责该案的呼和浩特公安局新城分局副局长冯志明和办案人员认定，呼格吉勒图在女厕对死者进行流氓猥亵时，用手掐住死者的脖子致其死亡。

1996年5月23日，呼和浩特市中级人民法院认定呼格吉勒图犯流氓罪、故意杀人罪，判处死刑。1996年6月5日，内蒙古高院二审"维持原判"，核准死刑。距离案发仅62天。

真凶现身

2005年初，内蒙古乌兰察布市接连发生数起奸杀惨案。

警方鉴定确认，案件系同一人所为。2005年10月23日，系列强奸、抢劫、杀人案的犯罪嫌疑人赵志红落网。

落网后，赵志红主动交代了其1996年犯下的第一起强奸杀人案，就在呼和浩特赛罕区邻近卷烟厂的公厕里，并准确指认了早就被拆除重新建设的案发地点。赵志红甚至说出了诸如"南北朝向，女厕在南"的厕所方位、内部结构，被害人身高、年龄，当时扼颈杀死被害人的方式，尸体摆放位置等其他作案细节，都有清晰、肯定的记忆。赵志红对案件表述的准确程度远远超过了1996年就已经被执行枪决的呼格吉勒图。

提出重审

这一情况在中国引起震动。尽管当时呼和浩特市警方有意见认为，赵志红的一面之词缺乏有力的证据支持，但1996年的案件寻求证据已无可能，并且有法律界及社会各界人士同样对当年呼格吉勒图被判死刑的证据支持提出质疑，认为从"疑罪从无"的角度，对赵志红的供认如果不能认定，对于呼格吉勒图的指控和审判同样存在严重的问题。

五篇内参

汤计，某社内蒙古分社记者，呼格吉勒图案最早的报道者。

第一篇，背景：汤计接触呼格父母了解案情，并接触专案组初步了解案情。2005年11月23日，《内蒙古一死刑犯父母呼吁警方尽快澄清十年前冤案》。

第二篇，背景：2006年11月28日，赵志红案不公开审理，10条命案只起诉9条，呼格案没有起诉，2006年12月8日，《呼市"系列杀人案"尚有一起命案未起诉让人质疑》。

2006年12月20日，加急情况反映《"杀人狂魔"赵志红从狱中递出"偿命"申请》，并附上"偿命申请书"。

第三篇，背景：呼市中院称，仅有赵志红的口供，没有犯罪物证，不能认定真凶就是赵志红，那也就不存在呼格吉勒图案的错判问题。2007年初，《死刑犯呼格吉勒图被错杀？——呼市1996年"4·09"流氓杀人案透析（上）》，《死者对生者的拷问：谁是真凶？——呼市1996年"4·09"流氓杀人案透析（下）》。

第四篇，背景：与时任内蒙古自治区检察长邢宝玉聊过后，针对法院程序提出跨省区异地审理。2007年11月28日，《内蒙古法律界人士建议跨省区异地审理呼格吉勒图案件》。

第五篇，背景：胡毅峰上任内蒙古高院院长，推动呼格吉勒图案复查。2011年5月5日，《呼格吉勒图冤死案复核6年陷入僵局，网民企盼让真凶早日伏法》。

复查停滞

在赵志红供出"4·09"命案后，内蒙古自治区政法委也组成了以时任政法委副书记宋喜德为组长的核查组，对案件进行复查。

核查组结论，以法律的术语强调，当年判处呼格吉勒图死刑的证据明显不足。内蒙古自治区公安厅不久即组织了调查组，重新调查"4·09"命案，结论也报给了内蒙古自治区政法委。

但"4·09"命案始终没有开启重审程序。对于该案件难以实质性推动的原因，当年办理"4·09案"（呼格案）的办案人，后来几乎都得到了提拔，在公检法各条战线上成为把关人，这个案件一旦被翻转过来，问责机制的启动将产生巨大的影响。

<h2 align="center">案件疑点</h2>

疑点 1：神秘失踪的精液

在"4·09"案的诸多证据中，警方提取了受害者体内的凶手所留精斑。但警方并没有将呼格吉勒图的精斑与受害人体内的精斑进行对比。当 2005 年赵志红供述了自己是"4·09"案真凶后，原本保留在公安局的凶手精斑样本又莫名丢失。

疑点 2："铁证"血样究竟何来？

一位在"4·09"女尸案案发后第一时间赶到现场的警察表示，他勘验了案发现场，现场比较简单，没有打斗痕迹，受害者身上没有伤口。因不是具体经办人，他没再过问此案。但案发后不久一天晚上，他在公安局加班，听到局长在办公室大声喊隔壁的办案民警，让他们去剪呼格吉勒图的指甲，当时就不理解，因为现场勘查没发现受害者身上哪块破了。

这位警察之后从当地媒体上看到了有关呼格吉勒图指甲的文字。经查实，该报道刊登在 1996 年 4 月 20 日的当地晚报上："为了证实呼格吉勒图交代的真实性，由分局刑警队技术室对他的指缝污垢采样，进行理化检验。市公安局技术室和内蒙古公安厅进行了严格的科学的鉴定。最后证明呼格吉勒图指缝余留血样与被害人咽喉处被掐破处的血样是完全吻合的。杀人罪犯就是呼格吉勒图。"这位警察介绍，这是呼格吉勒图案不多的"铁证"之一。但他说，自己当初就在案发现场，没有发现受害者身上有伤口或者破损的地方。

疑点 3：笔供真的"供认不讳"了吗？

呼格吉勒图被抓后，当地媒体以公安机关为单一消息来源的报道中均称，呼格吉勒图其对案件"供认不讳"。

1996 年的笔录显示，即使在被枪决前一个月，呼格吉勒图也坚持自己是无辜的。该笔录制作于 1996 年 5 月 7 日晚上 9 时 20 分，询问人为呼市检察院检察官刘某和彭某。被询问人是同年 6 月 10 日下午 2 时被执行枪决的呼格吉勒图。

从时间上，1996 年的 5 月 7 日应当是呼格吉勒图所涉嫌的"4.09"女尸案，经呼市公安局新城分局侦查完毕、移交检察院的一周后。

在这份共计 7 页、1500 字的笔录中，呼格吉勒图数次表示："今天我说的全是实话，最开始在公安局讲的也是实话……后来，公安局的人非要让我按照他们的话说，还不让我解手……他们说只要我说了是我杀了人，就可以让我去尿尿……他们还说那个女子其实没有死，说了就可以把我立刻放回家……"

在叙述"当晚自己的犯罪事实"时，呼格吉勒图作了如下陈述："我当晚叫上闫峰到厕所看，是为了看看那个女子是不是已经死了……后来我知道，她其实已经死了，就赶快跑开了……她身上穿的秋衣等特征都是我没有办法之后……猜的、估计的……我没有掐过那个女人……"

笔录显示，询问人对呼格吉勒图使用了"你胡说"等语言。显然，这份笔录并未引起检察机构的重视。而在随后的法院审理中，检察官指控呼格吉勒图就是杀人凶手。

高院再审

2014年11月20日，内蒙古自治区高级人民法院立案庭庭长暴巴图代表高院向呼格吉勒图父母送达立案再审通知书，呼格吉勒图案进入再审程序。2014年12月15日上午，内蒙古自治区高院对呼格吉勒图故意杀人、流氓罪一案作出再审判决，撤销内蒙古高院1996年作出的关于呼格吉勒图案的二审刑事裁定和呼和浩特市中级人民法院1996年对呼格吉勒图案作出的一审刑事判决，宣告原审被告人呼格吉勒图无罪，并向其父母送达了再审判决书。再审判决主要内容为：①撤销内蒙古高级人民法院（1996）内刑终字第199号刑事裁定和呼和浩特市中级人民法院（1996）呼刑初字第37号刑事判决；②原审被告人呼格吉勒图无罪。

2014年12月15日，内蒙古自治区人民检察院决定成立调查组，对造成呼格吉勒图错案负有责任的人员展开调查，对呼格吉勒图案原专案组涉嫌刑讯逼供和职务犯罪的公检法办案人员——进行了查处。

国家赔偿

赔偿结果：①向赔偿请求人李三仁、尚爱云支付死亡赔偿金和丧葬费共计1047580元；②向赔偿请求人李三仁、尚爱云支付呼格吉勒图生前被羁押60日的限制人身自由赔偿金12041.40元；③向赔偿请求人李三仁、尚爱云支付精神损害抚慰金100万元。以上各项合计2059621.40元。

2015年3月12日，在第十二届全国人民代表大会第三次会议上，首席大法官、最高人民法院院长周强和首席大检察官、最高人民检察院检察长曹建明作工作报告，都提及了呼格吉勒图案。周强在报告中称，对错案"深感自责"；曹建明则表示，"对冤错案件首先深刻反省自己"。

（资料来源：孙莹.5篇内容推呼格吉勒图案再审［EB/OL］.中新网，2014-11-30；赵永厚.内蒙古高院解析三大理由证明呼格吉勒图无罪［N/OL］.中国日报网，2014-12-24；人民网，2015-03-03.有改动.）

案例点评

一个年轻的生命，永远定格在了18岁的如玉年华。从案发到61天后，经过公安机关快速侦查、检察院公诉、一审、二审、死刑复核、执行程序，便以故意杀人罪、流氓罪判处死刑，并予以立即执行。

重证据、讲程序、讲规则、讲法理是法律思维的基本要求。这个冤案的形成过程中，公检法三家相互监督制约职能的缺失，办案人员经验主义与自负和急于邀功请赏的心态、"严打"的社会环境，刑讯逼供、恣意妄为，使一个年轻的生命，含冤凋零。

公正是法治的生命线。呼格吉勒图案之所以引发舆论关注，与"一案两凶"的悬疑有关，更与疑案持续 8 年得不到重审密不可分。媒体和公众所期望看到的，是案件真相的还原，是重审程序一拖再拖的因由调查。期待通过这一案件，向公众彰显法律的公道正义。

内蒙古法院依法纠正"呼格案"，最终能还当事人以迟到的正义，还法律以尊严，无论是纠正错案，还是推动制度建设，无疑都需要极大的勇气和决心。虽然过程一波三折，也离不开外界推动，但毕竟是法院系统在法律框架内部通过正常法律程序完成。这与具有"人治"色彩的"平反"相比，法治是最终的赢家。

反思这起冤案的形成以及依法纠正这个冤案的艰难曲折的过程和结果，进一步思考：如何提高全民法治意识、特别是如何提高司法人员的法治素养，如何建立起完备的法治体系，如何在每个人心中真正树立起法治权威，树立起尊重法律、尊重生命的观念，对于推动社会主义法治建设的意义重大，可以说呼格吉勒图案是一个里程碑式的案例。

学习建议

1. 学习本案例的目的和用途

本案例可用于教材第七章第二节"培育社会主义法治思维"和第三节"尊重社会主义法律权威"部分内容的辅助学习。

2. 学习本案例应注意的问题

阅读本案例可以结合阅读佘祥林案、赵振海案，从而增强建设社会主义法治国家的使命感。

案例六：除了"诗和远方"，跟团旅行还有法律与维权

案例文本

朋友圈最近流行一句话，"生活不只眼前的苟且，还有诗和远方。"每年的十一黄金周，许多人选择走出家门，通过旅行去寻找"诗和远方"，而旅行社、旅游平台等也就成了大家实现"诗和远方"理想的重要媒介。但因现在市场上旅行社服务良莠

不齐、旅游平台内部管理不规范、旅游者自身法律意识不足等原因，不少朋友的相关利益也因此受到损害。北京市房山区人民法院的法官整理了三个与旅游相关的典型案例，希望给读者朋友以有益启发，在追寻"诗和远方"的同时，能够更好地维护自身合法权益。

游客突发疾病去世　旅行社不承担赔偿责任

2015 年黄金周期间，小张的父亲老张（47 岁）参加了某旅行社组团的本市周边三日游活动。旅游活动第三天，老张突然昏厥，救护车赶到后，立即送老张前往医院进行救治，但是非常不幸，老张经抢救无效去世。

老张本次出游仅通过旅行社投保了旅游安全人身意外伤害保险，但因旅行社没有为老张投保突发疾病险，致使保险公司拒绝理赔。小张认为，旅行社存在未尽安全保障义务、为父亲老张投保的《旅游安全人身意外伤害保险》中没有投保突发疾病险等过错，所以旅行社应对父亲老张的死亡承担赔偿责任。于是小张到法院起诉，要求该旅行社赔偿小张因老张去世造成的损失，包括抢救费、丧葬费、交通费、死亡赔偿金、保险公司拒绝理赔的保险金等费用共计 100 余万元。此外，小张还要求旅行社退还全部旅行费 560 元。

被告旅行社辩称，旅行社仅仅是为老张代购保险，老张的去世与旅行社无关，故不同意小张的诉讼请求。

法院查明，被告旅行社为老张投保了旅游安全人身意外伤害保险，且事发时处于保险期内；老张的死亡原因为脑干出血；保险公司以"脑干出血属于疾病，不符合保险合同中的意外伤害"为由拒绝理赔。

法院经审理认为，老张与被告旅行社之间存在旅游合同关系，老张在旅游过程中死亡，原告小张作为老张的继承人，有权向被告旅行社提出赔偿。

但本案中，旅行社是否应当承担赔偿责任？法院认为，旅游经营者在组织旅游过程中应当提供符合约定的旅游服务，应当对旅游者的人身、财产安全尽到相应的安全保障义务。但是旅游经营者的安全保障义务应当限于其能预见的合理范围，其提供的安全保障应当在其能力范围之内。本案中的旅游行程不存在需要特别提醒的安全注意事项，老张系突然晕倒，在送医救治后去世，导致其去世的原因是脑干出血。在老张晕倒后，现场导游及时将老张送医救治。老张的死亡实属其自身身体原因导致的不幸事件，老张的病发、死亡显然超过了被告旅行社能够预见的合理范围。至于保险问题，被告旅行社已经按照规定为老张投保了旅游安全人身意外伤害保险，老张突发疾病导致死亡无法获得理赔的后果不能归咎于旅行社。因此，法院驳回了小张关于抢救费、丧葬费、交通费、死亡赔偿金、保险公司拒绝理赔的保险金等诉讼请求。本案中的旅游行程为 3 天，老张未参加全部的旅游活动，对于未发生的旅游费用，被告应当退还。根据本案中旅游行程的实际情况，法院酌定被告旅行社退还旅游费 200 元。

法官提示：旅游活动虽可以放松休闲，但免不了舟车劳顿，有的旅游活动也不适合一些有特定身体疾病的旅游者参加。旅游者应如实告知旅游经营者其与旅游活动相关的个人健康信息，有利于旅游经营者判断是否接纳旅游者参加相应的旅游活动，也有利于旅游经营者在接受旅游者报名后在合理范围内给予特别关照，减少安全隐患。旅游者如认为根据其自身状况参加旅游活动还需投保其他保险险种的，应当主动告知要求投保或自行投保。

未完成平台所示服务　旅游平台承担赔偿责任

小杨夫妇到法院起诉某网络平台所属公司，称今年上半年，小杨夫妇准备去西藏度蜜月，经过比对各网络平台的旅游产品与服务，最终选定与某网络平台签订旅游合同。合同约定旅游者为 2 人，旅游费用为 15438 元，行程共计 10 天 9 夜，旅游线路为西宁—青海湖—拉萨—日喀则—林芝。小杨夫妇全额交纳了旅游费。当小杨夫妇与同行者一行 53 人随团行至拉萨时，该平台以西藏旅游局规定每车不超过 20 人（含一名司机、一名导游、一名交警、游客 17 人）为由，说不能继续带队出游。在该平台未采取分车、加导游等任何积极措施的情况下，致使小杨夫妇等 53 人在拉萨长时间滞留在宾馆，导游失联，团餐无人管。合同约定的林芝、纳木错、日喀则、扎什伦布寺等沿途行程均未实际安排。该平台的违约行为致使小杨夫妇的合同目的无法实现，故诉至法院，要求该网络平台所属公司退还小杨夫妇旅游费 15438 元，并给付小杨夫妇违约金 3087 元。

本案在审理过程中，被告网络平台所属公司承认有上述诉称行为，并同意退赔小杨夫妇部分旅游费用，后经法院主持调解，双方当事人自愿达成调解协议，由被告网络平台所属公司返还小杨夫妇旅游费 5000 元。

法官提示：随着网络飞速发展，一些传统行业如旅游业也逐步进入"互联网+"时代，旅游者可以足不出户就搜集到各种需要的资讯，并选择相关产品与服务，这本是好事，但由于网络旅游平台内部管理不规范等原因，部分网络平台仍存在不履行合同义务等情况。对此，法官提醒，旅游者在线选择旅游产品时，应尽量选择口碑好、有资质的平台，应仔细阅读网站所示各项内容，并通过在线咨询、人工咨询、线下咨询等方式详细了解产品内容；出行前要与旅行社签订相关合同；在旅游过程中，如出现平台所示服务与其实际提供的服务不一致等情况，应及时向服务提供者反映。如经协商，平台服务提供者仍不能很好地履行合同义务，当事人应通过向消协反映、到法院起诉等方式积极主张己方权利。

境外游遇当地局势恶化　游客起诉旅行社

王女士起诉称，2014年9月，王女士与某旅行社订立合同，约定该旅行社为王女士安排2014年9月18日至10月10日在卡塔尔、也门、阿曼三国的全部旅游事宜，但在9月23日王女士入境也门当天，该旅行社单方面终止了也门段的合约，拒绝提供也门境内的一切服务，导致王女士的也门段行程完全未能进行，并造成王女士在也门境内滞留数日。王女士认为该旅行社的行为构成违约，故要求该旅行社退还也门段团费、也门签证费、王女士在也门境内产生的住宿费、公路交通费、违约金等共计十万余元。

被告旅行社辩称，旅行社未完成合同约定事项是因为在王女士旅游过程中发生了不可抗力的事项，王女士是在9月18日出发，9月22日中国外交部发出安全提示，建议中国人尽快撤离也门。9月22日航空公司已经停运，旅行社已不具备履行合同的客观条件，故旅行社取消了接下来的行程，并退还了剩余部分旅游费用，并要求王女士按照安全提示及时回国。但王女士执意不回国，其违反了国家的安全警示规定，根据旅游法的规定其自行支出的费用应当自行承担。

法院经审理确认，王女士与旅行社于2014年9月10日订立的《团队出境旅游合同》是双方的真实意思表示，合法有效。该合同约定了旅行的行程，由被告旅行社向王女士提供交通、住宿、导游等服务，由王女士以总价向旅行社支付费用。2014年9月下旬，也门首都萨那的局势恶化，外交部领事司与中国驻也门使馆联合提醒中国公民尽快撤离，萨那的局势是合同双方不能预见、不能避免并不能克服的客观情况，属于不可抗力。在此情形之下，为了游客的人身安全计，被告旅行社建议王女士尽快离开也门，并取消了进一步行程，是符合旅行社的职责的，也是符合通常认知的。由于被告旅行社未能完全履行合同是基于不可抗力的发生，故应当免除被告旅行社的相应责任。王女士以旅行社未能履行在也门段的合同义务构成违约为由，要求旅行社退还也门段团费、也门签证费等要求，缺乏事实及法律依据，法院不予支持。据此，法院驳回了王女士的诉讼请求。

法官提示：出境游近几年在我国非常火热，每年出境游的人数呈持续上升态势，数据显示，2016年十一黄金周期间，出境跟团游客总数量约为139.9万人。相对于国内游来说，出境游由于境外局势、风土人情等均与我国有较大差距，旅游者不仅要提前做好出境游攻略，选择名声较好、较为靠谱的旅行社，在旅游途中如发生任何突发情况，都应当以安全为重。如遇我国外交部针对旅游目的地发出安全提示，有条件者应及时回国。如与旅行社就行程等问题发生纠纷时，应依法理性维权。

（资料来源：原丹丹. 除了"诗和远方"，跟团旅行还有法律与维权 [EB/OL]. 中国法院网，2016-10-14.）

案例点评

随着人们生活水平的提高，旅游作为一项增长见识、陶冶情操的活动，与我们的生活越来越密切，已走进了千家万户，但随之而来的是旅游纠纷的不断增多，旅游投诉也越来越多。作为旅游者，如何切实维护自身的合法权益，如何切实加强自身安全防范意识，学会主动维权呢？最重要的就是每个旅游者都应具备一定的法律知识，具有一定的法律意识，树立法治思维。否则，当旅游中自身合法权益受到侵犯的时候就会深感无助和不知所措。

现代社会是法治社会，具备一定的法律知识是现代社会成员的必备素质。法律意识和法治思维是现代社会成员应当具备的一种思维和意识，与公民的专业和职业没有关系。缺乏法律知识和法治思维的人，做任何事情既可能因无知而违法，也可能因无知在遭遇侵犯自身合法权益事情的时候深感无助和茫然。所以，当代大学生应认真学习法律知识，增强自身的法律意识，培养自己的法治思维。学会用法治思维去观察和分析社会问题，积极参与社会主义法治建设实践，以实际行动为依法治国、建设社会主义法治国家作贡献。

学习建议

1. 学习本案例的目的和用途

本案例可用于教材第七章第二节"培养社会主义法律思维"部分内容的辅助学习。

2. 学习本案例应注意的问题

学会用法律思维观察和分析身边林林总总的社会生活现象，学习法律，运用法律，积极参与社会主义法治实践。

思考练习

一、单项选择题

1. 一个人的（　　）观念，是从事法治实践和其他社会活动的思想基础。

A. 纪律　　　B. 法治　　　C. 道德　　　D. 思想

2. （　　）是社会主义民主与法制建设的根本保证。

A. 社会主义民主与法制　　　　B. 党的领导

C. 民主集中制　　　　　　　　D. 人民代表大会制

3. 每一法律部门均由一系列（　　）的众多法律、法规所构成。

A. 调整社会关系类型相同　　　B. 调整方法相同

C. 保障权利途径相同　　　　　D. 调整机制相同

4. 国家的根本法是（　　）。

A. 行政法　　B. 刑法　　C. 宪法　　　D. 民商法

5. 维护社会公平与正义，协调人与自然的关系，体现了法律在（　　）。

A. 政治建设方面的作用　　　　　B. 文化建设方面的作用

C. 社会建设方面的作用　　　　　D. 对外建设方面的作用

6. 我国专门的法律监督机关是（　　）。

A. 全国人大法律委员会　　　　　B. 检察机关

C. 监察机关　　　　　　　　　　D. 党的纪律检查委员会

7. 公民在法律面前一律平等，是我国（　　）。

A. 社会主义法律的基础　　　　　B. 社会主义法律的基本原则

C. 社会主义法律适用的基本原则　D. 宪法总的指导思想

8. 行使国家立法权的是（　　）。

A. 全国人民代表大会及其常务委员会

B. 各级人民代表大会及其常务委员会

C. 各级人民代表大会

D. 国务院

9. （　　）是人权保障的关键环节。

A. 媒体报道　　B. 群众监督　　C. 法律制定　　D. 行政保护

10. 国家权力是（　　）赋予的，因此必须受到监督。

A. 人民　　　　B. 政府　　　　C. 法律　　　D. 传统意志

二、多项选择题

1. 依法办事包括（　　）。

A. 依法享有权利　　　　　　　　B. 依法行使权利

C. 依法承担义务　　　　　　　　D. 依法履行义务

2. 法律面前人人平等观念包括以下（　　）基本内容。

A. 公民在守法上一律平等　　　　B. 公民在执法上一律平等

C. 公民在适用法律上一律平等　　D. 公民在司法上一律平等

3. 以下属于法律不作为义务的有（　　）。

A. 依法纳税的义务　　　　　　　B. 依法服兵役的义务

C. 不得盗用他人注册商标　　　　D. 不得挪用公共财产

4. 法律知识通常包括（　　）的知识。

A. 关于法律规定　　　　　　　　B. 关于法律的原则

C. 关于法律的原理　　　　　　　D. 关于法律的规范

5. 公平正义是社会主义法治的价值追求。要实现法治的公平正义，必须坚持（　　）。

A. 实体公正　　　B. 程序公正　　　C. 及时高效　　　D. 效率优先

6. 下列关于"法治"与"法制"关系的说法中，正确的有（　　）。

A. "法治"与"法制"是相互联系又相互区别的两个概念

B. "法治"与"法制"的内涵与外延完全相同，只是文字表述不同

C. "法制"是社会主义民主的制度化、法律化，是实现"法治"的前提

D. "法治"强调个人的威望、智慧及其解决具体问题的作用，与"法制"相对称

7. 公共生活中法律规范的作用有（　　）。

A. 指引作用　　　B. 预测作用　　　C. 评价作用　　　D. 强制作用

8. 坚持（　　）相统一，是我国社会主义法治建设的一条基本经验。

A. 党的领导　　B. 人民当家做主　C. 依法治国　　D. 以德治国

9. 法律的至上性具体表现为法律的（　　）。

A. 普遍适用性　　B. 优先适用性　　C. 不可违抗性　　D. 绝对服从性

10. 程序法是保障社会主体的（　　）得以履行或实现的法。

A. 利益　　B. 权利　　C. 义务　　D. 责任

三、判断题

1. 法治是一种治理社会的理论、原则、理念和方法，是一种社会意识。　（　　）

2. 在社会主义国家，不承认有任何享受特权的公民，可以承认有免除法律义务的公民。　　　　　　　　　　　　　　　　　　　　　　　　　　　（　　）

3. 法律面前人人平等观念在近代资产阶级革命过程中首先提出，并在资本主义法制中首先确立。　　　　　　　　　　　　　　　　　　　　　　　　（　　）

4. 脱离活生生的法律生活和法律实践，还是可能养成法律思维方式的。（　　）

5. 社会主义民主是社会主义法治的前提和基础，决定着社会主义法治的性质和内容。　　　　　　　　　　　　　　　　　　　　　　　　　　　　　（　　）

6. "法制"通常是指国家的法律和制度的简称，是一种社会制度。　（　　）

7. 任何公民都平等地享有宪法和法律规定的各项权利，也都平等地履行各项义务。　　　　　　　　　　　　　　　　　　　　　　　　　　　　　（　　）

8. 社会主义法治理念是中国传统法律思想的直接延续。　　　　（　　）

9. 坚持依法治国首先要依宪治国。　　　　　　　　　　　　　（　　）

10. 法律权威的树立主要依靠法律的外在强制力和内在的说服力。（　　）

四、材料分析题

萝卜该不该赔？

某年山东省日照市一次 110 特别行动中，公安人员追歹徒到男青年甲的菜园里，并发生了搏斗。公安人员最终制服了歹徒。正当公安人员押着歹徒准备离开时，甲对着众多记者和摄影机突然提出，要求公安人员赔偿被损害的 20 多棵萝卜。此事经媒体报道后，社会舆论一片哗然，邻居谴责说："公安人员是为了抓坏人，是为了大家，甲作为新时代的青年，不应当要求赔偿 20 多棵萝卜。"当事公安人员也表示不可理解，说："当时我们一个同事身负重伤，鲜血直流，可甲居然提出赔偿他 20 多棵萝卜。"

在当年日照市评选精神文明先进单位中，甲所在单位也因此失去了资格。甲在社会舆论的重压下，不得不离家住到姐姐家中，并且对记者产生了严重的不信任和反感。

请你从法治思维角度思考，此案中的萝卜该不该赔？

8 第八章

行使法律权利　履行法律义务

案例一："免费旅游"搭台演戏　老人万元"团购"保健品

案例文本

　　2016 年 8 月 26 日上午，房山六渡某酒店保健品会销现场，会销领队带着老人上台抢"单子"。台上"持单"教授，实为会销公司组织者。

　　"公司回馈客户，免费旅游。"67 岁的宋英（化名）接到这个"天上掉馅饼"的电话后，跟随一家保健品公司到了房山六渡桥度假村，两天下来，不少老人花了万元购买保健品。

　　但老人们不知道，从一开始的电话邀约就是陷阱。保健品公司从网上以两毛到一百元不等的价格买来老人的资料，在位于北京回龙观的出租屋里，他们按照话术，先以旅游名义打电话邀约老人，再带着老人参加会销。

　　之后的事儿，就由会销公司接手。组织游玩、听讲座、办晚会、做实验、开药方，全部都是精心策划的，目的就是高价销售保健品。

　　用会销督导徐秋婷的话说，"这就是一台戏。"

　　在保健品公司与会销公司签订的协议中，一款"抗癌"保健品的拿货价低至2.8折，每卖出一套，保健品公司能拿到销售价 70% 的分成。会销公司内部人士透露，三年来，这款保健品已卖了 70 亿元。

寻找"退休金"客户

　　和宋英一拨到六渡桥的李军（化名），出行前一星期接到免费旅游邀约电话。

　　"叔叔您好，告诉您一个好消息，我公司举办新四大发明之一——酶法多肽申诺支持会，于 8 月 25 日在六渡景区有两天的度假养生活动，您是公司领导批准的特邀嘉宾，请问您有没有时间参加？"

退休在家的李军当然有空，但他有些怀疑，他们怎么知道自己的电话？没来得及多想，电话那头的工作人员就再次邀请，并保证"车接车送，不收费用"。李军想，闲着也是闲着，就答应了。

李军不知道，打出电话的人正坐在回龙观一处出租屋里，和另外四五个人一起大规模"邀约嘉宾"。在这里，李军的信息备注着"买过保健品，意向客户"。

"一天打上百个，总有相信出来旅游的，一次不行就再换别的名义邀请"，"保健品公司老总"王晓林说，给老人们发几份礼品，再让养生专家看看身体，一般都会动心。

王晓林并没有真正的公司，他丝毫不怕老人的质询。"先聊家常，再慢慢切入，问他大概用什么产品"，根据产品，王晓林的"公司"变换了很多名称，"中科院""农科院""同仁堂""石药集团"，都被他拿来用过。旅游会销的地方，也从北京周边发展到了河北、天津等地。

6年来，王晓林购买了上万条老年人资料。他称价格两毛到一百不等，资料中，老人的姓名、电话号码、得过什么病、买过什么产品、精确到门牌号的家庭住址，一目了然。

他也走过"弯路"，在网上买了很多低档资料，成功率不高。当然也有"赚大了"的时候。他记得，一次他花了1000元买了10条资料，"肯定是好顾客，约出来就能卖货。"卖方没有骗他，在这10位客户身上，半个月卖出了18万元保健品。

现在他接手了另一个朋友公司的资料，反复使用，据他称，每个老客户都可以多次开发，卖给他们不同的保健品。

为提高效率，王晓林制订了话术，培训员工一个月，邀约老人出来旅游参会。话术中强调，一定要搞清楚老人的经济实力和决定权，以及是否参加过其他养生活动，"至少是有退休金的优质客户"。

科普实验迷局

在这行做久了，王晓林结识了圈内的会销公司，即专门组团向老人高价兜售保健品的公司。

惠众国际组会公司便是其中之一，六渡桥旅游会销上售卖的"富硒酵母 β-葡聚糖"和"酶法多肽"，都由惠众国际组会公司提供，王晓林只需把人带来，剩下的事情就由会销公司接手。组织游玩、听讲座、办晚会、做实验、开药方，全部都是精心策划，目的就是售卖活动上的保健品。

用会销督导徐秋婷的话说："这就是一台戏，每一个人都要扮演好自己的角色，观众就是顾客。"

8月25日的北京六渡驿捷度假酒店，一个名为"中国梦健康梦——酶法多肽北京亲情支持会"的活动，正在如火如荼地进行。与宋英同被邀约参会的还有其他50多名老人。

"我们国家利用酶法这项技术合成的多肽，被誉为'全球第一肽'。欢迎医学博士吕昊泽。"支持会上，工作人员隆重介绍了这位戴着金丝眼镜的青年男子。

殊不知，在工作人员口中的博士、教授，在台下却有另一神秘身份。

吕昊泽被称为"吕明、吕总"，正是这场活动的组织者，隶属"惠众国际集团"。8月22日，他在同一场地组织了另外一场保健品会销——"国家慢性病防治体系暨石药防癌抗癌全民动员会"。两场分别卖"酶法多肽"和"鸿洋神牌富硒酵母β-葡聚糖胶囊"保健产品。

除了医学博士，吕昊泽还被冠以"酶法多肽实验室研究员""酶法多肽申诺执委会副主任"等多重身份。

在吕昊泽口中，"酶法多肽"神乎其神，什么"邹远东教授发明的酶法多肽，是'中国新四大发明之一'"，如何受国家领导人重视，获得诺贝尔医学奖的屠呦呦已提名邹远东为下一届的诺贝尔获奖者。吕昊泽的每次停顿，会场都会响起保健品公司员工的叫好声。

气氛更热烈的是第二天的实验。吕昊泽带领工作人员在现场做"牛蛙实验"，将两只牛蛙解剖，拿出心脏，一个放在清水中，十分钟后心脏停止了跳动；另一个放在他们所谓溶有"酶法多肽"的药水中。

"50分钟了！还在跳！"吕昊泽一声欢呼，工作人员小陈立即端着牛蛙心脏托盘冲到台下，展示给老人们观看。小陈所到之处都有围观年轻人惊叹："叔叔，阿姨，太神奇了，快看快看！还在跳！"欢呼声伴随着现场的活动进行曲一浪高过一浪。

打"科技牌"是常用套路。8月22日在驿捷度假连锁酒店内的会销中，产品是"鸿洋神牌富硒酵母β-葡聚糖胶囊"，同样由惠众国际组织售卖。

23日清晨，参会的11位老人被安排尿检，滴入检测试剂后，根据反应后的颜色对比比色板。结果显示，仅一位老人"可能没有癌细胞"。被检测出癌细胞的老人，在平时检查身体中并没有发现问题。

"你这沉淀物很多，说明体内脏东西多，有癌细胞，需要高度重视"，讲师朱永霖看了一位老人的尿液后，得出了结论。这样的说法在这次的会销讲座中频频提到，"脏东西顺着你的血管流到脑部，导致脑梗；流到肺，导致肺癌；流到乳房，导致乳腺癌……"

老人们吓坏了，会议一结束，立马有人买产品，没有购买的老人则被请出会场。

"会中会"培训，套出老人存款

参会的老人宋英不知道，吕昊泽在晚上的培训会上，斥责一位员工："为何带来了她这位没有退休工资的老人。"

晚上9点多，参会的老人得以休息，而就在这时，保健品公司的员工话术培训才刚刚开始。

这是关键的一环，什么时候给导师拍照、什么时候给产品拍照、什么时候鼓掌叫好、什么时候摇头叹息，在培训会上员工依照话术进行排练。如何套取老人退休前的职务、是否有退休金，甚至存款多少，都有相应话术。

"来这里的目的只有一个，就是卖货。"酶法多肽会销督导徐秋婷说，晚饭后热闹的晚会，也是为"防止老年人聊天影响卖货"而准备的。

第二天，"彩排"内容被执行。会销工作人员忽悠自己带的老人，或者代替老人上台抢货单，造成一种"能买到货就很幸运"的感觉。如果有老人坚决不买，销售员工则不断劝说，旁边还有人策应，偷偷打手势。

每盒葡聚糖9980元，酶法多肽6980元。在王晓林与惠众国际签订的协议中，葡聚糖拿货价2.8折，2794元，酶法多肽2.5折，1745元。除去每位老人270元的参会费，每卖出一套，他能拿到5000～7000元的分成。一位讲师称："三年来酶法多肽已经卖了70亿元。"

王晓林依然不满意，他觉得惠众国际的讲师越来越不卖力了，他拉过来的老人也越发难被忽悠，犹豫要不要继续参加下个月的8场会。

没有惠众国际，王晓林还能找到其他的会销，不同的是，参会者与组会者五五分成，不计参会费，算是分销模式。

"卖得多就能拿到更低的折扣，酶法多肽我们拿过1.5折。"而分销模式下，"全靠讲师卖单，1万起价，上不封顶，顾客有多少钱卖多少。"讲师卖价高，分成也多，参会者和组会者挣得也更多。

王晓林介绍，如今的两日游会销模式是"由311"转化而来的。

所谓"311"，即第一天到会免费发东西，结束时交10块钱，东西拿走；第二天再来，交100块钱，又给好几样东西拿走；第三天来了交1万元，给十样八样的，说拿走第四天再来一万块钱退还。第四天人就离开了。一场会下来，卷走老年人几十万元。

"那些东西根本不值钱，都是高仿残次品。"王晓林深知这样做是诈骗、违法，包括正在进行的会销两日游。

而另一位保健品公司老总黄贵（化名）则洗手不干了。"导师为了卖货让一位得过中风的顾客停药，只吃酶法多肽，结果半个月后中风复发，公司赔了十多万元。"

会销背后

两场会销下来，60 多位顾客买了 44 套酶法多肽，6 套葡聚糖，会销公司卖出 40 多万元。

北京大学医学部官网显示，其教授名单上并没有吕昊泽这个名字。而吕昊泽所在的"惠众国际"，由广州众健贸易有限公司和广州通健贸易有限公司组成。

工商资料显示，两个公司在同一天注册，注册地仅隔一条马路。其中"广州通健贸易有限公司"的名字出现在了葡聚糖的药瓶上。

这款打着"石药集团"旗号的保健品，被称获得宋庆龄彩虹基金会支持，基金会负责人对此表示否认，称从未与"石药集团"合作。

事实上，产品所属的"威海一家生物技术股份有限公司"并不是石药集团下属公司。其保健功能为增强免疫力，与防癌没有直接关系。据北京协和医院肿瘤科的医生介绍，老年人做肿瘤筛查，一般会检测血理、血清的肿瘤标记物等复杂程序。"仅靠颜色比对看是否含癌细胞，可靠性无法考究。"

在葡聚糖会销上为老人做诊疗的朱永霖，私下里多次被吕昊泽质疑"到底能不能做诊疗，别把老人说走了。"

另一款酶法多肽发明人邹远东，在武汉生物工程学院官网上也找不到他的名字。在国家知识产权局的网站上也并无宣称的酶法多肽的科技转化成果——"三九牌调脂康口服液"相关专利。此外，诺贝尔奖提名要求五十年内保密，根本不会有举办亲情支持会的情况。

这种在保健品推销人员口中号称"啥病都能治"的神药，甚至被搬上了某电商网站，以每盒（10 支）330 元价格销售，并可以半买半送。但在会场上的标价更是高达 6980 元 /120 支，同时记者注意到，这款口服液的批准文号并非药品，而是保健食品。

对于牛蛙心脏实验，南昌大学生命科学学院林刚老师解释，牛蛙心脏离开活体放入清水本来就会很快死掉，若放入生理盐水中，可以跳动至少三个小时。这一实验并不能说明保健品的作用。

会上那些现场试药后，自称疼痛瞬间消失的老人，也并非遇到"神药"。王晓林说，敢在现场试药的老人都是托儿，这很简单，只需让这些老人免费旅游。

除此之外，中国人民解放军总医院心血管内科医师闵颖认为，如果老人服药后，疼痛瞬间消失，说明口服液内可能含有激素或者兴奋剂。

然而，骗局还将上演。明后两天，新的保健品会销将在河北怀来等着前来参加免费旅游的老人们。

（资料源自：赵朋乐 . "免费旅游"搭台演戏，老人花万元"团购"保健品 [EB/OL]. 凤凰资讯网，2016-09-26.）

案例点评

本案例讲述了某些保健品公司以"免费旅游"为噱头对老人进行欺诈式销售。这实际上是我国相关法律监管部门的漏洞造成的。立法要严谨，监管要到位。监管部门必须严格履行起监管职责，否则此类针对老人的诈骗式销售将会愈演愈烈，普通老百姓的合法权益得不到保障，社会矛盾就会激发。

学习建议

1. 学习本案例的目的和用途

很多子女都会遇到案例中这样的困惑，老爸老妈就是喜欢把自己积攒的钱都偷偷地买保健品。为什么会买呢？老年人或多或少都有些病痛，而这些人把症状一说就为博取老年人的信任，再加上老年人法律意识比较淡薄，监管部门又没有及时履行起监管的职责，他们很容易就上当了。这些保健品有的不仅不保健，有的还是假的甚至会危害健康，相关监管部门应当对此类诈骗行为进行严惩，并在社会上广为宣传，起到普法的作用。

本案例可用于教材第八章第一节"法律权利与法律义务"部分内容的辅助学习。

2. 学习本案例应注意的问题

专坑老人的"保健品"市场之所以如此红火，一方面是骗子们手段隐蔽、高明，很多老人缺乏辨别能力；另一方面跟现在老年人或多或少都有一些余钱、子女忙碌陪伴得少、身体也有这样那样的一些病、时间一大把相关。如果能对老人能多一些陪伴和关心，每天的日子过得也比较充实，就会减少上当的几率，所以不能一味地埋怨老人和监管部门，子女们也多想想积极的办法。

案例二：大学生创业被坑：近 5 成受访者不清楚合同诈骗及其形式

案例文本

尽管已毕业离开学校，但刘晨（化名）仍在为自己两年多前在校创业"被坑"的经历维权。因为"挺有实力的"供货商家突然失踪，当时还是大三学生的刘晨和创业团队损失了数十万元货款。

有着类似经历的还有桂林电子科技大学、桂林理工大学和广西师范大学漓江学院等多所院校的大学生创业团队。这些被骗创业团队的标的物货款金额共达 270 余万元。

然而直到现在，这些当初在校创业被骗的大学生仍在通过各种途径维权，在桂林当地网站论坛上高频发帖，反映自己的诉求。

大学生创业为何"被坑"

2013 年 12 月，当时还在桂林航天工业学院就读的刘晨和同学一起创业，筹划开展手机销售业务。经朋友介绍，刘晨结识了一位在学校开了家实体数码店、"挺有实力的"供货商赵刚（化名）。

赵刚自称是某品牌手机桂林市区域代理商，并出示了自己的营业执照和向其他人订购手机的合同。赵刚还告诉刘晨，刘晨认识的两个朋友都跟他有过交易。种种信息让刘晨逐渐相信了赵刚。2013 年 12 月 16 日，刘晨和他的创业团队决定跟赵刚订购 220 台手机，对方保证在 5 天内交付完手机，但约定的时间过去，这批货却迟迟没送到。

之后，赵刚又以只要下新单，就可以让厂家恢复正常供货为由，不断催促刘晨的创业团队继续投钱下单，刘晨前后共计投入 39.6 万元订购了 720 台手机，最后却只拿到 50 台。

在与桂林地区其他院校的大学生创业团队沟通后，刘晨才得知自己并不是唯一创业"被坑"的人。桂林电子科技大学、桂林理工大学和广西师范大学漓江学院等院校的多个大学生创业团队都有类似遭遇，赵刚未履行的货款金额达 270 余万元。

2014 年年初，"被坑"的大学生创业者向桂林警方报案。但由于交易合同签订不完善，甚至有的学生团队在交易时根本没有签订书面合同，交货时的凭证也保存得不够详细完整，使得调查取证更加困难。赵刚被警方拘留了一段时间后，桂林市七星区检察院以证据不足为由作出了不予批捕的决定，赵刚获释。

广西艺术学院大三学生杨朔也曾遭遇创业"被坑"。作为广西钰天大学生创业联盟的负责人，杨朔"休学 3 年创业，也走了 3 年弯路"。

2014 年暑假，自称某劳务派遣公司员工的张达（化名）找到杨朔，表示可以在暑假介绍大学生去广东兼职打工，希望杨朔可以帮忙招人，并可给予一笔佣金。

当时正处于创业起步期的杨朔和创业伙伴相信了张达。为保险起见，双方第一次合作时只招了 24 人去广东工作，钰天大学生创业联盟的一位负责人也一起陪同过去。

招募学生并送去广东后，杨朔他们发现用人单位"已招满人，不需要了"。此时，杨朔才明白自己和创业伙伴"被坑"了，想找张达"要个说法"。但由于钰天大学生创业联盟并未注册为企业或组织结构，他们与张达所属公司签订的合约并不具有法律效力，无奈之下，杨朔和他的创业伙伴只好自己掏钱把当初招募的学生接了回来。

大学生创业，眼前还有哪些"坑"

回想自己创业"被坑"的经历，杨朔认为当时刚开始创业对人力资源市场的实际情况不够了解，在张达的"忽悠"之下贸然进入了自己并不熟悉的领域。

对市场理解肤浅、创业项目如何赢得市场欢迎并取得盈利缺乏成熟思考，成为大学生创业者眼前的第一个"坑"。

2015年9—10月，共青团广西区委通过问卷调查、深度访谈等形式，抽取广西12个地市的31所高等院校，就广西创业大学生对创业风险与保障的了解情况展开了调查，收回212份有效问卷。调查结果表明，广西大学生创业面临的主要风险是对市场理解肤浅，导致权益受损难以保护。

这项调查发现，受访的创业大学生对其创业项目如何获得市场收益及成本控制"很清楚"的只有18.46%，而表示"不是很清楚及不清楚"的比例高达35.9%。

报告执笔人、桂林理工大学管理学院教授秦立公表示，调查中发现很多大学生创业者的创业项目越发模式化、形式化、理想化。"商业计划书或参加创业大赛的材料往往准备得非常漂亮，设计精美，但具体内容没有考虑到商业伦理和盈利逻辑。"

因为对市场理解肤浅，大学生创业者普遍对作为市场规则的商业法律缺乏清楚认识，对创业中可能遭遇的合同诈骗、供应商跑路等情况更是不甚了解。

调查发现，近5成（49.74%）的受访大学生创业者对合同诈骗及其形式不清楚，还有近3成受访者表示会一次性与"好朋友或信得过"的合作伙伴签订大额合同。这表明在创业过程中，由于识别诈骗能力不足，很多创业大学生可能会面临大概率的风险和权益受损。

此外，86.15%的受访者选择合作伙伴最看重对方的经营绩效，而很少注意合作伙伴及企业的品格；77.95%的受访者在"与合作伙伴关系好"的情况下，对开展跨行业经营没有明确的选择。这些都是可能造成大学生创业风险和权益受损的重要原因。

"如果当时能咨询一下专业的法律人士，或者能有权威一点、有经验一点的创业前辈提醒一下的话，应该就不会出现这种情况了。"杨朔说。

制度保障方面的缺失，是大学生创业者眼前的另一个"坑"。

秦立公表示，广西大学生创业风险和权益保障面临的主要问题在于创业风险控制和保障不力，缺乏有效的资金保障机制和创业保险，创业扶持政策与大学创业的现实需求差距较大，创业政策与创业者的实际期望相距甚远，创业救援与风险熔断措施缺失。

调查显示，85.64%的受访者认为遇到欺诈等侵害大学生创业者的事件时，对创业大学生的保护力度不够；超过72%的受访者希望在面临风险及权益受损时，工商、公安、司法等相关部门能进行高效有力的保护；在创业面临风险时，70.77%的受访者希望其资金权益能得到安全保障。

创业"被坑"后，大学生的权益如何保障

被合作伙伴欺骗后，刘晨和杨朔都向公安、工商等部门反映过情况，但由于签订的合同不具有法律效力，或因为未保存完整证据等原因，他们的维权道路依旧艰难。

在多个政府部门碰壁以后，刘晨说："我们现在就是想有关部门可以专门设置一个大学生创业维权的绿色通道，或者由哪个政府部门来牵头负责。"

秦立公表示，由于学校没有社会化的行政资源，而大学生创业面临的风险及权益保障更多需要的是行政或司法资源，因此需要推动大学生创业从学校主导转向政府主导，尤其是要关注和服务初创的大学生创业项目。

广西政协委员、共青团河池市委书记杨胜涛也认为，一些地方政府往往把眼光放在已经创业成功的项目上，对大学生初创项目和企业往往不够重视，对遭遇失败和风险的大学生创业项目也不了解。在保护创业大学生权益问题上，杨胜涛认为地方政府最佳的角色是"服务员"，"鼓励创业创新，地方政府最好的行动就是提供服务，把服务做好是规避风险最好的途径"。

此外，杨胜涛还表示，以往的创新创业宣传中存在一个误区：往往只讲成功的项目和故事，很少讲失败的案例。在他看来，这会让很多大学生对创业的想象过于美好简单，而忽视了背后的艰辛和风险。他建议，"大学生在创业之前要未想胜先想败。"

秦立公认为，要有效防范大学生创业风险并保障其权益，需要有效开展大学生创业市场环境的风险评估，以及创业风险前置处理，这样才能在风险发生之前有效预防。

为此，他建议开展一次大学生创业问题评估，尤其是对创业失败、有过受骗经历的大学生进行深度调查，并进行关联分析，以发现大学生创业可能会遇到的常见风险及其特征，从而及早防范。

（资料来源：佚名．大学生创业不清楚合同诈骗"被坑"维权艰难［EB/OL］．中国青年网，2016-01-31．）

案例点评

本案例讲述了刘晨（化名）毕业后创业被骗，创业失败的经过。其中最主要的失败原因，就是交易合同内容部分没有明确，使得大学生们在后期维权的时候，公安部门取证困难，很容易造成维权失败。大学生创业面临的主要风险是对市场理解肤浅，导致权益受损后难以维权。在创业过程中，由于识别诈骗能力不足，很多创业大学生可能会面临大概率的风险和权益受损。要有效防范大学生创业风险并保障其权益，需要有效开展大学生创业市场环境的风险评估，以及创业风险前置处理，这样才能在风险发生之前有效预防。

学习建议

1. 学习本案例的目的和用途

大学生创业者对合同诈骗及其形式不清楚，还有近3成受访者表示会一次性与"好朋友或信得过"的合作伙伴签订大额合同。这表明在创业过程中，由于识别诈骗能力不足，很多创业大学生可能会面临大概率的风险和权益受损。所以在创业之前应当先咨询一下专业的法律人士，或者找有权威、有经验的创业前辈提点一下，应该可以避免很多"坑"。

本案例可用于教材第八章第二节"我国宪法法律规定的权利与义务"部分内容的辅助学习。

2. 学习本案例应注意的问题

高校以往的创新创业宣传中存在一个误区：往往只讲成功的项目和故事，很少讲失败的案例。这样会让很多大学生对创业的想象过于美好、简单，而忽视了背后的艰辛和风险。因此，建议大学生在创业之前要"未想胜先想败"。

案例三：子女不赡养老人要不得　义务必须要履行

案例文本

子女不赡养老人案例多多

●七个子女不养老，八旬老人上公堂。

王老太一生历经坎坷，丈夫早已去世，她含辛茹苦地将7个子女拉扯大。现在长子已年过六旬，次子也到了而立之年，可谓儿孙满堂，王老太早该颐养天年了。然而，因子女们都不愿承担养老义务，已完全丧失生活能力的王老太不得不走上了法庭。2008年1月8日，江苏省新沂市人民法院判令被告7个子女分摊2414.44元医疗费，根据各人的经济状况，7个子女每月分别支付给老人100元、60元不等的生活费，王老太随次子一起生活。

王某夫妇婚后共生育7个子女，现今均都成家自立。王老太随三儿子生活多年，后三儿子将王老太居住的1间半房屋转卖给二哥，房款归三儿子所有。2000年以后，王老太因体弱多病，与三儿子发生纠纷，三儿子不愿再赡养王老太。

●与猪同住多可悲，养儿不孝不如狗。

江苏灌云县同兴镇年近百岁的江姓老人，生有五子三女，因儿女不孝，两年多来只能生活在猪圈里，整天与一头母猪为伴，吃喝拉撒全在猪圈解决。而负责赡养她的儿子共有六个房间。

常说养儿防老，养狗防贼，可同兴镇的这位老人养的这些子女，倒真的连条狗都不如。他们真是给中国自古以来的美德蒙上了污点。老人已近百岁，老了竟然与猪生活，何等的悲凉。倘若老人的老伴尚在人世，也不至于沦落至此，但也不知，他们的父亲是不是被这些不孝子女气得早逝的。

●四个儿女修楼盖房，父母却住猪圈楼上。

湖北省宜昌市夷陵区人民法院于 2008 年 6 月 26 日立案受理了原告胡宗元、黄成宜与被告胡圣年、胡圣才、胡圣梅、胡圣英赡养纠纷一案。办案人员两次到现场开庭，一次当事人到庭调解，经过多次做工作，双方当事人最终在法院主持调解下达成一致意见。原告（即四个被告的父母）的住处、生活费和医药费等问题得到解决。

该起赡养纠纷的二原告已是耄耋之年，二老走路颤颤巍巍，老太太更是需要大声对其耳朵喊叫才能听清楚旁人的话语。其二人于 1953 年结婚后生育两男两女，即本案的四被告，其四人均由二原告抚养成人，现已各自成家立业。两位老人生育了四个子女，却在其年事已高、丧失劳动能力的时候生活窘迫，无人供养。四个儿女各自修建楼房，而老人却住在一儿子修建的猪圈楼上，这种极大的对比与反差，让人不禁思考父母与子女的关系究竟应是怎样的，如何才能将中华民族的传统美德传承下去。

●出嫁的女儿不赡养父母

有这样一起典型案例。滕老汉和老伴是南乐县某村一对年届古稀的普通农村夫妇，育有两子一女。小儿子自小痴呆，现已年近四十。大儿子在本村务农，日子较为拮据。女儿早年进城务工，并在城里结婚生子。滕老汉夫妇多年来一直靠农村的大儿子照料。随着年事渐高，加上还要抚养痴呆的小儿子，老两口晚年生活越来越困难。为此，滕老汉多次进城要求女儿也承担一部分赡养责任，但均遭拒绝。滕老汉夫妇无奈将女儿告上了法庭。法院判决女儿承担一定赡养义务后，女儿仍不履行赡养义务，法官在数次做被告工作不见成效的情况下，只好向其单位下达了协助执行通知，依法每月扣划被告 120 元工资作为赡养费。

●父（母）再婚，子女不赡养

俗话说："改嫁的娘，倒掉的墙。"父母的婚姻关系发生变化，亲生子女可以免除赡养义务吗？ 2002 年，新乡县农民潘来娣（化名）的老伴去世。2003 年 7 月，潘来娣与丧偶多年且无儿女的退休职工刘师傅结婚。由于刘师傅体弱多病，收入较低，两位老人生活十分困难。2008 年底，潘来娣要求儿子与女儿履行赡养义务，均被他们以母亲再婚有人扶养为由予以拒绝。潘来娣无奈，将一双儿女告上法庭。法院依法判决老人的一双儿女履行赡养义务，每年每人支付给老人粮食 250 千克，其他生活开支 800 元。

●不孝儿女不赡养老人，老人被逼捡破烂为生。

子女不孝敬老人反而上演"恶人先告状"的闹剧，日前，固镇县石湖司法所工作人员巧识玄机，对不履行赡养义务的子女进行批评教育，成功化解了一起积怨多年的家庭赡养纠纷。

2011 年 8 月底，石湖司法所接待了辖区丁巷村朱某夫妇，朱某的妻子李某一来到司法所就要求工作人员帮其打官司，吵嚷着要起诉公公，还要求丈夫与公公断绝父子关系，否则就与丈夫离婚，理由是公公无故打伤自己，还声称如果司法所处理不好，自己就喝药不活了。原来，朱某夫妇一直不赡养老人，老人靠捡破烂为生，最近老伴生了病，实在没钱看病就向儿子要钱，事发当天，只有儿媳李某在家，李某不仅不给老人钱还对老人冷嘲热讽，辱骂老人，老人一怒之下用棍子打了儿媳。为此，工作人员把村委会反映的情况当面讲给朱某夫妇听，朱某夫妇无言以对。紧接着，工作人员通过讲人情、释法理，终于使朱某夫妇就赡养老人问题达成一致，工作人员又通知朱父到司法所，双方当场签订了涉及口粮、生活费、医疗费在内的调解协议。至此，多年的家庭矛盾得以化解。

在赡养父母的问题上，存在诸多误区。例如：

1. 借口父母分割财产不均而拒绝赡养

在赡养案件中，兄弟姊妹众多的家庭往往比独生子女家庭发生老人无人供养的比例高。人多好办事的道理在赡养案件中却并不灵验。这往往是由于子女在成家另立门户时分得父母的财产不均而产生的，特别是在广大农村，大到因为田地、房屋的分配不均，小到锅碗瓢盆的多少不同，都会让子女在赡养老人的问题上众说纷纭。少分得父母财产的子女认为自己得到的少，理所当然应当少尽赡养义务，分得财产多的子女则认为应该各子女平等，都应赡养老人，大家各执一词，互不相让。其实，赡养父母是基于身份关系给子女规定的法律义务，并不是基于财产关系而定，财产分得的多寡不是决定子女应尽多少赡养义务的标准，即使父母没有分给子女一分一厘，在他们年老丧失劳动能力的时候子女同样要履行赡养义务，否则将受到法律的追究。

2. 认为赡养老人是儿子应尽的义务，与女儿无关

受传统观念的影响，现实生活中，很多人认为养老是儿子应尽的责仼，"嫁出去的女儿泼出去的水"，出嫁后的女儿赡养父母的义务常常被忽视。在一些老人心中也有这种想法，经常会碰到老人在起诉时只列儿子为被告，而不愿意把女儿送上被告席。在法庭审理过程中，也会遇到女儿答辩说自己已经出嫁，有公公婆婆要供养，赡养老人是兄弟应尽的义务，不关自己的事情。更有甚者，儿子虽然不尽赡养义务，但也认为不关姐妹的事情。

赡养父母，不因男女而有所不同，不因女儿的出嫁而发生改变。我国《婚姻法》

规定，子女都有赡养父母的义务。这里所讲的子女，包括已婚和未婚的成年亲生子女、养子女和继子女。

3.母亲改嫁或父亲再婚后，子女便无赡养义务

在一些地区，特别是偏远山区，相当一部分人认为，母亲改嫁或父亲再婚后，便与自己脱离了原有的家庭关系，其养老问题便由新组成的家庭的子女承担。这种观点是错误的，因此不赡养老人的做法也是违法的。修订后的《婚姻法》第30条明确规定："子女应当尊重父母的婚姻权利，不得干涉父母再婚以及婚后的生活。子女对父母的赡养义务，不因父母的婚姻关系变化而终止。"

4.认为不赡养老人仅仅是思想问题

拒绝赡养老人的儿女，往往会遭到指责，但他们却不以为然，认为不赡养老人充其量是思想不好，又不犯罪。这种想法是不对的。拒不赡养老人，情节恶劣的，构成遗弃罪，要处5年以下有期徒刑、拘役或者管制。根据我国《婚姻法》第21条的规定，父母对子女有抚养教育的义务；子女对父母有赡养扶助的义务。子女不履行赡养义务时，无劳动能力的或生活困难的父母有要求子女付给赡养费的权利。根据《刑法》第261条的规定："对于年老、年幼、患病或者其他没有独立生活能力的人，负有抚养义务而拒绝抚养，情节恶劣的，处5年以下有期徒刑、拘役或者管制。"人民法院在处理赡养纠纷时，应当坚持保护老年人的合法权益的原则，通过调解或者判决，使子女依法履行赡养义务。

（资料来源：乐龄老头春草.话题——子女不赡养老人案例多多[EB/OL].乐龄网，2015-11-09.）

案例点评

本案例讲述了部分子女不赡养老人，造成老人晚景悲凉的案例。同时也提到了几个赡养父母的误区，这样的误区在农村比较多见。那么我们必须明确的就是子女赡养父母，既是法定义务，也是应尽的责任。根据《婚姻法》第二十一条规定："子女对父母有赡养扶助的义务。"赡养是指子女在物质上和经济上为父母提供必要的生活条件；扶助则是指子女对父母在精神上和生活上的关心、帮助和照料。这是法律规定必须履行的义务。从中华民族传统道德上讲，赡养父母是子女反哺回报尽孝道的体现，是做人的基本准则，也是代代相传的应该承担的责任。

学习建议

1.学习本案例的目的和用途

人人都有老，人人都会老，尊重老人、关心老人、赡养老人是中华民族的传统美德，是每一个公民应当遵循的最基本的社会道德和应当履行的法律义务。赡养，指子女或晚辈对父母或长辈在物质上和生活上的帮助，包括两种情况：①子女对父母进行赡养。《宪法》规定，成年子女有赡养扶助父母的义务。中国《婚姻法》也规定：子女对父母有赡养扶助的义务，子女不履行赡养义务时，无劳动能力或生活困难的父母，有要求子女付给赡养费的权利；②晚辈对长辈赡养。《婚姻法》规定：有负担能力的孙子女，外孙子女，对于子女已经死亡的祖父母、外祖父母，有赡养义务。

本案例可用于教材第八章第二节"我国宪法法律规定的权利与义务"部分内容的辅助学习。

2. 学习本案例应注意的问题

有经济负担能力的成年子女，不分男女、已婚未婚，在父母需要赡养时，都应依法尽力履行这一义务直至父母死亡。子女对父母的赡养义务，不仅发生在婚生子女与父母间，而且也发生在非婚生子女与生父母间，养子女与养父母间和继子女与履行了扶养教育义务的继父母之间。

案例四：正当防卫案例解读

案例文本

正当防卫是法律赋予我们每个公民的权利，也是公民道义上的义务。正确实施正当防卫不仅有利于制止和预防不法侵害，维护合法权益，而且有利于弘扬正气，推动社会主义精神文明建设。正确认识正当防卫是正确实施正当防卫的前提，因而正确认识正当防卫十分必要。根据我国《刑法》第20条的规定，正当防卫是指为了保护国家、公共利益、本人或者他人的人身、财产和其他权利免受正在进行的不法侵害，而采取的制止不法侵害的行为，并对不法侵害人造成损害的。正当防卫行为不承担刑事责任……

例一：某市幼儿园保育员李某（女，30岁）于某日下午带领8名幼儿外出游玩。途中幼儿王某（女，3岁）失足坠入路旁粪池，李某见状只向农民高声呼救，不肯跳入粪池救人。约20分钟后，路过此地的农民张某听到呼救后赶来，一看此景，非常气愤，她身为教师，却不救人。张某随手给了那老师重重一棍，然后跳入粪池救人，但为时已晚，幼儿王某已被溺死，教师李某被打成重伤。

农民张某棒打教师的行为属正当防卫吗？答案是否定的。因为正当防卫必须具备起因条件，即存在现实的不法侵害，而且这些侵害必须是具有攻击性、破坏性和紧迫性，在采取正当防卫可以减轻或避免危害结果的情况下，才宜进行正当防卫。教师李某对学生遇困时有救助的职责，她的行为导致严重后果，已涉嫌犯罪，属不法侵害，但不作为犯罪缺乏侵害的攻击性、紧迫性。本案中，农民张某见义勇为救小孩的精神是值得表扬的，但同时，他也要为自己棒打教师的行为承担相应的刑事责任。

除了上述对不作为犯罪不宜进行正当防卫外，还有下列行为也因不符合正当防卫的起因条件，均不能或不宜进行正当防卫：（1）对合法行为不能进行正当防卫；（2）对正当防卫行为不能实行反防卫；（3）对紧急避险行为不能实行正当防卫；（4）对意外事件不能实行正当防卫；（5）对防卫过当，紧急避险过当不宜进行正当防卫；（6）对过失犯罪不能实行正当防卫。另外，行为人误认为存在不法侵害，因而进行所谓的防卫，不是正当防卫。

例二：无业游民赵某为还赌债于某日晚将一刚下晚自习走在回家路上的中学生钱某拦住，持刀架在其脖子上要求钱某把钱拿出来。在此过程中，赵某忽然想起自己年轻求学时的辛酸，遂良心发现，觉得学生可怜，便抽身离开。看着拦路抢劫者离去的背影，怒气未消的钱某从地上捡起一石块将赵某砸伤。

钱某的行为是正当防卫吗？不是，因为正当防卫必须是不法侵害正在进行时才能实施，这是正当防卫的时间条件。本案中，赵某在犯罪形态上属犯罪中止，不法侵害已经结束，此时进行防卫属事后加害或事后防卫。事后防卫不是正当防卫。除此之外在下列情况实施防卫也属事后防卫：（1）不法侵害人已被制服；（2）不法侵害人已经丧失侵害能力；（3）不法侵害人已经逃离现场；（4）不法侵害行为已经造成严重后果并且不可能继续造成更严重的后果。另外，在不法侵害尚未开始进行所谓"防卫"的，称事前加害或事前防卫。事前防卫也不是正当防卫。

例三：某日上午，农民甲与农民乙为地界争议发生争吵，进而发展成相互厮打，后被人拉开。农民乙感到在刚才厮打中，自己吃了亏，丢了面子，遂回家拿出一把剔骨刀要砍杀农民甲。甲见状赶忙逃走并躲了起来，直到傍晚，才回到村中，不想乙还是持刀追了过来。眼看乙就要追上来了，甲急忙从路边的村民丙手中夺过锄头朝乙头上打去，乙当即倒地身亡。

农民甲用锄头击打乙的行为是正当防卫吗？答案是肯定的。那么，如果当乙回家取刀时，甲感到虽在刚才的厮打中自己占了上风，但还不够解气，非要狠狠教训一下乙，遂也回家也拿出一把锄头。拿锄的甲与持刀的乙再次相遇，甲出手快了一步，一锄头打死乙。甲的这种行为是正当防卫吗？当然不是。同样是一锄头打死乙，为什么行为性质却截然不同呢？主要原因是甲在前一种行为中具备了正当防卫的主观条件，而在后一种行为中不具备这种条件。正当防卫的主观条件，是指防卫人主观上必须出于正当防卫的目的，即是为了保护国家、公共利益，本人或他人的人身、财产和其他权利免受不法侵害。后一种假设情况属于相互斗殴，由于斗殴双方都具有不法侵害他人的意图，而没有防卫意识。但在前一种情况中，非法侵害的一方已经放弃了侵害（躲避逃跑的行为足以证明），而非法侵害的另一方仍穷追不舍，继续加害，则此时已经放弃侵害的一方就可以出于防卫目的进行正当防卫。这种放弃侵害的行为还有宣布不再斗殴或认输求饶等。

不具有防卫主观条件的行为还有防卫挑拨和偶然防卫。防卫挑拨是指行为人出于侵害的目的，以故意挑衅、引诱等方法促使对方进行不法侵害，而后借口防卫加害对方的行为。偶然防卫是指故意侵害他人合法权益的行为，巧合了正当防卫的其他条件。

例四：某日深夜，男青年杨某尾随下夜班的青年女工王某至无人处，拦住王某，拔出尖刀，逼迫王某与其发生性关系。王某开始假装顺从，趁杨某思想放松，忙于解衣时，从他身上拔出尖刀，将杨某刺死。

王某的行为是正当防卫还是防卫过当？当然是正当防卫。正当防卫有一个限度条件，即防卫行为不能明显超过必要的限度且造成重大损害，否则，就是防卫过当。本案王某的行为之所以属正当防卫，是因为王的行为属于《刑法》规定的无过当防卫。《刑法》第20条第3款规定："对正在进行行凶、杀人、抢劫、强奸、绑架以及其他严重危及人身安全的暴力犯罪，采取防卫行为，造成不法侵害人伤亡的，不属于防卫过当，不负刑事责任。"实施无过当这一特殊防卫，首先必须具备正当防卫的成立条件，同时还必须针对正在进行的行凶、杀人、抢劫、强奸、绑架等严重暴力性犯罪，而且这些罪行还必须严重危及了人身安全。否则，造成不法侵害人伤亡后果的，仍然属于防卫过当，依法负刑事责任。

最后，正当防卫还必须具备对象条件，即正当防卫只能针对不法侵害人本人实行，不能及于第三者。案例三、案例四中有关行为属于正当防卫，符合这一对象条件也是原因之一。对于故意或过失侵害第三者的，应承担相应的法律责任。

总之，判断某行为是否属于正当防卫，应看它是否具备正当防卫的五个条件：起因条件、时间条件、对象条件、主观条件和限度条件。我们每一个公民都应正确认识和利用正当防卫这一法律武器，以便更有效地打击有关不法侵害行为，维护国家、集体、他人和自己的合法权益。

（资料来源：佚名．正当防卫案例解读［EB/OL］．科教园法硕网，2015-05-12．）

案例点评

本案例讲述了关于正当防卫行为的几个认识误区。用具体的案例分析了什么是正当防卫，什么是防卫过当，什么不是正当防卫。正当防卫（又称自我防卫，简称"自卫"），是大陆法系刑法上的一种概念。为了使国家、公共利益、本人或者他人的人身、财产和其他权利免受正在进行的不法侵害，而采取的制止不法侵害的行为，对不法侵害人造成损害的，属于正当防卫，不负刑事责任。正当防卫明显超过必要限度造成重大损害的，应当负刑事责任，但是应当减轻或者免除处罚。对正在进行行凶、杀人、抢劫、强奸、绑架以及其他严重危及人身安全的暴力犯罪，采取防卫行为，造成不法侵害人伤亡的，不属于防卫过当，仍然属于正当防卫，不负刑事责任。其与紧急避险、自助行为皆为权利的自力救济的方式。

学习建议

1. 学习本案例的目的和用途

正当防卫是刑法里重要的法律制度，是我国公民抗击违法犯罪行为的一种重要手段和权利。正当防卫的定义是我国公民为了防止国家利益、本人财产、他人财产、本人人身、他人人身、公共利益遭受不法侵害，对侵害人可能造成损害或者造成损害的制止方法。由此可见，正当防卫本质是为了制止正在发生的不法侵害，保护应有的权益。正当防卫在我国刑法里根据正义不需屈服于非正义演绎而来，在现代社会，正当防卫成了国家为保护公民权益而给予公民的权利。

本案例可用于教材第八章第三节"依法行使权利与履行义务"部分内容的辅助学习。

2. 学习本案例应注意的问题

互相斗殴，指双方或多方在主观上均具有不法侵害的故意，客观上均实施了不法侵害对方的行为。互殴各方均有对对方加害行为的，根据《中华人民共和国刑法》的相关规定，在互相斗殴的过程中一般不存在正当防卫的行为。但是如果一方停止或者被动停止了加害行为，而另一方转化成加害方时，则有可能存在正当防卫行为。

案例五：微言缘何成大谣？——解析"微领域传谣入刑"的背后

案例文本

"故意在微信、微博等信息网络上传播虚假信息最高可判7年有期徒刑"，2015年11月起实施的《刑法修正案（九）》中的新增规定引发关注。根据司法解释："编造、故意传播虚假信息罪"也成为新的罪名。

随着微博、微信等的兴起，微言论往往酿成大谣言。记者梳理发现，当前"传谣容易，辟谣难"，造谣手法层出不穷，普通民众首先要提高甄别能力，擦亮眼睛，相关部门也应"内外兼修"提高引导舆论水平，才是营造健康网络环境的根本之策。

1. 网谣"野蛮生长"成社会公害

网络时代，每个人都是传播源头。一旦信息失真，往往贻害无穷。

2015 年 10 月 28 日上午，歌手于文华在微博发布消息称，某著名艺术家因病去世。尽管于文华很快删除微博并称消息不实，同时致歉。但信息已被大量转发，不少知名网络及客户端也被卷入"乌龙"报道。

以爱心名义转发，甚至无心转发，却造成"乌龙"事件的例子屡见不鲜。而刻意造谣，危害更为严重——

2015 年 8 月，广西一女孩微博谎称父亲在天津港火灾爆炸中身亡，由此获网友同情"打赏"数万元。随后这一"骗局"被揭穿，女孩因涉嫌诈骗被依法刑事拘留，其微博账号被查封。

一些谣言往往以"爱心""救助"为名。2015 年 6 月，湖北网民"小农民主"在"百度贴吧——枣阳吧"发表题为《听说枣阳来了一百多个抢小孩的团伙》的网帖，编造细节和事实。后经警方查证，帖子内容是发帖人李某道听途说后进行夸大捏造而成，李某被处行政拘留 5 日。

记者采访发现，肆无忌惮的网络谣言让网民颇感无奈。湖北宜昌市市民邓必彦说，经常在网络看到一些煽动性信息，真假难辨，只好置之不理，但对于某些重大事件中的有关情况，又很难做到不理会。

为治理网络谣言，国家相关部门多次"亮剑"，但网络谣言依旧在"野蛮生长"。据公安部 2015 年 8 月的通报，针对近段时间内互联网和微博、微信大肆编造传播谣言的情况，公安部组织开展专项打击整治行动。截至 8 月底，依法查处编造传播谣言的违法犯罪人员 197 人，责成相关网站关停网络账号 165 个。这也从一个侧面折射出当前网络谣言不断滋生的严峻性。

2. 识破造谣手法是"辨别真假"的前提

微博、微信等朋友圈和群组中的谣言"看上去很真"，常常让网民防不胜防，不经意间就成为传谣的"帮凶"。

记者梳理发现，造谣手法主要分为以下几种：

——移花接木型。即找来一些无关的、带有冲击力的图片等作为"铁证"。2015 年 6 月 2 日晚，湖北省咸宁市崇阳县遭遇特大暴雨；次日，网民"玲玲 172770815"在微博上称，洪水导致众多群众死亡，并附有多具厂体的图片。经警方核查，这些图片均来源于 2014 年 8 月 27 日贵州福泉山体滑坡事故。

——细节取胜型。此类谣言往往将事件时间、地点、人物及经过等描述得非常细致，让人有"身临其境"之感。2015 年端午节，江西的 3 名网友在网上散布"余干县端午节期间因划龙舟发生群体性事件"的谣言，并描写"团林李家与汤家杀阵、出动 200 余支铳、70 多人受伤"等细节，十分逼真。

——绑架"官方"型。2015 年 6 月，湖北网民"高压锅 ZZ"发微博称："竹条兴隆今天抢小孩没抢走，把孩子母亲捅了一刀。车牌号为鄂F×××××银白色皮卡，赶紧散播！"博主还加上了"110已经证实，全市通缉"的字句，这些编造的权威表态让人更易相信。

——情绪渲染型。发布者以内心独白的方式突出恐惧、焦虑情绪，多涉及公共安全或弱势群体走失信息。有如此编造的微博："帮找找朋友女儿吧……在广西南宁友爱民生路口浙商大厦二楼雨石阁被一名男子抱走！"这则微博使得网友"爱心接力"大量转发。警方证实，这其实是一起"家庭闹剧"，带走小女孩的其实是她父亲。

此外，健康养生、食品安全、演艺娱乐、股市等领域都是谣言的高发区，常以"真相""内幕消息"等形式出现。

清华大学新闻与传播学院教授王君超分析说，当前凭空捏造的谣言已经不多，通常在一定事实依据后再加工，欺骗性和传播力都更强。甚至一些新型网络谣言打着"辟谣"旗号出现，成为"谣中谣"。

中国人民大学危机管理研究中心主任唐钧表示，网络谣言肆掠轻则损害个人、企业的名誉和利益，重则影响社会诚信、行业秩序乃至国家形象，必须始终保持高压打击态势。

3.治理网谣还需"多管齐下"

网络谣言肆掠背后，折射出一些个人和企业为博出位等"一己之私"，法律意识和社会责任感严重缺失。"一些网站为节约成本，未认真审核，导致网络实名制形同虚设，让造谣者抱侥幸心理，以身试法，也是谣言满天飞的重要原因。"湖北德馨律师事务所律师刘陆峰说。

而"权威发布跟不上，谣言就会满天飞"——这在一些重大突发事件中表现尤其明显。浙江万里学院文化与传播学院院长陈志强认为，我国信息公开制度尚不健全，是谣言频发的另一原因。在许多热点事件上，一些部门主动公开意识依然欠缺，信息公开方法也不尽如人意，不能及时回应关切。

王君超、刘陆峰、唐钧等专家建议，治理网络谣言不能仅做"表面"文章，而必须"内化于心，外化于行"。于"内"而言，要做好公共安全、社会服务、社会保障等方面的工作，铲除谣言滋生的土壤。于"外"而言，要完善法律法规，加大信息公开力度，加强对网络谣言案件的查处等，让谣言失去传播力和破坏力。

对本月起实施的《刑法修正案（九）》的新增规定：编造虚假信息传播或明知是虚假信息传播，造成严重后果的，处三年以上七年以下有期徒刑。专家认为这一条文实时敲响了法律警钟，显示了规范网络传播行为的坚定决心。

"参与转发谣言的群体数量很大。"江西师范大学政法学院法律系主任颜三忠认为，打击传谣也注重发挥社会各界的主观能动性，加强辨识能力和法律意识，从而提高整个网络参与者的素质。

（资料来源：谭元斌，袁慧晶．微言缘何成大谣？——解析"微领域传谣入刑"的背后［EB/OL］．新华网．2015-11-02）

案例点评

本案例讲述了关于微领域传谣入刑，即"故意在微信、微博等信息网络上传播虚假信息最高可判 7 年有期徒刑"的这个新增规定。用具体的案例讲述了网络谣言的传播快速和影响的恶劣。我国《宪法》第二章第 35 条明确规定："中华人民共和国公民有言论、出版、集会、结社、游行、示威的自由。"但第 38 条和 54 条分别明确规定："禁止用任何方法对公民进行侮辱、诽谤和诬告陷害。""中华人民共和国公民有维护祖国的安全、荣誉和利益的义务，不得有危害祖国的安全、荣誉和利益的行为。"这个行为当然包括言论。从上述大家熟知的定义、法律法规中，我们可以看出，言论自由不是想说什么就说什么，想骂谁就骂谁，现在的网民动辄人肉搜索、人身攻击、人格侮辱、恶语相加，甚至网上约架等等，都与言论自由的精神背道而驰。

学习建议

1. 学习本案例的目的和用途

言论自由一直以来都是一个世界性的话题，它们对推动整个人类文明发展的进步发挥了巨大的历史性作用。但言论自由不是无限的自由、绝对的自由。随着网络的发展，微领域的谣言影响越来越大，将微领域传谣入刑体现了我国对此类事件的重视，也体现了对真正的言论自由的保护。

本案例可用于第八章第二节"我国宪法法律规定的权利与义务"部分内容的辅助学习。

2. 学习本案例应注意的问题

在今天的互联网上，人们已经注意到，不管这个人的职位、职称高低，不管他从事的职业如何，在真理面前人人平等。但是，人们恰恰忽略了在网络空间里，"大 V"和新手也是人人平等的！很多网民把网络"大 V"的话当作真理，"大 V"一发声，不论对错，甚至看都未看一眼就发出一片叫好声。还有的网民在理屈词穷时，就开始对反对方进行人肉搜索，将人家祖孙八代翻个底朝天，弄得鸡犬不宁。我们常讲，一个人的观点是否与客观事实相符需要不断地探索，人的认识正是在实践中不断深化才得以逐步向真理靠近。在认识过程中，往往会出现这样或那样的错误，这就需要我们在平等的前提下相互尊重、共同探讨真理。

思考练习

一、单项选择题

1. 法之所以具有普遍约束力，直接原因是因为法是（　　）。

A. 由社会物质生活条件决定的　　B. 以国家强制力为后盾的

C. 上层建筑现象之一　　　　　　D. 统治阶级意志的体现

2. 根据约定俗成原则，日常生活中使用的"法律"是指（　　）。

A. 国家最高权力机关制定的法律

B. 国家最高行政机关制定的行政法规

C. 地方国家权力机关制定的地方性法规

D. 法律整体即广义上的法律

3. 法所体现的统治阶级意志的内容是由统治阶级的（　　　）所决定的。

A. 意志　　　　　　　　B. 思想

C. 物质生活条件　　　　D. 上层建筑

4. 下列选项中，（　　）属于我国的执法机关。

A. 审判机关　　　　　　B. 检察机关

C. 各级人民政府　　　　D. 各级人民代表大会

5. 在下列法律制定活动中，不属于法定立法程序的是（　　）。

A. 法律案的起草　　　　B. 法律案的审议

C. 法律案的表决　　　　D. 法律的公布

6. 法律运行的起始性和关键性环节是（　　）。

A. 法律执行　　　　　　B. 法律适用

C. 法律制定　　　　　　D. 法律遵守

7. 宪法的修改程序比制定、修改普通法律更严格，要由全国人民代表大会常务委员会或者全国人民代表大会全体代表中的（　　）。

A. 1/10 以上提议　　　　B. 1/5 以上提议

C. 1/2 以上提议　　　　　D. 2/3 以上提议

8. 国体决定了一国的国家性质。我国的国体是（　　）。

A. 人民民主专政　　　　　B. 民族区域自治制度

C. 人民代表大会制度　　　D. 共产党领导的多党合作和政治协商制度

9. 职业生活中最主要的法律有（　　）。

A.《劳动法》和《公务员法》　　B.《劳动法》和《婚姻法》

C.《组织法》和《公务员法》　　D.《消费者权益保护法》和《公务员法》

10. 物权是权利主体依法享有直接支配其特定物，并享受其利益的排他性权利。最完整、最充分的物权种类是（   ）。

A. 质押权   B. 抵押权

C. 所有权   D. 用益物权

二、多项选择题

1. 依法办事包括（   ）。

A. 依法享有权利   B. 依法行使权利

C. 依法承担义务   D. 依法履行义务

2. 以下属于法律不作为义务的有（   ）。

A. 依法纳税的义务   B. 依法服兵役的义务

C. 不得盗用他人注册商标   D. 不得挪用公共财产

3. 公民在适用法律上一律平等，它要求（   ）。

A. 国家行政机关、司法机关在适用法律时，分情况给予保护

B. 保证每个公民的合法权益都平等地受到法律保护

C. 任何公民的违法犯罪行为都平等地受到法律追究和制裁

D. 任何公民的违法犯罪行为应分情况区别地受到法律追究和制裁

4. 建设社会主义法治国家的主要任务有（   ）。

A. 完善中国特色社会主义法律体系，提高党依法执政的水平

B. 建立社会主义法治政府，健全司法体制与制度

C. 完善权力制约与监督机制

D. 培植社会主义新型法律文化

5. 讲法律，要求（   ）。

A. 某种行为是合法行为还是违法行为，应当以法律为标准作出判断

B. 某种行为是否应当承担法律责任，应当以法律为标准作出判断

C. 如果人们觉得某项法律规定不合理，但在国家修改或废除之前，仍然必须遵守或执行

D. 人们感觉到法律明显不合理，可以抛弃或搁置法律。

6. 正确的法律权利与义务观念，包括（   ）。

A. 正确理解法律权利与法律义务的性质   B. 把握法律权利与法律义务的关系

C. 懂得如何适当行使法律权利   D. 正确履行法律义务。

7. 一般来说，可以把法律权利与法律义务的关系，概括为（   ）。

A. 结构上的相关关系   B. 总量上的等值关系

C. 功能上的互补关系   D. 理论上的排斥关系

8. 公民维护国家安全的法律义务有（　　）。

A. 依照法律服兵役

B. 保守国家秘密

C. 如实提供证据

D. 不得非法持有、使用间谍器材

9.《中华人民共和国宪法》规定，公民在法律面前一律平等。这说明（　　）。

A. 任何公民都平等地受到法律保护

B. 任何公民都不得有超越宪法和法律的特权

C. 任何公民的违法犯罪行为都平等地依法予以追究和制裁

D. 任何公民都平等地享有宪法和法律规定的各项权利，也都平等地履行各项义务

10. 我国现行宪法的原则是（　　）。

A. 民主集中制原则　　B. 人民主权原则　　C. 法治原则　　D. 保障公民权利原则

三、判断题

1. 马克思主义认为，权利的产生、发展和实现，都必须以一定的社会经济条件为基础，即"权利决不能超出社会的经济结构以及由经济结构制约的社会的文化发展"。
（　　）

2. 法律权利必须依法行使，不能不择手段地行使法律权利。（　　）

3. 人权是指人按其本质和尊严享有或应当享有的基本权利。（　　）

4. 政治权利包括选举权、被选举权、政治表达的自由、民主管理权、监督权等。
（　　）

5. 从内容上看，言论中包括政治言论、商业言论、学术言论、艺术言论、宗教言论等多种具体类型。（　　）

6. 人身权利是公民参加国家政治、经济与社会生活的基础，是公民权利的重要内容，一切组织和个人都负有不侵害他人人身权利的义务。（　　）

7.《中国的人权状况》白皮书首次提出了生存权的概念，并将生存权作为首要人权。
（　　）

8. 公民既有信仰宗教的自由，也有不信仰宗教的自由；有信仰这种宗教的自由，也有信仰那种宗教的自由。（　　）

9. 在现代法治社会，人们可以行使任何权利、做任何事情。（　　）

10. 有权利就有救济，或者说没有救济就没有权利。（　　）

四、材料分析题

李某夫妇带儿子贝贝到美美相馆照周岁相，摄影师于某见贝贝活泼可爱，便私自多洗了几张照片。于某的朋友刘某见到该照片，称其所在印刷厂准备制作儿童挂历，

向于某要了一张，后制作挂历未成，刘某将照片以 1000 元卖给某饮料厂做广告，上市后被李某发现。问：

（1）本案中李贝贝的什么权利被侵犯了？

（2）本案中侵权人有哪些？如果李某代贝贝向法院起诉，他可以提出哪些诉讼请求？

后记 POSTSCRIPT

　　《思想道德修养与法律基础学习指南》是重庆城市管理职业学院承担的 2016 年度教育部高校示范马克思主义学院和优秀教学科研团队建设项目（16JDSZK036）、重庆市市级精品在线开放课程"思想道德修养与法律基础"的阶段性建设成果，是重庆市高等学校市级教学团队"思想政治理论课教学团队"集体智慧的结晶。本书由喻永均、姚红任主编，邓红彬、杨飏任副主编，执笔人有秦光银（绪论）、喻永均（第一章）、姚红（第二章）、邓红彬（第三章）、杨飏（第四章）、鄢雪梅（第五章）、刘炼（第六章）、康树元（第七章）、刘炼（第八章）。全书由喻永均、姚红、邓红彬、杨飏负责初审，最后由喻永均、姚红统稿和定稿。

　　本书的编写和出版，得到了重庆大学出版社的大力支持。本书在撰写过程中，参阅了我国近年来出版的《思想道德修养》《法律基础》《伦理学》《教育学》《心理学》等教材及有关专家学者的著作和资料，吸收了许多新的研究成果和观点，并听取了有关专家的意见，在此一并表示感谢。由于时间仓促和水平有限，书中难免有疏漏和不妥之处，衷心希望广大师生、读者提出宝贵意见。

编　者

2017 年 7 月